Community of Practice

학습조직 &
학습동아리 가이드

Community of Practice

학습조직 &
학습동아리 가이드

박주희 · 노명래 지음

머 | 리 | 말

최근에 성인을 대상으로 하는 학습이 강조되고 있는데, 그것이 학습동아리와 학습조직이다. 이들이 성인을 대상으로 하는 학습집단인 점에서는 동일하지만, 그 배경은 서로 다르다. 학습조직은 기업조직에서 발전해오고 있으며, 학습동아리는 평생교육의 중요성이 대두되면서 지역사회 및 기관(단체)을 중심으로 발전해오고 있다.

특히, 학습동아리는 최근 대학가에서 인기를 끌고 있다. 과거 동호회나 취미 중심의 동아리에서 벗어나, 최근에는 학습을 하는 동아리가 인기를 모으고 있다. 학습동아리에 들어가기 위해 재수 · 삼수를 한다고 한다. 이른바 동아리고시를 보는 것이다.

이처럼 기업과 지역사회에서 학습조직과 학습동아리가 활성화되고 있는 것은 학습의 중요성이 입증되었기 때문이다. 산업사회에서는 사람(인재)이 경쟁력을 결정한다. 인재가 많은 기업일수록 경쟁력 우위를 점할 수 있기 때문이다.

학습동아리와 학습조직은 개인의 성장, 지역사회(기업)의 발전, 인적 자원 개발을 위해 필요하다. 기업은 학습조직 활동을 통하여 직원 개개인의 역량과 경쟁력을 향상시킬 수 있으며, 지역사회는 학습동아리 활동을 통하여 지역사회의 문제를 해결함으로써 발전을 기할 수 있다. 그리고 국가는 학습동아리와 학습조직을 통하여 국가가 필요로 하는 인재를 개발하여 궁극적으로 국가경쟁력을 확보할 수 있게 된다.

그래서 정부나 지역사회에서는 수년 전부터 학습동아리를 조직하거나 권장해 오고 있으며, 기업 또한 학습조직을 활성화해오고 있다. 지난 몇 년간 직장을 학습 경험의 장으로 활용하는 데 상당한 변화가 있었다. 지식경제의 성장, 근로방식의 변화를 가져오는 고성과 작업관행 등이 그것이다.

그런데 아쉽게도 많은 중소기업들이 어려움을 겪고 있다. 저자들은 수년 전부터 중소기업들의 HRD 진단평가 및 인증심사 활동을 해오면서 학습동아리와 학습조직의 운영에서 어려움을 겪고 있음을 알고, 본서를 편찬하게 되었다.

본서는 3부 6장으로 구성되어 있다. 제1부는 학습조직화로서, 학습동아리의 이해(제1장)와 학습동아리의 조직과 운영(제2장)을 다루었다. 제2부는 조직의 학습방법으로서 학습토론(제3장)과 학습회의(제4장)를 다루었다. 그리고 제3부는 문제해결의 기법으로서 액션러닝(제5장)과 학습조직(제6장)을 다루었다. 또한 권말부록으로 학습동아리와 학습조직을 운영함에 있어서 필요한 서식 등 참고자료를 수록하였다.

저자들은 본서를 준비하면서 많은 연구자들의 업적을 참고하였다. 특히 제2장 학습동아리의 조직과 운영은 한국교육개발원(2004)의 학습동아리 지도자의 가이드를 참고 · 인용하였다.

본서는 학습동아리와 학습조직의 목적인 문제해결을 달성할 수 있도록 조직의 형성(운영)에서부터 문제해결의 기법까지 함께 다루고 있음을 특징으로 한다. 따라서 지역사회와 기업이 스스로 문제해결을 할 수 있도록 내용을 상세히 서술하였다. 학습집단이 학습동아리(학습조직)를 잘 운영하여 원하는 목표를 이루고 경쟁력을 높이는 계기가 되기를 바란다.

庚寅年 八月

共著者 識

Contents

제 1 부 학습조직화

제 2 부 조직의 학습방법

제 3 부 문제해결의 기법

제 1 부
학습조직화

제 1 장 학습동아리의 이해

1. 학습동아리의 기초지식

1.1. 학습동아리의 개념

(1) 학습동아리의 정의

학습동아리는 같은 주제에 관심이 있는 학습자들이 자발적으로 모임을 구성하고, 정기적으로 만나서 학습과 토론을 통하여 공동의 관심사를 함께 생각하고 실천하는 모임(CoP: Community of Practice)이다.

다시 말하면, 학습동아리는 동일한 주제에 관심을 가진 소수의 학습자들이 학습을 위하여 자발적으로 모임을 결성하고 운영하는 학습집단인 것이다. 이러한 학습동아리는 스웨덴이나 미국에서의 스터디서클(study circle) 또는 호주의 학습서클(learning circle)과 유사하다.

보통 10명 내외의 성인들이 둥근 테이블에 둘러앉아 관심 주제를 놓고 열띤 토론을 벌여, 지역 사회에 살고 있는 시민들이 함께 부딪치는 문제에 대하여 공동의 해결방안을 찾거나 생각해 보는 장이 학습동아리이다. 학습동아리는 다음과 같은 준거로 규정한다.

- 학습동아리는 일정한 인원(5~30명)의 성인들을 운영 주체로 한다.
- 학습동아리는 자발성을 기초로 결성한다.
- 학습동아리는 정해진 주제에 대한 학습(토론)의 뚜렷한 목적을 지닌다.
- 학습동아리는 정기적 만남을 원칙으로 한다.

학습동아리는 협동학습, 민주적 참여, 개인의 관점에 대한 존중, 집단의 지혜 등으로부터의 학습을 강조하고, 이를 가능하게 하는 대화를 중요하게 여긴다. 협동, 참여, 관점의 존중, 지혜 등을 강조함으로써 학습동아리는 모든 참여자들의 경험과 지혜 등을 축적하게 된다.

학습동아리는 성인을 대상으로 하는 학습집단으로 학습조직과 유사하다. 학습조직 역시 성인을 대상으로 하는 학습집단이다. 그러나 학습조직과 학습동아리가 다른 점은 기업조직과 학습공동체라는 서로 다른 배경을 가지고 발전해 왔다는 것이다.

(2) 학습동아리와 소모임의 차이

학습동아리는 주제 특성의 제한 없이 성인들이 스스로의 뜻에 따라 함께 배우고 토론하는 소모임인 것이다. 그러나 학습동아리는 일반적인 소모임과는 다르다. 일반적인 소모임(예: 동문회, 향우회 등)은 목적이나 활동내용의 제한이 없이 주로 친목과 상호교류를 위한 성인들의 자발적인 모임 모두를 지칭하는 것이지만, 학습동아리는 소모임 중에서도 학습과 토론을 목적으로 모여 개인의 성찰과 집단의 성장을 추구하는 것을 의미한다.

(3) 학습동아리와 동아리의 차이

학습동아리는 동아리와 다르다. 학습동아리는 흔히 동아리라고 부르는 활동중심의 소모임과도 다르다. 공통의 문화활동, 취미생활 등을 공유하는 동아리는 보통 인원의 제한이 없으며, 활동 자체를 즐기고 친목을 도모하려는 목적이 크다. 하지만 학습동아리는 학습활동을 중심으로 하는 목적과 주제의식이 보다 분명하다는 점에서 동아리와 차이가 있다.

1.2. 학습동아리의 역사

학습동아리는 우리나라의 전통적인 두레가 모태라고 할 수 있다. 두레의 역사는 촌락공동체가 출현한 씨족사회의 말기 부족국가시대로 거슬러 올라간다. 토지를 공동으로 소유하고 경작하고 분배하는 공동경작방식이 두레이다.

두레는 자연촌락 단위로 결성되어, 두레의 크기는 마을 규모에 따라 달랐다. 경제적 지위와 농지소유규모가 비슷한 이웃끼리 두레를 형성하였다. 작은 두레(대개 6~10명 정도)가 모여 하나의 큰 두레를 형성하였다.

이러한 공동노동 조직인 두레 외에도 품앗이가 있었다. 품앗이는 원칙으로 개인의 의사에 따라 이루어지는 소규모의 노동력 교환형식이다. 여기에 반하여 두레는 한 마을의 성년남자 전원이 거의 의무적으로 참가하는 방식이었다.

이러한 학습동아리의 역사는 스웨덴, 미국, 일본, 호주 등에서도 찾아볼 수 있다. 대표적인 학습동아리 운동의 기원은 스웨덴의 스터디서클(Study circle) 운동에서 찾을 수 있다. 19세기 후반 스웨덴은 빈곤과 불평등, 신대륙이주에 따른 인구 대폭 감소 등 사회불안에 시달리는 시기에, 절제 운동의 지도자였던 오스카 올슨(Oscar Olsen)이 1902년에 스터디서클을 절제운동에 도입하였다.

오늘날 스터디서클은 스웨덴에서 가장 중요한 성인 시민교육형태로 성장하였다. 오늘날 스웨덴에서는 매년 수백만 명이 참여하여 40만 개의 스터디서클을 조직·관리하고 있으며, 정부는 이들에 대한 재정적 지원을 하고 있다.

그리고 미국은 1874년 뉴욕의 쇼토쿼(Chautauqua) 호수 모임에서 시작된 성인하계대학을 중심으로 사회 경제 정치적 문제에 대한 학습과 토론에 참여하는 1만 5천여 개의 스터디서클이 형성되는 성과를 가져왔다. 1989년 설립된 스터디서클지원센터(Study Circles Resource Center)의 적극적인 활동에 힘입어 최근 들어 급격한 증가세를 보이고 있다.

한편, 호주에서는 학습서클협회(Learning Circles Australia)를 중심으로, 일본에서는 공민관 교육프로그램의 후속모임을 중심으로 학습동아리운동이 활발히 일어나고 있다. 특히 일본은 생애교육 센터나, 비영리 기구(NPO)의 성인교육활동은 국가차원의 적극적인 지원정책을 바탕으로 지역사회 교육활동의 활성화에 관한 일을 적극적으로 추진하고 있다.

1.3. 학습동아리의 특징

학습동아리는 비슷한 관심을 가지고 있는 소수의 사람이 모여 스스로 공부하고 토론하는 소모임이다. 학습동아리가 소모임과 다른 점은 폭넓은 대화와 토론의 과정을 중시한다는 점이다. 학습동아리 활동은 "열 권의 책을 혼자 읽는 것보다 한 권의 책을 열 명이 함께 읽고 토론하는 것이 효과적이며, 참가자의 문제의식과 비판적 사고를 풍부하게 한다."는 교육관점에서 출발한다.

학습동아리는 다음과 같은 특징을 가진다. 첫째, 학습동아리에서의 학습은 정규교육에서의 강의나 강연과는 달리 참가자가 스스로 학습할 주제를 정하고 함께 토론하면서 학습한다. 참가자들은 자기의 경험을 교환하고 평소에 부딪히는 문제에 관해 토론하고 공부함으로써 자신의 잠재력을 찾아내고 자신을 변화시켜 나간다.

둘째, 학습동아리는 장소나 시간의 구애를 받지 않고 쉽게 모일 수 있다. 참가자의 수가 5~10명 정도이므로 동아리방, 회의실, 식당, 자취방 등에서도 쉽게 모일 수 있고 모이는 시간을 조절하기도 용이하다.

셋째, 학습동아리는 지식이나 경험의 수준이 비슷하고, 학습을 하고 싶어 하는 사람끼리 모이게 되므로 학습의 효과가 높다. 또한 지속적으로 모이게 되어, 초보적인 학습부터 어느 정도 높은 정도의 학습까지 단계적으로 수준을 높일 수 있다.

넷째, 학습동아리에 모이는 참가자들 간의 유대가 강화된다. 학습동아리에는 적은 인원이 참가하여 지속적으로 만나므로, 서로가 친해지며 인간적인 교류를 통하여 인격을 발전시켜 갈 수 있다. 이러한 인간적인 유대는 조직력을 강화시키는 기반이 된다.

다섯째, 학습동아리를 통해 구성원들은 민주적으로 조직을 운영하는 훈련을 받게 된다. 학습동아리에서 구성원(조원)들은 민주적으로 토론하고 결정하고 실천하고 상호 비판하는 올바른 집단활동의 원칙을 체득하게 된다. 이것은 학습동아리에서 학습하는 내용 못지않게 중요하다.

1.4. 학습동아리의 필요성

학습동아리는 개인의 성장, 지역사회의 발전, 인적자원개발 등을 위해 필요하다. 참여자 개인이 학습으로 성장하면 그것이 지역사회의 발전과 나아가서 국가의 인적 자원개발에 영향을 미치게 된다. 학습동아리의 필요성을 3측면에서 살펴보면 다음과 같다.

(1) 개인의 성장

개인이 성장을 하기 위해서는 학습을 많이 하여야 한다. 그러나 현실적으로 학습의 기회가 부족하다. 시간, 비용, 거리 등으로 인하여 학습기회가 부족한 실정이다. 특히 직장인과 주부들은 학습기회의 부족이 심각한 형편이다.

게다가 학습이 일회성 또는 단발성 위주로 이루어지고 있다. 실제로 대부분의 평생학습이 단기강좌 중심으로 강좌 전후의 학습준비나 심화과정이 거의 없는 실정이다. 그리고 학습과 생활이 분리되어, 어려운 여건 속에서 배운 내용을 실생활에 활용하거나 자신과 주변생활의 여건 개선에 직접 반영하기도 어려운 실정이다.

(2) 지역사회의 발전

지역사회의 발전을 위해서는 개인과 공동체가 함께 문제를 해결할 수 있어야 한다. 그러나 개인과 공동체의 괴리되어 있어, 개인의 문제(공동체의 문제)를 공동체(개인) 안에서, 생각하고 함께 해결을 도모할 수 있는 기회가 부족한 실정이다.

또한 지역공동체의 근간이 되는 시민조직이 발전되어야 하는데, 그렇지 못한 실정이다. 지역사회 내 시민들이 유사한 관심과 문제를 중심으로 모이고 토론하면서 서로 간에 협조하여 지역사회의 발전을 모색해 가는 지역적 조직의 부족한 실정이다.

(3) 인적자원개발

국가가 필요로 하는 인적자원개발을 위해서는 세분화되고 전문화된 인력이 많이 필요하다. 그러나 세분화된 전문성 중심의 능력을 신장하는 데 많은 애로가 있다. 그 결과 지역 및 상황에 적합한 다양한 전문인력이나 자원봉사인력이 현저하게 부족한 실정이다.

또한 아직도 개발되지 않은 유휴인력이 많아, 이의 개발이 필요하다. 그리고 평생학습의 기회가 성별·지역별로 불균형을 이루어, 평생학습에 대한 투자의 효율성을 높일 필요가 있다.

1.5. 학습동아리의 비전

개인의 성장과 지역사회의 발전을 위해 학습동아리는 필요하다. 학습동아리는 학습하는 지역공동체의 건설을 목표로 한다. 지역민이 자발적으로 '참여'하고 스스로 '학습'하여 지역을 발전시키는 '지역공동체'를 건설하는 것이 학습동아리가 추구하는 비전이라 할 수 있다.

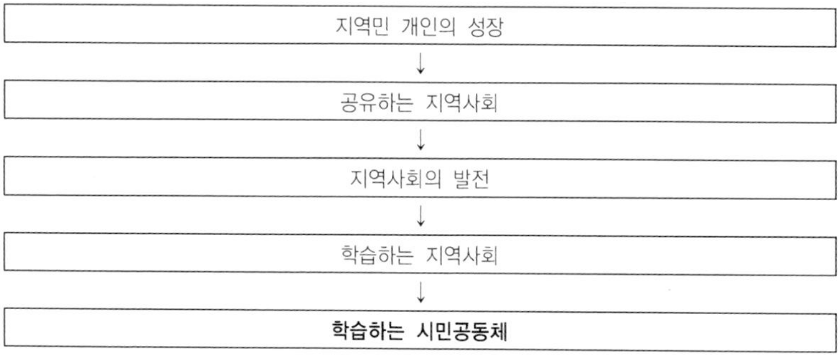

지역민 개인의 성장
↓
공유하는 지역사회
↓
지역사회의 발전
↓
학습하는 지역사회
↓
학습하는 시민공동체

〈그림 1-1〉

(1) 성장하는 개인

개인이 성장하기 위해서는 지역의 가까운 곳에서 다양한 주제에 대하여 학습할 수 있는 환경의 기반이 마련되어야 한다. 지역공동체 안에서 '나'라는 개인을 바라볼 수 있는 시각의 전환이 필요한 것이다. 생활 속에서 필요한 주제를 중심으로 학습하는 삶 속의 평생학습을 실현하여, 지역사회에서 필요로 하는 영역별·분야별로 전문능력의 신장을 이루어 나가야 할 것이다.

(2) 공유하는 집단

학습을 통한 개인의 성장을 지역사회가 함께 공유를 하여야 한다. 지식과 정보 그리고 성찰을 공유함으로써 '나 홀로'의 성장이 아닌 동료와 '함께하는' 성장을 추구하여야 한다.

이를 위하여 공동의 선 또는 공공의 가치추구를 위한 가치와 열정을 공유하여야 한다. 지역사회가 성장을 함께 공유함으로써 지역사회가 겪고 있는 문제의 도출과 해결의 과정을 공유하는 한편, 참여자의 공유와 촉진을 통하여 보다 심화된 전문성의 개발이 요구된다.

(3) 발전하는 지역

지역이 발전하기 위해서는 지역민의 지속적인 학습을 통하여 평생학습문화를 정착시키고, 대안을 제시하고 변화를 주도할 수 있는 풀뿌리 시민조직을 형성하여 나가야 한다.

이를 위해 지역사회의 문제를 지역사회 스스로 학습과 토론을 통하여 해결해

나가는 민주시민의 힘을 강화시키는 한편, 지역민의 자발적 학습으로 지역사회 내의 주제별 전문성을 갖춘 자원인력을 확보하여야 할 것이다.

(4) 학습하는 사회

학습하는 사회의 건설을 위해서는 평생학습과 지역사회 발전과의 연계성을 입증하고, 지역의 수평적 네트워크를 강화하여 민주적 토의환경을 창출하여야 한다.

또한 시민이 직접 참여하고 실천하는 민주사회의 공동체의식을 제고하여야 한다. 그리고 학습동아리를 통한 인적 자원개발의 경로와 영역의 다변화로 지역사회 내에서 개발되지 않은 인적 자원을 교육받은 시민, 학습하는 시민으로 전환하여야 할 것이다.

2. 학습동아리의 유형과 목적

2.1. 학습동아리의 유형

(1) 크랜톤의 유형

학습동아리는 학습의 목적 · 방식 · 주제, 영역 등에 따라서 다양한 방식으로 유형화할 수 있다. 크랜톤(Cranton, 1996)은 학습의 영역을 기준으로 학습동아리를 유형화하고 있다. 그는 하버마스의 '인간의 3가지 인식(기술적 인식, 실천적 인식, 해방적 인식 등)'의 관심을 바탕으로 제시한 메지로우(Mezirow)의 3가지 학습영역에 따라 집단학습을 3유형—협동적 집단(cooperative group), 협력적 집단(collaborative group), 전환적 집단(transformative group)—으로 나누고 있다.

① 협동적 집단

협동적 집단은 도구적 지식을 획득하기 위해 구축된 학습집단을 말한다. 학습자는 먼저 자신의 생존을 위한, 즉 '자신의 환경을 조정하고 통제하는 방식'의 관심에서 출발하여, 도구적 지식을 추구하게 된다. 협동적 집단은 지식의 획득을 추구하게 되어 있으며, 학습자 상호 간의 필요성에 의해 관계가 형성되는 것을 특징으로 한다.

② 협력적 집단

협력적 집단은 '타인에 대한 이해와 사회적 규범을 이해하고자 하는 관심'을 추구한다. 즉 인간 상호 간의 이해와 서로가 합의한 규범을 위해 하는 것은 인간이 살기 위해서 추구해야 할 또 다른 지식이라고 볼 수 있다.

협동적 집단에서는 지식이 미리 주어져 있는 데 반하여, 협력적 집단에서는 지식이 참여자들에 의해 구성된다는 특성을 가지고 있다. 즉 협력적 집단에는 참여한 학습자들이 스스로 지식을 창출하고 진의를 확인해 가는 과정으로 이루어지는 것이다.

③ 전환적 집단

전환적 집단은 자신의 삶을 되돌아보고 새로운 인식과 관점을 가지게 되는 관심과 관련되어 있다. 인격적 성숙과 발달과 관련이 되어 있는 해방과 자유에 대한 관심은 바로 해방적 지식과 연결되는 학습의 장이 된다.

(2) 실천유형

한편, 앞에서 설명한 크랜톤의 분류를 참조하여 우리 사회에서의 학습동아리 실천 경험을 기초로, 학습동아리를 학습 목적 및 학습 과정상의 특성에 따라 심화학습형, 전문탐구형, 사회참여형 등 3유형으로 나누어 볼 수 있다. 일반적으로 학습동아리는 각 유형별 특성을 뚜렷하게 나타내는 경우도 있으나 겹쳐서 나타나기도 한다.

학습동아리가 처음에는 특정 주제 영역에 대한 관심 때문에 문제해결형에서 출발하지만, 차츰 전문가 집단으로 성장하는 과정에서 당면문제를 공동의 문제로 바라보고 해결을 위해 참여하는 과정으로 성장하는 것이 일반적이다. 학습동아리의 유형별 특징을 정리하면 <표 1-1>과 같이 정리할 수 있다

〈표 1-1〉 학습동아리의 유형별 특징

구분	심화학습형	전문탐구형	사회참여형
학습의 목적	심층지식 및 기술습득	전문영역별 선택주제에 대한 공동토의와 탐구	지역사회의 당면문제 혹은 정기과제 해결
주제의 특성	개인능력신장	전문가로서 전문능력 함양과 생성적 전문능력의 재생산	사회문제
운영 방식	리더 강사 중심	참여자 중심	리더 또는 참여자 중심
학습의 유형	초빙강의 및 독서토론 중심	내부자 강의 및 정보 교류, 연구토론	지역사회 문제중심 토론과 성찰
학습 이념	개개인의 특정주제 영역의 심층지식과 기술의 습득	전문지식의 습득, 지식 생성, 전문지식의 보급	사회적 실천을 통한 문제해결 및 대안 제시
리더(FT)의 역할 (facillitator)	운영실무 총괄 (참여자 동원 및 독려)	집단경험 학습의 담지자, 성원 간의 역할분담주도, 프로그램의 기획 및 토론촉진자 역할의 수행	실천적 전략가, 토론 및 성찰의 촉진자

자료: 한국교육개발원(2007), 학습동아리 지도자 가이드북

① 심화학습형

심화학습형 학습동아리는 우리 주위에서 일반적으로 쉽게 접할 수 있는 유형이다. 심화학습형은 성인교육에 참여했던 사람들이 교육과정을 마친 후, 계속적인 만남을 통하여 심화학습과 기술의 전문성을 높이기 위해 만든 유형이다. 이를 위해 초빙강의와 독서토론을 중심으로 개개인의 관심사나 특정 주제에 관련된 심층 지식과 기술을 습득하게 된다.

이러한 학습동아리는 학습의 초점을 개인에 맞추고, 개인 능력의 신장을 위한 주제를 학습하는 특성을 나타낸다. 운영방식 또한 리더나 강사를 중심으로 이루어지며, 리더와 강사, 참여자 간의 상호작용을 통해 학습이 이루어진다.

그래서 대부분 초빙 강의와 독서토론을 중심으로 개개인의 관심사나 특정주제에 관련된 심층지식과 기술을 습득한다. 이러한 학습동아리 리더는 전체적인 실무를 담당하여 강사를 섭외하고, 자료를 준비하고, 참여자를 동원하고 독려하

는 역할을 수행하게 된다.

② 전문탐구형

전문탐구형 학습동아리는 일정한 수준의 지적 능력을 공유한 학습자들이 전문영역별로 스스로 선택한 주제를 가지고 공동 토의와 탐구를 위해 만들어지는 학습유형이다. 참여자들 대부분은 이 분야의 전문가로서 관련 자료와 정보를 교류하고 새로운 지식의 생성과 초보 단계의 학습동아리를 이끌어 주는 역할을 한다.

학습의 초점은 개인과 공동학습에 맞춰지며 전문가로서 더욱 전문능력을 함양하고 전문지식을 재생산하여 보급하는 형태로 학습이 진행된다. 그래서 운영방식 또한 참여자 중심으로 이루어진다.

학습유형은 내부참여자의 강의와 정보교류와 연구・토론을 중심으로 하는 학습으로 나타난다. 이러한 학습동아리는 대부분 전문영역별 지도자들의 모임으로 구성되는 경우가 대부분이다. 그래서 활동의 대부분이 전문지식 습득, 지식생성, 전문지식의 보급에 맞추어져 있다. 이와 같은 학습동아리 리더의 역할은 집단학습 경험의 담지자로서 구성원 간의 역할 분담을 주도하고, 프로그램 기획 및 토론 촉진자의 역할을 수행한다.

③ 사회참여형

사회참여형 학습동아리는 심화학습형으로 출발했던 동아리와 기관을 통해 사회문제에 대한 교육을 받은 학습자에 의해 형성된 학습동아리 유형이다. 참여자들은 자연스럽게 자기가 살고 있는 지역사회에 대한 관심이 생겨지면 문제해결의 사업을 병행하게 된다.

사회참여형 학습동아리는 자신이 살고 있는 지역사회의 당면과제나 장기과제를 찾아내고 그 해결을 위한 목적으로 만들어진다. 시민운동 단체에 속해 있는 학습동아리들이 이 문제해결형의 특성을 지니고 이슈 중심의 관심을 가지고 선호하는 주제로 학습을 한다.

운영방식은 리더와 참여자 중심으로 이루어지며, 조직의 특성상 리더와 참여자 간의 공유를 통해 학습이 이루어진다. 문제의 상황에 적합한 의제를 선택하고 다양한 토론 촉진 자료로 TV, 신문, 국내와 사례자료 등을 활용하다.

사회참여형 학습동아리는 대부분 지역사회의 문제중심 토론과 성찰을 통해 학습하고 이를 실천한다. 즉 사회적 실천을 위한 문제해결방안을 모색하고 대안을 제시하는 과정을 통해 학습을 하게 된다.

그러므로 학습자는 임파워먼트 된 해결사로서의 위상을 지니며, 지역사회의 구성원으로서 그 책임을 다하는 모습으로 나타난다. 사회참여형 학습동아리의 리더는 실천적 전략가이자 조직가, 토론 및 성찰의 촉진자 역할을 담당한다.

2.2. 학습동아리의 목적

(1) 학습동아리의 목적

학습동아리의 궁극적인 목적은 성과의 창출에 있다. 성과를 창출하기 위해서는 무엇보다도 구성원 간의 좋은 인간관계를 바탕으로 지식을 함께 공유할 수 있어야 한다. 더 이상의 Know How는 없어야 한다는 것이다. 끊임없는 진화에 필요한 Know Why만이 존재할 뿐이다.

지식은 학습과 연구(토론)를 통하여 가장 이상적인 상태와 현재 수준 사이의 격차(문제)를 해결하여 유지・관리하는 것이 중요하며, 개선된 문제해결이 원위치 되지 않도록 표준화시킬 때 개선의 결과물이 성과창출로 이어지게 된다.

구교정(2009)의 인천지역 학습동아리 활동분석의 조사에 의하면, 학습동아리 활동에 참여하여 얻은 성과가 대체적으로 높게 나타난 것은 다행이지만, 평생교육에서 학습동아리가 지향하는 목적인 문제해결은 상대적으로 낮게 나타나서 아쉽다. 이는 학습동아리가 아직은 지역사회보다는 학습자 자신에게 가치를 두고 있음을 말해 준다. 자신에 대한 이해와 자아실현의 기회가 4.01로 가장 높게 나타났으며, 지역사회의 활동참여라는 성과는 상대적으로 성과가 낮은 것으로 나타났다(<표 1-2> 참조).

〈표 1-2〉 학습동아리의 성과분석

구분	N	최솟값	최댓값	평균	표준편차
사회에 대한 관심 증가와 정보 습득 용이	93	1.00	5.00	3.8495	.95492
자신에 대한 이해와 자아실현의 기회	94	1.00	5.00	4.0106	.87369
전문능력 향상과 자신감	93	1.00	5.00	3.8387	.87589
대인관계 원활 및 삶의 활력소	93	1.00	5.00	3.9892	.96114
행복한 가정생활에 보탬	92	1.00	5.00	3.9239	.95196
지역사회활동 참여(봉사)	92	1.00	6.00	3.5870	.93940

자료: 구교정(2009). 인천지역학습동아리의활동분석.

그리고 학습동아리의 성과와 유사한 파급효과의 조사결과를 보면 <표 1-3>과 같다. 학습동아리 활동에 참여하면서 가장 큰 변화는 전문능력의 향상과 자신감이 가장 높게(40.6%) 나타났으며, 그 다음이 가족 및 대인관계 개선(34.4%)으로 나타났다. 그리고 지역사회 활동의 참여는 매우 저조함(15.6%)을 알 수 있다. 대인관계의 개선이 비교적 높게 나타난 것은 학습동아리가 문제해결을 위해 활동할 수 있음을 보여 준다고 하겠다.

〈표 1-3〉 학습동아리 참여의 파급효과

구분	빈도	백분율
전문 능력 향상과 자신감	39	40.6
지역사회 활동에 적극적인 참여(봉사)	15	15.6
가족 및 대인관계 개선	33	34.4
일자리 창출	1	1.0
기타	8	8.3

자료 : 구교정( ). 전게서.

(2) 학습동아리가 활성화 안 되는 이유

평생교육에서 학습동아리의 목적은 성과창출이고, 그 성과는 문제의 해결이다. 그러나 앞의 조사에서 본 바와 같이, 현재 학습동아리의 목적은 문제해결보다 개인의 자아실현에 보다 더 큰 가치를 두고 있다. 향후 학습동아리가 평생교육이 지향하는 바에 따라 운영되어야 하리라 본다. 이것은 학습동아리가 활성화되지 못하였기 때문일 것이다.

이처럼, 학습동아리가 활성화되지 못하여, 문제해결 중심으로 운영되지 못하는 데에는 몇 가지 이유가 있을 수 있다. 일과 동아리(학습조) 활동이 별개이거나, 선정된 과제가 긴급성이 아닌 당위성 과제이거나, 리더(팀장)가 무관심하거나, 과제의 설계에 문제가 있기 때문이다.

① 일과 동아리 활동의 별개

학습동아리(학습조직)는 과제(학습동아리의 목적)의 달성을 위해 구성된다. 그런 만큼, 달성할 과제를 선정한 다음에 동아리를 구성하여야 한다. 그런데 대부분의 조직들은 동아리 활동을 위해 과제를 선정하고 동아리(팀)를 구성한다. 학습동아리는 과제를 선정한 다음에 구성되어야 하며, 과제는 동아리의 목표와 관계있는 것이어야 한다.

구성원들이 동아리에 참여하다 보면 자신의 업무가 바빠서 동아리 활동에 소극적인 반응을 보이거나 참석을 하지 않는 경우가 많이 발생한다. 그 결과 학습동아리 활동은 유명무실하게 되고, 활성화가 안 되는 것이다. 그것은 바로 동아리 활동과 일을 별개로 인식하기 때문이다.

② 긴급성이 아닌 당위성의 과제

학습동아리의 활동을 추진하기 위해 선정하는 과제는 긴급성의 과제이어야 한다. 그러나 현실을 보면 대부분이 당위성의 과제를 선정하고 있다. 당위성의 과제란 했어야 할 과제를 여러 가지 사정으로 하지 못한 과제이다. 학습동아리 활동을 당위성의 과제로 추진하다 보면, 뒤에 긴급성의 과제가 주어질 경우 동아리 활동이 제대로 되지 않게 된다.

긴급성의 과제란 지금 즉시 해야 하는 과제로서, 기관장의 지시사항 등으로 긴급히 수행해야 할 과제가 주어지게 된다. 동아리의 구성원이 긴급한 과제를 수행하다 보면 그 외의 과제에는 관심이 없게 되기 때문이다. 긴급성의 과제 때문에 당위성의 과제는 우선순위에서 밀리게 되는 것이다. 긴급성의 과제를 선정하게 되면, 자신의 일이 아무리 바빠도 동아리 활동에 참여하게 된다.

③ 리더의 무관심

어떤 조직이던 리더의 역할은 중요하다. 리더가 관심을 보이는 조직과 그렇지 않은 조직 간에는 현저한 차이가 있다. 학습동아리(학습조직) 활동이 잘 안 되는 조직을 보면, 리더가 거의 무관심을 보인다. 리더가 관심이 없다는 것은 조직의 활동에 치명적인 약점이 된다.

리더가 왜 학습동아리에 관심을 가지지 않을까? 그것은 리더가 학습동아리의 필요성을 충분히 이해하지 못하고 있을 수도 있다. 그러나 보다 결정적인 이유는 학습동아리의 과제가 리더에게는 관심이 없는 당위성의 과제이기 때문이다.

특히 기업의 학습조직에서 리더(팀장)는 긴급한 것을 수행하기 위해 의사결정에 많은 시간을 투자하기 때문에, 당위성의 과제는 의사결정의 우선순위에서 밀리게 된다. 학습동아리의 리더는 긴급성의 과제에 관심을 보이고, 구성원은 당위성의 과제에 관심을 보이기 때문에, 리더의 과제가 우선순위에서 구성원의 과제에 밀리게 되는 것이다.

리더가 조직에 관심을 갖도록 하기 위해서는 학습동아리의 목표나 기관장의 지시사항 등이 긴급한 과제이어야 한다. 긴급한 것을 학습동아리의 과제로 선정하여야 한다.

④ 과제설계의 문제

학습동아리의 활동이 활성화되지 못하는 데에는 학습과제에도 문제가 있다. 학습과제가 너무 광범위하기 때문에, 현상파악이나 원인분석에 치중하게 된다. 학습과제가 당위성의 과제이기 때문에, 왜 그동안 하지 않았나 하는 현상파악 중심의 작업이 되는 것이다.

과제도 전략과 마찬가지로 실행에 중점이 두어져야 한다. 그러기 위해서는 과제의 범위가 작아야 한다. 과제의 범위가 크면 그것의 실행이 어렵게 된다. 그것은 어디부터 시작을 해야 할지 모르기 때문이다. 결국은 과제를 선정하고 해결하기 위해 맴돌다가 동아리 활동을 포기하게 된다.

과제의 범위가 너무 크게 되면, 무엇이 문제인지를 파악하기 어려워 아무것도 결정하지 못하게 된다. 반대로 과제의 범위가 너무 좁으면, 중요한 문제를 놓치지 쉬워 적절한 해답을 찾지 못하게 된다. 학습과제로서 제대로 된 프레임은 중요 점을 충분히 포착하여 그것에 주의를 집중할 수 있는 것이어야 한다.

과제의 범위가 너무 크면 실행이 어렵다. 실행은 하나씩 하는 것이지 한꺼번에 하는 것은 아니다. 하나하나 실행에 옮길 수 있도록 과제를 세분화하여 해결하도록 하여야 한다.

3. 학습동아리의 우수사례와 지원시책

3.1. 학습동아리의 외국 사례

(1) 스웨덴

스웨덴은 미국의 학습동아리로부터 아이디어를 얻어, 1902년 학습동아리가 조직되었으며, 스웨덴 절제운동의 지도자인 오스카 올슨(Oscar Olson)에 의해서 발전하였다. 스웨덴의 학습동아리는 19세기 후반 빈곤과 인구성장을 뒷받침할 수 없는 경제조건, 사회적・경제적 불평 등 어려운 사회적 상황을 극복하기 위한 계기에서 출발하였다. 이를 위해 학습동아리는 지역사회나 조직에 민주적으로 참여하는 방법을 가르치고, 그 속에서 새로운 지역의 지도자를 배출하는 역할을 수행하였다.

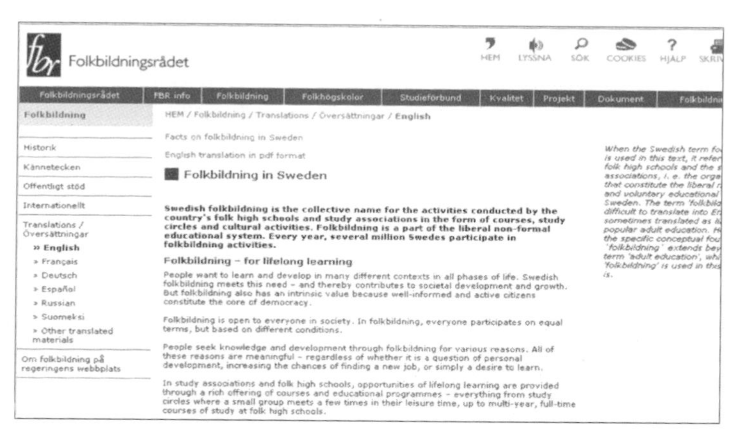

〈그림 1－2〉 스웨덴 성인교육위원회(The National Council of Adult Education)

스웨덴의 학습동아리는 성인교육위원회(The National Council of Adult Education)에서 담당하며(<그림 1-2> 참조), 정부에서 기금을 받아 운영하고 있다, 성인교육위원회 산하에 11개의 협회들이 있으며, 이들은 모두 지방의 조직들로 구성되어 있다(<그림 1-3> 참조).

스웨덴의 학습동아리는 다음과 같은 성과를 거두고 있다. 18세의 사람들 중 75%는 스터디서클에 참여한 경험을 가지고 있으며, 그들 중 약 40%는 3년간 지속적으로 적어도 한 개 서클에서 활동하고 있다. 그리고 스웨덴의 스터디서클은 11개의 협회(study circle association)들에 의해서 조직되고 있으며, 이들은 300만 명이 참여하는 35만 개의 스터디서클을 관리하고 있다.

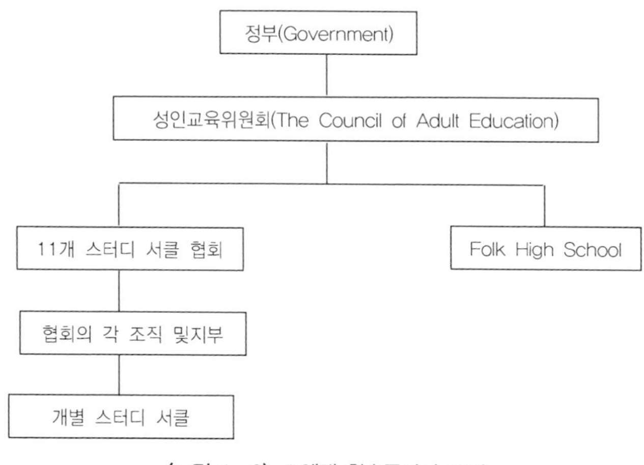

〈그림 1-3〉 스웨덴 학습동아리 조직

(2) 미국

미국은 1874년 뉴욕의 쇼토퀴(Chautauqua) 호수 모임을 통하여 미국의 전역에 수백 개의 학습동아리가 형성되는 계기가 마련되었다. 북 그룹에서 다양성과 유사성 사이에 균형을 이루어 나가기 위해 대화라는 방법을 강조하고, 올바른 의사소통을 위해 구성원들에게 민주적인 환경을 제공하고, 공통적인 관심사나 목적에서 일치하는 그룹 사이에 네트워크를 형성하여 학습의 성과를 공유하는 등 다양한 정보와 기술을 교환하였다.

이로 인하여 인종문제에서부터 환경문제에 이르기까지 다양한 주제를 가지고 토론하였으며, 스터디서클 지원센터(SCRC)와 관계를 맺고 있는 미국의 스터디서클은 총 251개, 40여 개, 140여 개 조직을 지원하고 있다.

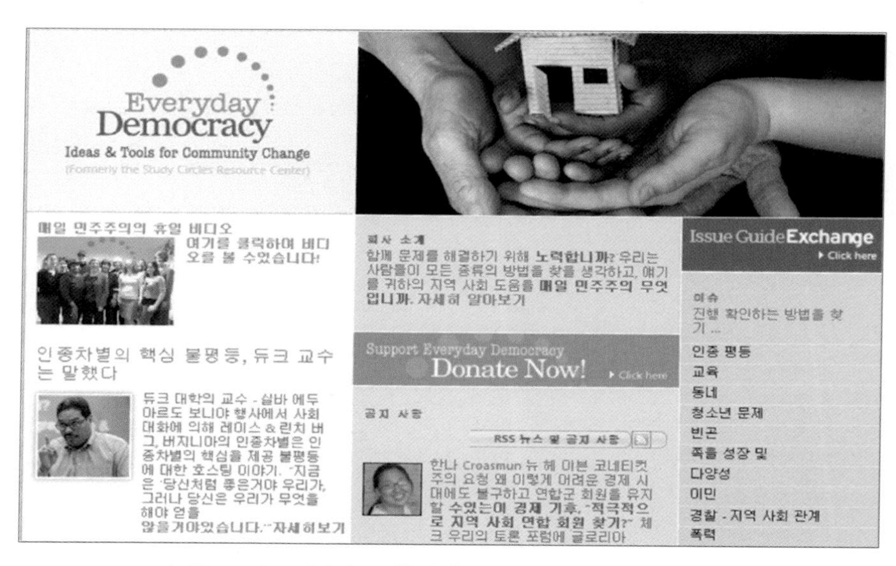

〈그림 1-4〉 스터디서클 지원센터(Study Circles Resource Center)

(3) 일본

일본의 서클활동은 공민관을 중심으로 생활 문화적 활동이 각각 흥미와 관심에 맞게 행해지고 있다. 공민관은 산업진흥기관, 문화교류기관, 향토진흥기관이라는 역할을 수행하는 종합적인 시설의 성격을 갖고 있다.

일본의 학습 동아리는 소집단 활동이 시민관에서 주최한 프로그램을 통해 이루어지기도 하지만, 주민들 스스로 자주적 학습집단을 조직하여 이용하기도 한다. 모든 주민들이 지역문제나 사회변화에 따라 발생하는 현실의 과제를 함께 발견하고 함께 해결방안을 모색하는 주제들로 지역 세미나를 열어 운영하고 있으며, 문부성이 평생교육에 재정적 지원을 아끼지 않고 있다. 이는 학습동아리의 활성화에 많은 도움을 주고 있다.

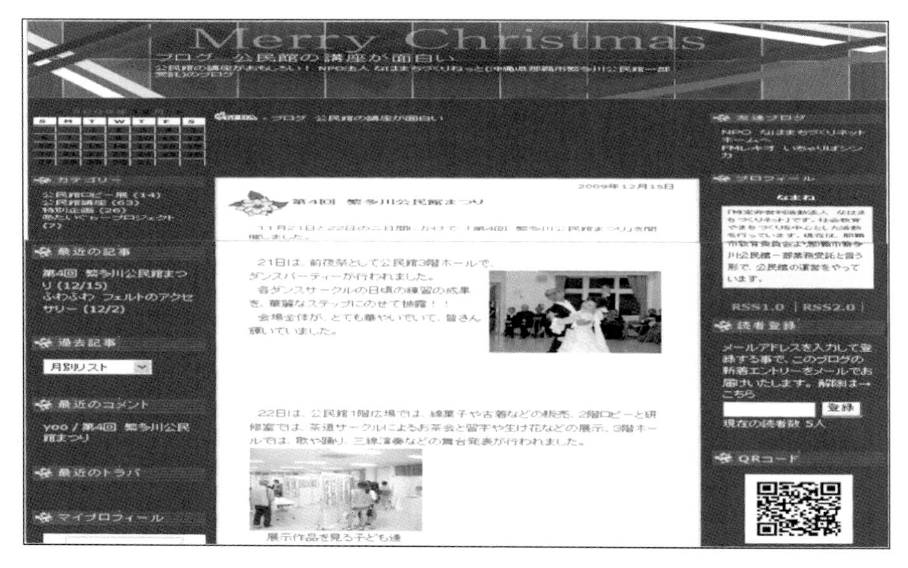

〈그림 1-5〉 일본의 공민관

(4) 외국 사례의 시사점

외국의 학습동아리 사례분석을 통해 다음과 같은 시사점을 얻을 수 있다. 첫째, 외국의 학습동아리는 주제를 중심으로 조직되나, 우리나라의 학습동아리는 사람 중심으로 조직된다. 이로 인하여 우리의 학습조직은 다소 폐쇄적이며, 학습자가 수용하는 사회의 차원이 더 큰 변화로 확장되지 못하는 부분이 있다.

둘째, 외국의 학습동아리는 우리나라의 학습동아리와는 다르게 폐쇄성이 아닌 개방성을 그리고 개별성이 아닌 공공성을 진지하게 촉진할 수 있는 정책적 지원이 풍부하다. 이로 인하여, 외국의 학습동아리는 우리나라와는 달리 학습동아리 확산이 평생학습 사회를 촉진시킬 수 있는 매개체가 되고 있다.

셋째, 외국의 학습동아리는 정부의 재정적 지원이 많지만, 우리나라의 경우는 그렇지 못하다. 스웨덴은 학습동아리에 대하여 재정과 지도자의 연수 등 전폭적인 지원을 하고 있으며, 미국은 민간재단에서 학습동아리 센터를 지원하고 있다.

3.2. 학습동아리의 기업 사례

기업들은 저마다 다양하면서도 독특한 방법으로 학습동아리를 운영해 오고 있다. 웅진코웨이는 바다이야기를 차명해 재미있고 쉬운 방법으로 제안활동을 할 수 있도록 해 업무개선효과를 내는 상상오션기법을 창조했다. 그리고 자발적 학습문화를 만들어 내 주목을 받고 있는 포스코 학습동아리는 신경영 모델로 평가받고 있다.

(1) 웅진코웨이

웅진코웨이 홍준기 사장은 최근 KMA 최고경영자조찬회에 참석한 경영자들에게 다음과 같이 말했다. “우리 회사 직원들은 요즘 바다이야기에 푹 빠져 있습니다. 회사에서 새우, 고래 잡는 일에 여념이 없습니다. 크기에 따라 포인트를 주고 고래를 잡으면 해외연수를 보냅니다. 이처럼 창의력의 원천은 결국 재미입니다.”

그는 웅진코웨이만의 창의경영 노하우인 ‘상상오션’을 전수해 눈길을 끌었다. 그는 웅진코웨이의 혁신기법 ‘상상오션’을 설명하며 창의력을 이끌어 내기 위한 그들만의 방법을 전수했다.

웅진코웨이의 바다이야기로 불리는 상상오션은 가상으로 만들어진 바다에 재미있고 쉬운 방법으로 제안활동을 실행한다. 이것은 업무 개선 및 혁신을 이끌어 내는 제도이다. 직원들이 제안을 제출할 때마다 포인트로 새우(마리당 100원)를 지급하며 이 새우가 1만 개가 모이면 돌고래(마리당 100만 원)를 지급한다.

새우의 마리 수에 따라 선원·갑판장·선장 등 차별화된 등급이 매겨지고 매월 ‘상상왕’을 선정해 명패와 함께 상상의자로 명명되는 고급의자를 수여한다. 직원들의 의자만 봐도 이 사람이 ‘상상왕’인지 아닌지를 알 수 있다.

또 아이디어를 힘들게 냈는데 기각되면 그것처럼 기운 빠지는 일이 없다. 그래서 1건의 제안에 최소 5마리의 새우 마일리지를 준다. 평가부문에서도 투명하게 자신의 제안을 누가 심사할지 정할 수 있고, 현재 자신의 제안을 누가 검토하고 있는지 알 수 있다. 제안심사자의 피드백이 있으면 이를 수정해 다시 제안할 수 있기도 한다.

이 같은 과정을 통해 본인의 아이디어가 잘된 것인지, 문제는 어떠한 것인지 알 수 있다. 아이디어에 대한 제안뿐 아니라 자신의 업무에 대한 방법을 물을 수도 있다. 제안제도의 성공은 조직문화로 정착시키는 것이 가장 중요하다.

이에 따라 다양한 채널을 통해 이것이 문화로 정착될 수 있도록 하고 있다. 공유할 것은 공유하고 교육할 것은 교육한다는 것이다. 경쟁의 요소도 빠져서는 안 된다. 부서별로 새우 몇 마리를 잡았는지 다른 부서와의 경쟁을 통해 상상의 품질을 올리고 있는 것이다.

새우 마일리지를 좋은 일에 기부할 수도 있도록 하였다. 초기에 전사적 참여도는 41%에 불과했지만 지금은 95%에 이르고 있다. 이는 상상오션이 재미있고 일을 하면서도 재미있게 접근할 수 있도록 해 놓고 있기 때문이다.

(2) 포스코

포스코는 지난 2004년 지식의 공유와 창출, 정보공유의 장을 마련한다는 취지로 학습동아리(CoP: Community of Practice) 제도를 처음 도입했다. 종전에 하던 자주관리 활동의 자발적 참여정신에 6시그마의 과학적 방법론과 IT인프라를 일체화시켜 끊임없이 학습하고 개선하는 포스코 고유의 혁신활동으로 만들었다. 포스코의 학습동아리가 주목받는 이유는 바로 '직원들의 자발적인 참여'가 있다는 점이다.

직원들 대상 설문조사에서 93%가 업무수행에 도움이 된다고 할 정도로 긍정적이다. 특히 역량강화와 업무생산성 향상 면에서 큰 효과를 거두고 있는 것으로 나타났다. 학습동아리는 재미있고 활기찬 직장분위기를 조성하는 데 많은 기여를 하고 있다.

CEO와 담당임원이 학습동아리 현장을 직접 방문해 직원들을 격려하고 있으며, 부서장은 온라인 댓글 달기에 적극 참여해 직원들과 의견을 나누는 등 학습동아리를 통한 열린 조직문화가 형성되고 있다.

또한 직원들은 24시간 열린 온라인 학습동아리를 통해 업무시간 외에도 자유롭게 개선활동을 수행한다. 학습동아리는 총 1,600개, 가입인원 8만 9,000명이 참가하고 있어 한 명당 5개의 동아리에서 활동을 하고 있다.

학습동아리 기반은 포스코의 QSS활동원리에서 찾을 수 있다. QSS는 Quick6시그마를 의미한다. 전원참여의 자주관리 활동에서 형식적인 활동과 보고는 제거하고 6시그마의 과학적 방법론을 부가했다.

최근 포스코 광양제철소가 혁신 교과서로 떠오른 이유도 여기에 있다. 550여 명의 기업체 임직원, 공무원들이 광양제철소를 방문해 학습동아리 노하우를 배워 갔다고 한다. 광양제철소의 혁신기법으로는 '학습동아리' 외에도 '마이 머신(My Machine)', '비주얼 플래닝(Visual Planning)' 등이 있다.

마이머신 활동이란 일선 현장 노동자가 자기들이 사용하고 있는 기계를 직접 청소하고 관리한다는 뜻이다. VP는 직원들이 자신의 이름표가 붙은 게시판에 평상시 업무를 계획 업무, 개선 업무, 돌발 업무 등으로 꼼꼼히 기재하는 것이다. 전 직원들의 하루 일과와 업무 부담을 한눈에 알아볼 수 있는 전광판인 것이다.

3.3. 학습동아리의 우수사례

(1) 광명시의 학습동아리

광명시의 평생학습원은 2001년에 설립되어 광명시가 성공회대학교에 위탁하여 운영하고 있다. 광명시의 평생학습원에서는 학습동아리의 활성화를 통해 네트워크를 효과적으로 매개하고 있다.

개인적 차원에서 실행하기 어려운 평생학습을 광명시는 잘 이루어 내고 있다. 광명시는 비슷한 관심사와 학습동기를 공유하는 사람들이 함께 만나게 함으로써 역동적인 배움이 일어나게 하고 있다.

광명시에서는 이것을 어떻게 해내고 있을까? 성과는 무엇으로 나타나며, 평생학습원은 무슨 일을 하고 있으며, 거기에 참여하는 시민들은 어떻게 배움의 즐거움을 누리고 있는지를 살펴보자.

광명시는 가장 먼저 평생학습도시를 선포하였고, 평생학습원이라는 독자적인 기구와 건물을 갖추고 있는 유일한 지자체이다. 그러나 광명시가 주목을 받는 것은 그런 외형이 아니라, 시민들이 실질적으로 학습을 스스로 도모하고 있다는 점이다.

평생학습원이 지금까지 가장 주력해 온 사업은 학습동아리의 활성화이다. 시민들이 여럿이 모여 함께 자기 주도적 학습을 수행할 수 있는 바탕이 여기에 있다. 시민들이 자발적으로 배우고 그것을 다른 사람들에게 가르치고 실천해 가면서 진정한 학습이 이뤄지게 된다.

이를 위해서는 학습동아리가 실질적으로 활성화되어야 한다. 광명시의 평생학습원에 등록되어 있는 동아리는 2006년 말 현재 116개로서 회원이 1,500명 정도인데, 실제로 활동하지 않고 이름뿐인 동아리는 거의 없다는 것이 특징이다. 그리고 학습원은 학습동아리의 활동을 질적으로 향상시키기 위하여 리더십 교육이나 회원 워크숍 등을 비롯한 각종 교육을 지속적으로 실시하고 있다.

광명시의 학습동아리 활동에서 두드러진 점은 지역의 청소년을 대상으로 다양한 체험 프로그램을 진행하였던 것이다. 광명시 소재 청소년 문화의 집 '해냄'과 '오름'에서는 학생들이 격주 토요일마다 학교에 가지 않는 소위 '놀토'에 '해냄의 날', '오름의 날'이라는 행사를 가졌다.

이에 학습원은 미술 치료, 비즈 공예, 퀼트, 펠트, 선무도, 종이접기 등의 학습동아리들을 청소년 문화의 집에 보내었으며, 학습동아리 회원들은 그들이 배운 것을 가르침으로써 진정한 배움이 이루어졌던 것이다. 지역에 있는 아이들의 학습을 지역의 어른들이 책임지는, 그야말로 평생학습도시의 이상이 실천되고 있는 것이다.

이러한 수준으로 발전하기까지 많은 시간이 소요되었다. 예를 들어, 인형극 동아리의 경우 처음에는 어린 아이를 둔 주부들이 자기 아이하고 놀아주기 위해 '발도로프 헝겊인형' 교양강좌를 들었는데, 이 가운데 관심과 열정이 남다른 몇몇 분들이 동아리를 만들었고, 동아리에서 공부를 더 하고 싶어서 '시민제안프로그램'이라는 것을 통해서 심화교육을 받았다. 그때 '사다리'라는 인형극단의 대표를 초대해 인형극에 관한 상세한 것들을 배워 인형극 공연을 본격적으로 시작한 것이다.

다른 예로서 독후감 활동 동아리를 들 수 있다. 독서지도사의 양성과정을 교양 학교에서 들은 사람들 일부가 어린이 도서실에서 자원봉사자 훈련을 받고 동아리를 만들어, 학습원 내 어린이 도서실에서 봉사활동을 하다가 독후감 활동 프로그램(독서 놀이터)을 따로 만들었다. 독서 놀이터는 미취학 아동에서 초등학교 3학년까지를 대상으로 하는 인기프로그램이다. 이 프로그램의 4개 팀들은 이제 경험이 쌓여서 지역에 작은 도서관들에 가서 자원봉사 활동도 하고 때로는 강사료를 받고 정식 강사로 활동하기도 한다.

(2) 연수구의 독서지도연구회

2005년 5월 연수문화원에 '독서모임의 리더양성'의 과정이 개설되었다. 수강생의 대부분은 책읽기를 좋아하거나, 아이의 공부에 도움을 주거나 자격증을 획득할 생각으로 모인 30~40대의 평범한 주부들이었다.

이들은 매주 이론서의 요약정리, 선정된 아동 도서 텍스트 분석, 수업지도안의 작성 등 어려운 과정을 힘겹게 감당하며 새로운 지식을 깨닫는 즐거움과 독서지도의 전문가가 되어 간다는 보람으로 교육과정을 무사히 끝내었다. 이들은 인증시험을 거쳐 2005년 12월 29명의 선생님이 평범한 주부에서 당당한 2급 독서지도사로 서게 되었다.

선생님들은 그들이 배운 것을 지역사회에 환원하기 위해, 수료자 중 13명이 그동안 공부해 오던 맥을 이어, 책을 읽고 토론하며 독서의 지도연구를 계속 하자는 데 뜻이 모아졌다. 주 1회 일정한 시간에 모여서 독서 관련 토론을 하고 지역사회에 봉사할 기회를 찾기로 하여, 학습동아리의 독서지도연구회 '책 읽는 연수'가 탄생되었다.

모임결성의 초기에는 정기적으로 사용할 수 있는 장소 마련이 어려워, 3주간은 친목을 위한 식사 모임, 문화 공연 감상 등으로 시간을 보내었다. 고민 끝에 그들은 모임의 특성상 도서관에서 모이는 것이 가장 바람직할 것이라는 데 의견이 모여, 연수도서관에 대관을 문의하여, 도서관 평생학습 프로그램인 "생각 톡톡 논술" 강좌를 맡아 자원 봉사를 해 주는 조건으로 대실을 승낙받았다. 이후 2006년 6월부터 연수문화원의 배려로 연수 문화원 교양강좌실로 옮겨 현재까지 사용하고 있다.

또한, 2006년 4월부터 체계적인 봉사활동을 위해, 연수구 자원봉사센터에 전문 교육봉사단체로 등록하였다. 그들은 센터와 연계하여 독서문화의 혜택을 꼭 필요로 하는 기관들을 소개받아 찾아가는 자원봉사 활동을 하였다.

이러한 자원봉사를 하면서 그들은 학습동아리가 추구해야 할 목표와 방향성을 찾았으며, 동아리의 정체성도 확고히 할 수 있게 되었다. 즉 책을 통한 지역화합이라는 안목을 가질 수 있게 된 것이다.

또한 그들은 자원봉사를 하면서 지역문제에 눈이 뜨기 시작했다. 평생학습도시인 연수구는 정말 공부하기 좋은 여건들을 갖추고 있음에도 불구하고, 빈부의 격차가 심해 빈곤과 교육으로부터 소외된 주민들이 함께 공존하는 지역 특성을 동시에 가지고 있었다.

배우고 싶어도 배울 수 있는 상황이 허락하지 않는 이웃들이 바로 우리 곁에 있었던 것이다. '책 읽는 연수'는 이런 소외 계층들에게 책으로 다가가기로 마음을 모았던 것이다.

학습동아리의 꾸준한 봉사활동은 소외 계층 어린이들에게 초점이 맞추어져 있다. 2007년 4월부터 7월까지 진행된 인천문화재단 지원 사업으로 '도서관에서 책하고 놀아요'와 2007년 7월부터 현재 진행 중인 '도서관 나들이', 연수 문화원 동아리 지원 사업 '책과 명화가 만났어요' 등도 모두 그 대상이 소외 계층 어린이들로 한 프로그램들이다.

(3) 아파트 단지의 사례

국내의 한 아파트는 주민들과의 친목도모와 주민들의 학습문화 형성에 도움이 될 것이라는 생각에 학습동아리를 조직하기로 하였다. 2007년 12월 '학습동아리의 밤'이라는 행사를 가졌다. 처음에는 학습동아리가 무엇인지도 모르는 주민들이 많아 학습동아리의 구성이 쉬운 일이 아니었지만, 어느 정도 동아리 인원을 모집한 이후에 다시 추가모집 공고를 냄으로써 참여자의 인원이 조금씩 늘기 시작하였다(<그림 1-6> 참조).

2007년부터 아파트 단지 내에서 학습 동아리가 주 1회씩 모임을 갖고, 학습을 진행하였다. 이를 통해 컴퓨터를 통한 다양한 의견 교환 방법(문자 보내기, 화상채팅)을 직접 생활에 활용할 수 있도록 하였다. 2009년 현재 악기 동아리, 요가 동아리, 골프 동아리, 독서 동아리 등이 아파트 단지 내에서 활발하게 진행되고 있다.

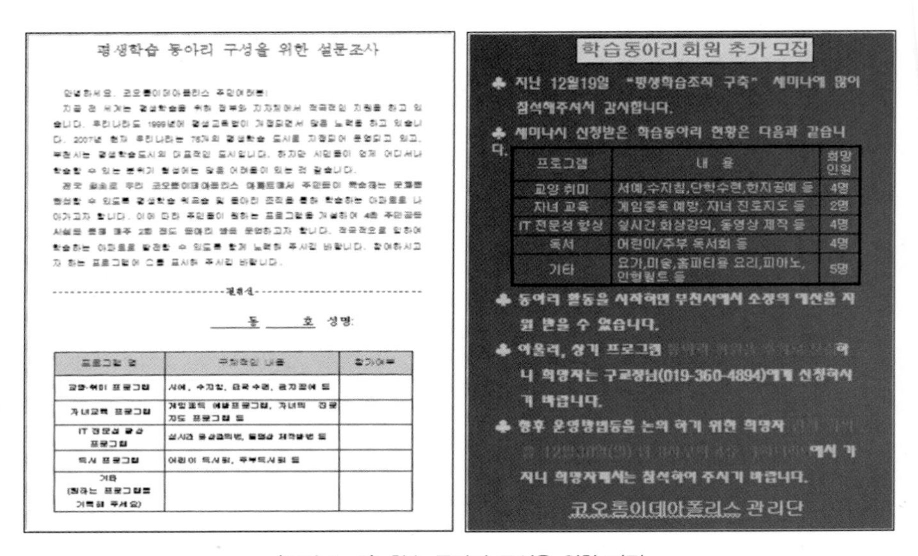

평생학습 동아리 구성을 위한 설문조사

학습동아리 회원 추가 모집

♣ 지난 12월19일 "평생학습조직 구축" 세미나에 많이 참석해주셔서 감사합니다.

♣ 세미나시 신청받은 학습동아리 현황은 다음과 같습니다.

프로그램	내 용	희망 인원
교양 취미	서예,수지침,단학수련,한지공예 등	4명
자녀 교육	게임중독 예방, 자녀 진로지도 등	2명
IT 전문성 향상	실시간 화상강의, 동영상 제작 등	4명
독서	어린이/주부 독서회 등	4명
기타	요가,미술,홈파티용 요리,피아노, 인형월드 등	5명

♣ 동아리 활동을 시작하면 부천시에서 소정의 예산을 지원 받을 수 있습니다.

♣ 아울러, 상기 프로그램 … 하니 희망자는 구교정님(019-360-4894)에게 신청하시기 바랍니다.

♣ 향후 운영방법등을 논의 하기 위한 희망자 … 에서 가지니 희망자께서는 참석하여 주시기 바랍니다.

코오롱이데아폴리스 관리단

〈그림 1-6〉 학습 동아리 구성을 위한 과정

이들은 처음에는 아파트의 빈 공간을 쉼터로 활용하려고 하였다. 하지만 주민들의 학습문화를 위해 도서실로 운영하자는 의견이 제시되어, 주민들로부터 집에서 보지 않은 책을 기증받아 이제는 그럴듯한 도서실로 이용되고 있다.

(4) 우리나라의 학습동아리 현황

학습동아리의 정확한 수를 파악하기는 어렵다. 국가 단위의 학습동아리 DB구축이 이루어져 있지 않기 때문에, 학습동아리의 수를 명확히 파악하는 것은 실제적으로 불가능하다.

하지만 평생학습도시 조성사업의 추진에 따라 각 평생학습 도시별로 학습동아리의 등록사업을 추진하고 있고, 지역평생교육센터에서 학습동아리의 활성화를 지원하면서 등록된 학습동아리의 수를 확인함으로써 그 규모를 개략적으로 가늠할 수 있다.

2001년부터 2004년까지 19개 평생학습도시에서 2003년 560개, 2004년 총 902개로 증가하였다. 이에 따라 2007년도 학습동아리의 수는 총 1,773개, 2008년도에는 3,233개로 등록되었다. 분명한 사실은 등록된 학습동아리의 수가 비약적으로 증가하고 있다는 것이다.

한편, 2008년도 지역평생교육정보센터의 학습 동아리 육성 현황을 살펴보면, 경기와 충남 지역을 뺀 나머지 14개 지역에서 144개의 학습 동아리가 소속으로 활동을 전개하고 있으며, 1개 학습 동아리당 평균 19.5명으로 총 2,802명이 참여하고 있다.

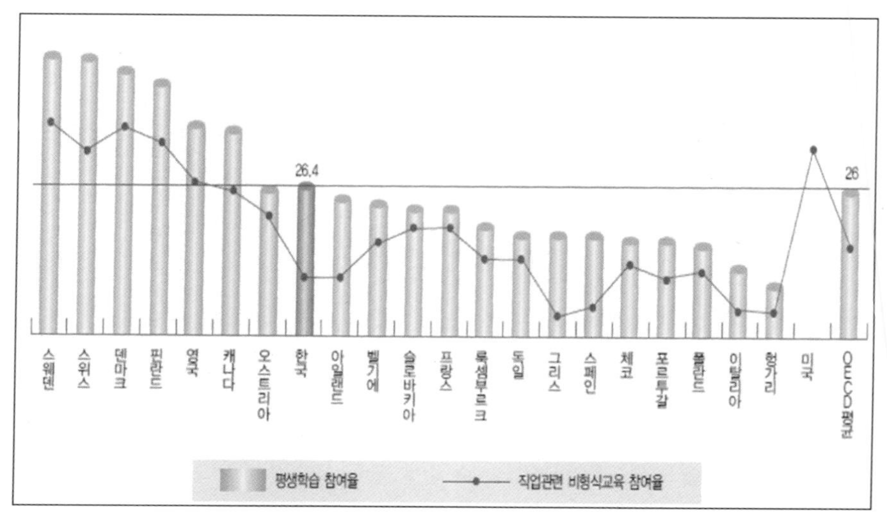

주) OECD국가는 2005년 기준, 우리나라는 2008년 기준임

〈그림 1-7〉 평생학습의 참여율

이처럼, 학습동아리의 활성화는 평생교육의 참여율을 높이는 데 크게 기여하였다. 2003년에는 우리나라의 평생교육의 참여율이 21.3%에 불과했으나, 최근에는 학습동아리의 활성화로 말미암아 2008년 현재 OECD 평균보다 약간 높은 26.4%를 차지하고 있다(<그림 1-7> 참조).

4. 학습동아리 구성원의 역할과 자세

학습동아리는 조직자, 리더, 참여자, 관리자, 스폰서, 외부전문가, 후원자 등 여러 사람으로 구성된다. 주요 구성원들을 정의하면 다음과 같다.

- 조직자 : 학습동아리를 실제로 조직하는 사람.
- 리더 : 구성원(참여자) 모두를 이끌어 가는 사람.
- 리더의 훈련자 : 학습동아리 리더의 훈련을 담당하는 사람.
- 구성원 : 동아리에 참여하여 학습과 토론을 하는 모든 사람.
- 관리자 : 학습동아리의 운영을 실질적으로 관리하는 사람.
- 스폰서 : 동아리를 재정적으로 후원하는 사람(지식 또는 성과 구매자).
- 외부 전문가 : 구성원의 지식수준을 향상시키는 데 도움이 되는 전문가 그룹.
- 후원자 그룹 : 동아리를 정신적·물질적으로 후원하는 그룹.

4.1. 학습동아리 구성원의 역할

학습동아리의 조직자는 학습동아리의 구성을 계획하고 잠재적 참여자와의 접촉을 통해 학습동아리를 실제로 조직하는 역할을 한다. 이들의 구체적 역할은 학습동아리가 학습할 주제와 수준을 결정하고, 토론을 잘 이끌 수 있는 능력을 가진 리더를 발굴하여 선정하며, 다양한 홍보 방법을 통해 참여자를 모집하고, 마지막으로 학습 동아리 모임의 회합 계획을 세우는 역할을 하게 된다.

학습동아리의 관리자는 평생교육 기관 내에 학습 동아리가 조직된 이후 각 학습 동아리가 평생교육 기관의 사명과 비전을 공유하며 활성화될 수 있도록 실무적으로 관리, 상담, 지원하는 역할을 한다.

학습동아리의 리더 훈련자는 학습동아리의 조직자가 리더 훈련자의 역할을 겸하거나 기타 평생교육 기관의 내외 전문가들이 맡을 수도 있다. 구체적인 역할은 학습동아리 리더를 위한 교육의 요구분석, 프로그램 개발, 자료집(매뉴얼)의 개발, 교육훈련의 실시 등 역할을 한다.

한편, 학습동아리 활동을 이끌어 가는 촉진자인 리더(leader)는 토론의 진행기술, 인간관계와 관련된 기법, 학습자료의 선정 등의 요건을 갖추는 것이 바람직하다.

마지막으로 학습동아리의 참여자(participants)는 학습자를 말한다. 학습동아리의 참여자는 모든 학습모임에 참여하며, 다른 사람들이 말하는 것을 주의 깊게 듣고, 주제에서 벗어나지 않으며, 다른 사람들의 입장을 존중하고, 그들의 견해를 이해하기 위하여 최선을 다해야 한다.

학습동아리를 통하여 학습자 개인은 안정적으로 다양한 정보를 공급받으며, 민주적인 의사소통의 훈련으로 의사결정 능력을 함양하며, 실천 활동을 통하여 개인과 집단의 동반성장, 집단에 대한 신뢰와 자긍심을 향상시킬 수 있다.

4.2. 학습동아리 지도자의 역할

학습동아리의 지도자는 학습동아리를 조직하고 학습동아리가 원활하게 운영되도록 이끄는 사람이다. 다른 조직들과 마찬가지로 학습동아리에서도 동아리 전체가 계획을 세워 꾸준히 학습을 진행하고, 구성원들의 소속감을 강화시키도록 돕는 학습동아리 지도자가 필요하다. 학습동아리의 성공에서 지도자는 매우 중요한 존재이다. 학습동아리는 참가자들의 자발적 의지에 의해 움직이는 조직이기 때문에 일반적인 조직의 지도자와는 조금 다른 덕목이 요구되는 것이다.

훌륭한 학습동아리 지도자는 참여자들이 학습동아리 활동을 편하게 할 수 있도록 도와준다. 학습동아리의 지도자가 참여자들을 편하게 활동하도록 도와줄 때, 참여자들은 스스로 목표를 세우고, 생각을 공유하며, 서로에게 배우는 것을 쉽게 만들어 갈 수 있다. 이를 위해서 학습동아리의 지도자는 열린 마음을 가지고 친밀하면서도 훌륭한 청취자가 되어 참여자들의 요구와 관심에 귀를 기울여야 한다.

(1) 나아갈 방향의 제시

학습동아리의 지도자는 토론의 초점을 명확히 하고, 토론의 초점이 흐려지지 않도록 하는 사람이어야 한다. 학습동아리의 지도자는 토론의 방향을 일정하게 이끌어 가는 사람이지 '가르치는 사람'이 결코 아니다.

또한 학습동아리 지도자는 참여자들이 고려하지 못한 관점을 제시할 수 있을 만큼 토론 주제에 익숙해져 있어야 하지만, 토론 주제에 대한 전문가일 필요는 없다. 만일 학습동아리의 지도자가 토론 주제에 대한 전문적 능력이 있더라도, '교사'의 역할을 나타내지 않도록 하는 특별한 주의가 필요하다.

(2) 의사결정의 지원

학습동아리의 지도자는 학습동아리에서 의사결정을 하는 사람이 아니라, 참여자(구성원)들이 스스로 의사결정을 하도록 도와주는 사람이어야 한다. 학습동아리의 참여자들은 어떤 주제에 대하여 어떻게 학습할 것인가에 대하여 결정한 상태에 있지 않다.

그러므로 학습동아리의 지도자는 구성원들이 그 주제의 어떤 측면에 초점을 둘 것이며, 어떤 방식으로 다룰 것이며, 다른 측면은 어떻게 접근할 수 있는가 등에 대하여 그들이 대화를 통해서 결정하도록 하여야 한다.

학습동아리의 참여자들이 자신의 학습목표를 재검토하고, 학습동아리가 참여자들의 실제 요구와 관심에 부응하고 있음을 명확히 하는 과정이 필요한 것이다. 이러한 학습동아리 참여자들의 의사결정 과정에서 학습동아리의 지도자는 자신의 의견을 주장하기보다는 참여자들이 스스로 의사결정을 하도록 도와주어야 한다.

(3) 대화의 촉진

학습동아리의 지도자로서 가장 중요한 역할은 무엇보다도 참여자들의 대화를 잘 이끌어 내도록 하는 것이다. 학습동아리의 지도자는 협력학습을 위한 분위기를 조성하여, 각 참여자들이 편하게 자신의 생각을 표현하도록 도와주어야 한다.

학습동아리의 지도자는 참여자 한 사람이 토론을 주도하지 않도록 하여야 한다. 토론을 주도하려는 사람을 적절하게 제지하여, 나머지 사람들이 편하게 이야기할 수 있도록 해 주어야 한다. 또한 말이 없는 참여자들에게도 말할 기회를 부여하여 모든 학습동아리 참여자들이 대화에 참여할 수 있도록 도와주어야 한다.

4.3. 학습동아리 지도자의 자세

학습동아리 지도자의 자세로서 포용적 자세, 긍정적 자세, 탐구적 자세, 동아리 문제의 해결촉진 등을 들 수 있다. 이들 자세에 대하여 설명하면 다음과 같다.

(1) 포용적 자세

학습동아리의 지도자는 성실하고 포용력이 있어야 한다. 학습동아리의 지도자가 먼저 시간을 지키고 과제를 해 올 것이며, 구성원들의 잘못을 덮어 줄 수 있는 포용력을 가져야 한다. 사람들은 상대방의 말보다는 행동을 보고 배우는데, 학습동아리의 지도자가 구성원들에게 모범적 행동을 보여 주지 못한다면 바람직한 학습동아리의 지도자라 할 수 없을 것이다.

(2) 긍정적 자세

학습동아리의 지도자는 매사에 긍정적이고 여유 있는 자세를 가져야 한다. 학습동아리의 지도자는 소모임의 구심점인 것이다. 따라서 학습동아리 지도자의 스타일과 자세가 모임에 미치는 영향이 매우 크다.

학습동아리의 지도자가 특히 긍정적이고 낙관적인 자세를 갖는 것이 중요하다. 학습동아리의 구성원들이 잘못하는 것보다는 잘하는 것을 먼저 볼 수 있어야 한다. 학습동아리의 지도자가 모임의 잘 안 되는 것보다 잘되는 것을 항상 먼저 말하는 긍정적인 분위기가 동아리 모임의 발전을 위한 밑거름이 된다.

(3) 탐구적 자세

학습동아리의 지도자는 참여자들보다 한발 앞서 고민하고 연구하는 자세를 가져야 한다. 학습동아리의 지도자가 학습의 주제에 대하여 구성원들보다 많이 알아야 하는 것은 아니지만, 학습동아리의 지도자는 적어도 주제에 대하여 연구를 하여 충분히 이해하고 있어야 한다.

만일 학습동아리의 지도자가 학습내용을 충실히 읽고 이해하지 못하고 있다면, 구성원에게 학습의 의미를 자신 있게 얘기할 수 없게 될 것이다. 한 사람이 열 권의 책을 읽는 것보다 열 사람이 한 권의 책을 읽는 것이 효과적이듯이, 구성원 모두가 함께 학습 주제에 대하여 충분히 이해하고 있을 때 학습은 효과적이며 그들은 학습동아리의 소중함을 생각하게 될 것이다. 학습동아리의 지도자는 학습내용을 충실하게 읽고, 한 사람의 구성원으로서 적극적으로 발언하고, 토론과정에서 배우려는 자세를 가져야 한다.

(4) 동아리 문제의 해결 촉진

학습동아리의 지도자는 동아리 모임에 대해 스스로 평가하고, 문제점을 발견할 수 있어야 한다. 보통 학습동아리가 활력을 잃게 되는 이유는 학습내용이 어려워서 이해를 못 하는 참가자가 생기거나, 몇몇 사람이 얘기를 독점해서 다른 사람들이 소외감을 느낄 때 또는 참가자 간에 인간적인 갈등이 생기는 경우 등이다.

구성원들이 그들의 업무가 많아져서 학습동아리에 참석하지 못하는 횟수가 늘어나게 되면, 학습동아리의 활력이 떨어지게 된다. 어떠한 경우이든 학습동아리의 지도자는 동아리의 문제에 대해 한발 앞서 발견하고, 이를 해결하는 촉진자의 역할을 해 주어야 한다.

제 2 장 학습동아리의 조직과 운영

1. 학습동아리 형성의 단계

학습동아리의 조직은 기관(단체)이 중심이 되어 결성이 되는 경우와 참여자가 자발적으로 결성이 되는 경우로 나누어 볼 수 있다. 이 2가지의 형성경로는 대체로 비슷한 발전과정을 거치지만, 조직의 준비와 운영에서 차이를 보여 준다.

먼저, 기관이 중심이 되어 조직하는 학습동아리는 비교적 일정한 계획 아래 육성되고 지원이 되므로, 학습동아리의 조직화가 순탄하게 진행될 수 있다.

예를 들어, 행정구역의 단위를 학습동아리로 조직·활용할 수 있다. 하나 도시의 행정구역(동, 통, 반)과 시골의 해정구역(읍, 면, 리)에 사는 주민이나 학군, 학구, 마을, 아파트 단지 등을 단위로 하여 형식적·비형식적 규정을 가지고 운영하는 모든 단체를 학습동아리로 육성하는 것이다.

다른 하나는 현재의 반상회를 하나의 자발적 학습동아리로 육성하는 것이다. 비록 반상회와 관련이 없는 학습동아리도 지역자치단체의 한 핵이 되도록 육성하여야 한다. 그리고 이들 학습동아리가 지방자치기관에 등록하도록 하고, 가능한 한 행정서비스를 제공하는 것이다.

위의 방법으로 학습동아리를 조직하기 위해서는 지역주민센터를 적극 활용하여야 한다. 학습동아리들이 지역주민센터를 자유롭게 활용하도록 개방하고, 여러 개의 학습동아리가 연합 또는 단독으로 학습활동을 할 수 있도록 적절한 교육자재와 함께 지역정보들을 활용할 수 있는 정보시스템을 구비하여야 할 것이다. 이러한 학습동아리는 조직이 일정 단계에 도달하면 이를 발판으로 다시금 도약할 수 있어, 학습동아리 활동의 효과는 배가될 수 있다.

반면에 참여자가 중심이 되어 학습동아리를 조직할 수 있다. 참여자 중심의 학습동아리(자발적 조직화)는 참여자 스스로 모든 일을 계획하고 지원체계를 찾아 나서야 하므로 많은 노력과 에너지의 집중이 요구된다. 이러한 노력이 적절한 성과를 통해 성공적인 결실을 맺게 될 때, 일정한 규모를 갖춘 하나의 단체로 진화해 나갈 수 있다.

이러한 학습동아리의 형성과정을 학습동아리의 조직준비→학습동아리의 조직화→학습동아리의 운영→학습동아리의 평가(종료)→새로운 시작 등 단계별로 나누어 설명하면 <그림 2−1>과 같다.

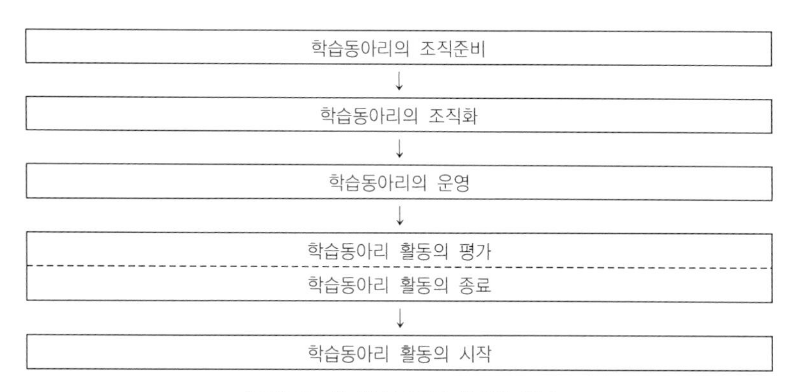

〈그림 2−1〉 학습동아리 형성의 단계

2. 학습동아리의 조직준비

학습동아리를 조직 내에 도입하기 위해서는 준비단계를 거쳐야 한다. 조직의 준비로서 학습동아리의 목표설정, 준비모임의 구성, 학습의 환경조성, 학습자원의 확보와 선정 등이 있다.

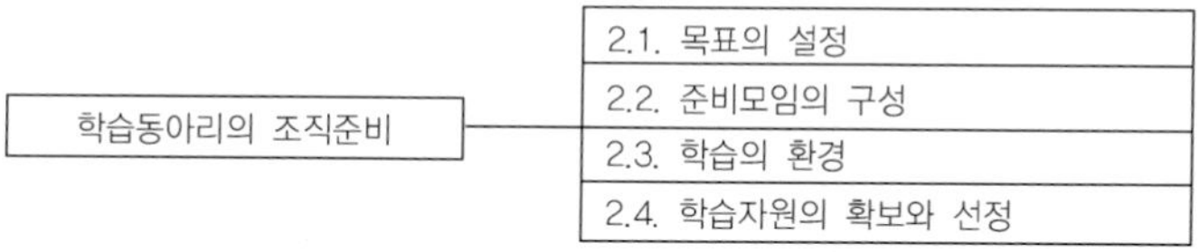

학습동아리의 조직준비
- 2.1. 목표의 설정
- 2.2. 준비모임의 구성
- 2.3. 학습의 환경
- 2.4. 학습자원의 확보와 선정

2.1. 목표의 설정

학습동아리는 보통 10명 내외의 사람들로 구성된 조직체로, 지역문제의 해결이나 학문적 · 문화적 · 개인적 관심주제에 따라 지속적인 만남으로 학습을 한다. 이러한 학습동아리를 조직하는 목적이 무엇이냐에 따라 학습동아리의 활동 방향과 내용이 구체화된다. 그러므로 학습동아리 조직의 목적에 대한 적극적 검토가 요구되는 것이다.

학습동아리는 참여자 모두의 지혜와 경험을 자원으로 활용하기 때문에, 그들의 협동과 참여와 상호존중이 강조된다. 그들의 다양한 관점이 신중하게 고려되어야 하며, 동등한 참여 기회가 주어지도록 하여야 한다.

학습동아리에는 교사가 없는 대신에 학습의 참여자들에 의해 일정한 방향으로 지속적으로 나아가게 된다. 학습동아리에서의 학습은 참여자들이 토론에 참여하는 것과 학습자료를 이해하는 것으로부터 이루어진다.

학습동아리의 목표가 분명할 때, 학습은 성공적으로 이루어질 수 있다. 학습동아리의 분명한 목표설정을 위해서는 문제(관심) 영역의 발굴과 합의를 하고, 목표의 구체화에 대한 참여자들의 공유가 이루어져야 한다(한국교육개발원(2007)).

(1) 문제(관심) 영역의 발굴과 합의

학습동아리의 학습 주제를 선정하기에 앞서 가장 관심이 있는 영역 또는 지역사회의 발전을 위해 해결해야 할 문제의 영역을 발굴하여 심도 있는 검토과정을 거쳐 참여자가 합의하는 과정이 필요하다. 이것은 학습동아리의 첫 발걸음을 내딛는 일이다.

이를 위해, 최초의 준비 팀을 구성하고 관심영역을 발굴한다. 같은 생각을 가지고 있는 2~3명이 준비 팀을 구성하여, 학습동아리가 지속적으로 학습하고자 하는 관심영역들을 찾아서 우선순위로 정리한다.

그리고 학습동아리가 성취하여야 하는 바에 관하여 논의한다. 학습동아리의 활동을 통해 이루어지는 결과가 학습자의 성장과 지역사회 발전과 어떤 관련성을 지니고 있는지, 그리고 성취하는 내용은 무엇인지에 대한 논의를 통해 향후 활동 방향에 대한 비전을 모색한다.

(2) 목표의 구체화와 공유

성공적인 학습동아리 운영을 위해 가장 중요한 영역이 바로 목표와 비전의 공유이다. 학습동아리가 이루고자 하는 목표와 비전을 구성원들이 공유할 때, 효과적인 학습과정의 실현을 통해 학습자의 성장과 지역사회의 발전이라는 결과를 얻을 수 있다.

조직의 준비를 위해 구성된 팀원(참여자)들의 학습동아리 목표에 대한 공유와 그것의 구체화는 학습동아리의 시작(도입)에서 가장 중요한 일이다. 준비팀에서 학습동아리의 목표설정과 구체화에 다음의 질문들을 하고 답을 찾아보면 많은 도움이 될 것이다.

초기의 목표설정을 위한 질문들
Q 이 지역사회에서 우리들의 관심을 끌 만한 일들은 무엇인가?
Q 이 쟁점은 이 지역사회에서 큰 비중을 차지하고 있는가? 이 쟁점에 바탕을 둔 학습동아리를 실시할 경우 다양한 사람들이 참석할 것인가?
Q 우리가 영향을 미치고자 하는 지역 범위는 어디까지인가?
Q 달성하고자 하는 것은 무엇인가? 학습동아리가 왜 도움이 되는가?
Q 다양한 많은 사람들의 관심을 끌기 위해서 우리는 이 쟁점을 어떻게 설명하여야 하는가?
Q 우리가 성취하고자 하는 세부적인 목적과 넓은 범주의 목적은 무엇인가?
Q 누가 이 프로그램을 이끌어야 하는가? 그 밖에 누가 참여하여야 하는가?
Q 이 분야에 대하여 이미 일하고 있는 사람은 누구인가? 그 밖에 누가 이 분야로부터 영향을 받았는가?
Q 이 프로그램의 실천에 있어서 적절한 시간계획은 어떠한가? 지역사회 내에서 이루어지고 있는 다른 일 중에서 학습 동아리의 시간적인 계획에 영향을 미칠 수 있는 것은 없는가?
Q 프로그램을 계획하는 데 필요한 자원은 무엇인가?

2.2. 준비모임의 구성

학습동아리의 조직에 관심이 있는 사람들 중 2~3인이 중심이 되어 학습동아리 발족을 위한 준비모임을 구성한다. 준비모임에서는 학습동아리의 전개를 위한 제반 사항을 점검하고 그에 따른 준비를 한다. 준비모임에서 충분한 준비를 함으로써 학습동아리의 발족이 성공적으로 이루어질 수 있다. 학습동아리의 발족을 위한 준비모임에서는 학습동아리의 리더탐색, 준비모임의 역할분배, 준비모임의 참여자를 선정하는 기준 등이 마련되어야 한다.

(1) 리더의 탐색

학습동아리를 성공적으로 이끌기 위해서는 참여자의 적극적인 참여와 함께 우선적으로 대두되는 요소가 바로 리더의 역할이다. 훌륭한 리더는 참여자의 적극적인 참여를 이끌어 냄은 물론 지속적인 학습의 진행, 관련 학습동아리, 소속기관, 지역사회와의 적절한 연관성 맺기 등 학습동아리의 활성화를 위한 모든 노력을 기울이는 존재라 할 수 있다.

학습동아리 조직을 이끌어 갈 훌륭한 리더의 발굴은 학습동아리의 안정적인 출발을 약속한다. 리더는 학습동아리 참여자나 관련 분야에서 활동한 경험을 가지고 있는 사람들 중에서 발굴할 수 있다.

학습동아리의 리더는 참여자들을 이끌어 주고 도와줄 수 있는 능력과 의지가 있는 성인교육자 또는 집단의 리더로서 경험을 가진 사람이 바람직하다. 만일 이러한 리더를 찾을 수가 없다면, 동아리 자체 내에서 리더를 찾을 필요가 있다. 학습동아리 조직 내에서 선택된 리더에게는 참여자들의 많은 지원과 격려를 필요로 한다.

(2) 준비모임의 역할분배

학습동아리의 발족을 위한 준비모임에서 점검해야 할 사항은 여러가지가 있다. 구체적 사항은 다음과 같다. 모임의 목적선정, 모임에 참여할 참가자의 모집, 현재 상황의 진단, 결과지향적인 모임의 목표작성, 학습환경의 조성을 위한 관련 기관과의 협력관계 구축, 학습자원(학습계획 수립에 필요한 전문가와 학습자료 등)의 확보와 선정, 학습동아리의 일정수립, 학습장소의 선정, 모임의 준비에 대한 책임분배 등이 있다.

준비모임의 구체적 사항
– 모임의 목적선정 – 모임에 참여할 참가자의 모집 – 현재 상황의 진단 – 결과지향적인 모임의 목표작성 – 학습환경의 조성을 위한 관련 기관과의 협력관계 구축 – 학습자원의 확보와 선정 – 학습동아리의 일정수립 – 학습장소의 선정 – 모임의 준비에 대한 책임분배

(3) 준비모임 참여자의 선정기준

준비모임의 구성은 학습동아리의 성공적인 발족을 보장해 주기 때문에, 준비모임에 참여할 사람의 선정은 매우 중요하다. 따라서 준비모임에 참여할 사람을 선정하는 기준이 필요한데, 다음의 조건들이 하나의 기준이 될 수 있다.

준비모임 참여자의 선정기준
– 학습동아리 참여 경험이 있거나 관련 분야 활동 경험을 가지고 있는 사람 – 관련 기관의 학습동아리 전담 실무자 – 학습동아리에 참여해서 도와줄 수 있는 능력과 의지가 있는 성인교육자

2.3. 학습의 환경

학습동아리의 원활한 학습을 위해 우선적으로 준비되어야 하는 것이 바로 학습의 환경이다. 이를 위해, 지역사회에서 학습동아리 활동을 지원해 줄 수 있는 협력기관들을 찾아보고, 학습동아리의 지원체계에 대한 조사를 통해 학습동아리 활동 과정에서 생겨나는 문제와 어려움들을 해결하기 위한 도움을 받을 수 있어야 한다.

또한 학습활동이 정기적으로 이루어지는 데 필수적인 모임 장소의 확보도 중요한 학습환경이다. 학습활동이 보다 공식적으로 이루어지기 위해서는 공공기관의 공간을 활용하는 것이 보다 효과적이다. 우선적으로 지역사회 내에 위치하는 공공기관의 모임 공간을 확보할 필요가 있다. 이 외에 원활한 학습을 위한 학습동아리의 학습환경의 준비로서 외부 협력기관의 정보입수, 관련 단체와의 네트워킹, 학습공간의 물색과 확보 등이 이루어져야 한다.

(1) 외부 협력기관의 정보입수

학습주제와 관련하여 도움을 줄 수 있거나 학습동아리 활동전반에 관한 축적된 경험을 통해 전문적인 조언을 해 줄 수 있는 외부협력기관에 대한 정보를 수집한다. 우선적으로 지역사회에 있는 기관을 중심으로 수집하고, 더 나아가 전문적인 자료를 제공해 줄 수 있는 협력기관을 확보한다. 이렇게 확보된 외부협력기관의 정보는 학습동아리 운영과정에서 발생할 수 있는 여러 사항들에 대해 적절한 시기에 도움을 청할 수 있다.

(2) 관련 기관단체와의 네트워킹

사전에 수집한 관련 기관 중 특히 지역사회에 위치한 관련 기관을 우선순위로 정리한다. 그리고 학습 주제, 학습 공간의 제공, 리더와 학습자의 훈련기회 제공, 학습결과의 나눔과 발표기회의 제공 등 관련 분야별로 도움을 줄 수 있는 관련 기관을 다음과 같이 선정하여 학습동아리 조직에 대한 준비사항을 알리고 도움을 청함으로써 네트워크를 구축한다.

학습결과를 공유할 관련 기관
– 학습동아리 육성 및 등록 공공기관 – 가장 가까운 곳에 위치한 공공기관 – 주제에 따른 전문기관 – 지역에 위치한 대학의 관련 학과 – 관련 자원의 활동 가능 기관

(3) 학습공간의 확보

학습이 정기적으로 지속되기 위해서는 안정적으로 모일 수 있는 공간의 확보가 이루어져야 한다. 모임장소는 산만하지 않은 공간이어야 하며, 참여자들이 일상적인 대화를 나눌 수 있는 공간이어야 한다.

지역사회 내에 있는 각종 시설, 즉 무료로 사용할 수 있는 공공기관인 구민회관, 주민자치센터, 문화센터와 종교시설, 학교 등을 대상으로 가능한 공간을 물색하되 학습자들이 적절하게 사용할 수 있는 시간과 접근의 용이성도 고려하여 확보하여야 한다. 만일 공공시설을 찾기가 어려우면 참여자의 집 주위에서 적절한 장소를 찾아 참여자들의 의견을 듣고 모임의 날짜와 시간을 정할 수도 있다.

학습공간을 확보하기 위해서는 먼저 필요한 장소를 생각하여야 한다. 학습동아리는 지역사회 내에 위치해야 하며, 사람들에게 환대받는다는 느낌을 줄 수 있는 곳을 찾아야 하며, 다음의 사항들을 고려하여 선정되어야 한다.

학습공간의 선정기준
– 채광이 좋은가? – 찾기 쉬운 위치에 있는가? – 대중교통으로 갈 수 있는가? – 주차공간이 있는가? – 공간과 좌석에 안정감이 있는가? – 식당이 있는가? – 주민자치센터나 교회와 같이 여러 그룹들을 만날 수 있는가? – 휴게실을 갖춘 큰 건물이 있는가? – 모든 사람들에게 친근한 곳에 있는가? – 엘리베이터나 조명시설은 편리한 위치에 있는가?

다음은 학습동아리 장소의 선정이다. 참여자들로 하여금 학습동아리의 장소를 선정하게 한다. 학습동아리의 장소로서 다음과 같은 장소—평생학습관, 주민자치센터, 도서관, 소방서, 학교, 지역사회 관공서, 지역 대학, 교회, 사회복지시설, 서점—들이 고려될 수 있다.

끝으로 학습동아리의 일정이다. 학습동아리의 일정은 참여자들에게 필요한 것에 대해 묻고 이를 통해 일정계획을 구상하여야 한다. 일정을 계획할 때는 다음 사항들이 고려되어야 한다.

학습동아리 일정의 고려사항
– 정기적인 모임으로는 최소한 주 1회는 갖는다. – 선택의 범위를 제공한다. – 참여자들의 개인별 일정을 고려한다. – 탁아가 필요한 그룹이 있는지, 누가 탁아를 지원할 것인지 고려한다.

2.4. 학습자원의 확보와 선정

학습동아리의 본격적인 학습과정을 위해 필수적인 준비사항이 학습계획의 수립이다. 학습계획을 꼼꼼히 준비할수록 성공적인 학습이 이루어지기가 쉬워진다. 학습계획을 수립하기 위해 사전에 필요한 것이 바로 학습자원의 확보이다.

우선적으로 학습과정의 개요를 선정하고 관련 전문가와 학습자료의 정보를 수집하는 일은 학습의 구체적인 경로를 설정할 수 있도록 도와주며, 재원확보를 위한 노력은 안정적인 학습활동의 보장과 학습동아리의 발족을 위한 준비의 일환이다.

학습동아리의 학습에 필요한 자원을 확보하고 선정하기 위해서는 학습과정의 개요를 선정하고, 관련 전문가의 정보를 수집하며, 학습자료의 수집과 재원확보가 이루어져야 한다.

(1) 학습과정의 개요 선정

학습주제의 선정에 따른 학습과정의 범위를 정함으로써 구체적인 학습 일정을 준비할 수 있다. 우선은 학습주제에 따라 광범위한 관점을 포괄할 수 있어야 하고 그 같은 관점을 지지하는 사람들이 합리적인 관점을 제시하는 것이어야 한다.

예를 들어 지역 내 학교문제를 다루고자 할 때 일반적인 과정으로 교육이론부터 학습을 할 것인지 아니면 지역문제에서 접근할 것인지, 교육관계자의 역할부터 할 것인지 등 학습 과정 개요 선정을 분명히 함으로써 효과적인 학습을 준비할 수 있다.

(2) 관련 전문가의 정보수집

학습과정의 개요 선정에 따라 관련 분야 전문가를 학계, 관계 기관 담당자 또는 관련 단체 관계자, 관련 분야 활동가 등 다양한 영역에서 전문가에 대한 정보를 수집하여 학습과정에 따른 문제를 적절히 해결할 수 있는 도움을 받을 수 있다.

(3) 학습 자료의 수집

앞에서 선정한 학습과정 개요에 따라 자료를 다양한 범위 안에서 수집하여 구체적인 학습 계획을 수립할 수 있도록 준비한다. 먼저 이론서, 관련 출판 도서 및 책자, 지역사회 내 관련 기관 발행 자료, 신문 자료, 인터넷상의 자료 등 다양한 분야의 자료를 찾아 수집한다.

(4) 재원 확보의 노력

비록 학습동아리가 자원봉사자들과 그들의 자발적인 노력에 의지해서 출발한다고 하더라도, 발족의 단계부터 예산과 재원의 조달에 대하여 생각해 보아야 한다. 어떤 방안이 우선적으로 필요한가를 생각할 때는 장기간의 목적과 단기간의 필요를 함께 고려하여야 한다.

그리고 프로그램의 목적과 순서를 고려하여 활용할 수 있는 능력과 자원에 대해서도 생각해 보아야 한다. 재원의 확보는 홍보와 마찬가지로 프로그램의 모든 측면과 관련을 맺고 있다. 지역사회의 보다 많은 사람들을 학습동아리에 참여시키고, 지역사회에 영향을 미치고자 한다면, 재원조달의 능력은 보다 더 향상되어야 할 것이다. 재원확보를 위해서는 다음과 같은 검토가 먼저 필요할 것이다.

재원확보를 위한 검토사항
– 학습동아리의 목적을 언급하고 이 같은 목적에 기초하여 예산안을 만든다. – 기부에 의한 지원을 어느 정도 받을 수 있는지 살펴본다. – 재원조달을 위하여 어떤 전략을 사용할지 결정하고 그 계획을 세운다. – 다양한 원천을 통하여 재원 조달을 하는 데 많은 사람을 동원하도록 한다.

먼저, 프로그램의 목적을 달성하기 위해서는 어느 정도의 자금이 필요한가를 결정한다. 예산을 살펴보고 어느 정도 기부지원을 받을 수 있는지 확인한다. 재원조달은 언제까지 해야 하는가? 주어진 목표량과 목표시간에 따라 특별한 과제와 시간계획을 설정한다.

3. 학습동아리의 조직화

학습동아리를 조직화하는 주요 내용으로서 동아리의 구성, 참여자의 모집과 홍보, 참여자의 첫모임 개최, 학습계획의 수립, 운영원칙의 설정, 리더의 선출, 참여자의 역할분담, 학습공간의 구성과 관리, 학습동아리 출범의 행사 등이 있다.

학습동아리의 조직화

- 3.1. 학습동아리의 구성
- 3.2. 참여자의 모집
- 3.3. 참여자의 홍보
- 3.4. 참여자의 첫 모임
- 3.5. 학습계획의 수립
- 3.6. 학습동아리 운영 원칙의 설정
- 3.7. 학습동아리 리더의 선출
- 3.8. 참여자 역할의 분담
- 3.9. 학습공간의 구성과 관리
- 3.10. 학습동아리출범 행사

3.1. 학습동아리의 구성

학습동아리는 소모임이 많을수록 좋다. 하지만 처음부터 많은 수의 소모임을 만들고 운영하기는 어렵다. 그것은 구성원들이 소모임에서의 학습에 익숙해 있지 않고, 근무시간에 학습을 꺼리는 경향이 있으며, 초기에는 소모임을 제대로 이끌 능력이 있는 사람들이 부족하기 때문이다.

따라서 처음엔 몇 개의 소모임으로 시작하여, 갈수록 소모임의 수를 늘리며 학습내용의 단계도 높여 가는 것이 바람직하다. 학습동아리의 구성을 낮은 단계에서 시작하여 높은 단계로 높여 가야 한다.

구체적인 방법으로는 우선 적극적인 소수의 사람들이 모여 1~2개의 소모임을 운영해 본 후, 이들이 주도하여 구성원들을 참여시키는 가운데 여러 개의 소모임을 만드는 방법으로 진행하는 것이 바람직하다. 구성원들 중에서 관심이 있는 사람들을 모아 시범적으로 1~2개의 소모임을 운영한 뒤 이를 확대시키는 방법이다.

또한 처음에는 부서별(공정별) 모임이나 취미활동 소모임 또는 친목모임을 운영하다가 이것을 학습동아리로 발전시키는 것도 좋은 방법이다. 그리고 공유하는 교육과정이 있다면, 이 교육과정을 대하여 아쉬웠던 점을 서로 이야기하면서 친밀해지면 이를 후속모임으로 조직하여 소모임을 만들 수도 있을 수 있다. 이들이 지속적으로 모임을 가지면서 학습도 하고 활동하면서 부딪치는 어려움도 함께 공유한다면, 학습동아리를 교육과정의 다음 단계 프로그램으로 정착시킬 수도 있을 것이다.

구성원(참여자)이 정해지면 학습동아리는 곧 운영에 들어가게 된다. 처음 1~2회 모임에서는 곧바로 학습에 대해 이야기하기보다는 서로 친해지는 기회를 가지는 것이 필요하다. 이때 참가자들은 자기소개를 하고 나서 지금까지 살아온 과정, 서로의 관심사, 조합활동, 회사생활에 대해 자유롭게 이야기하게 된다.

처음에는 참가자들이 서먹서먹하여 이야기를 잘하지 않을 수도 있는데, 이때에 학습동아리의 지도자가 자유롭고 편안히 말할 수 있는 분위기를 만들어 주는 것이 필요하다. 또한 학습동아리의 지도자는 참가자들이 학습의 필요성을 절실히 느끼고 이에 공감할 수 있도록 유도하여야 할 것이다.

3.2. 참여자의 모집

학습동아리 조직의 준비가 끝나면 학습동아리의 발족을 알리는 한편 참여자들을 모집하고 홍보를 하여야 한다. 관련 프로그램에 참여하고 있는 사람들이나 학습주제에 관심을 갖고 있는 사람들을 대상으로 적극적으로 학습동아리와 그 학습계획을 알림으로써 동참자를 물색하여야 한다.

학습동아리의 참여자는 모집을 대상으로 하는 사람들의 종류와 수를 결정한 다음에 그들을 모집하여야 한다. 참여자의 모집은 가능한 한 다양한 부류의 사람들의 참여가 이루어지도록 하여야 한다.

상이한 배경과 삶의 경험을 가진 사람들이 참여하여 대화를 나눌 때 새로운 관계와 네트워크의 형성이 가능하며 혁신적인 아이디어의 창출도 가능해진다. 학습동아리에 참여할 사람들을 모집하기 위해서는 참여가 가능한 대상을 탐색하여 안내문을 보내며, 다양한 모집방법을 활용하여 모집의 대상을 다양화하여야 할 것이다.

(1) 참여대상의 탐색

학습동아리의 참여 대상자는 평소에 지역사회의 행사나 학습활동에 거의 참여하지 않는 사람들이 아닌, 학습동아리에 적극적인 관심을 가지거나 가질 만한 사람들을 참여대상으로 탐색하여야 한다.

오랫동안 꾸준히 평생교육 프로그램에 참여해 온 적극적인 학습자, 기존의 다른 학습동아리에 참여한 경험이 있는 학습자, 관련 학습주제의 지속적인 학습에 관심을 갖고 있는 학습자 등을 찾아보아야 한다. 잠재적 참여자 집단을 이끌어 내기 위해 다음과 같이 보다 적극적인 접근을 시도할 필요가 있다.

잠재적 참여집단의 접근방법
– 지역사회 내에 사람들이 많이 모이는 친교의 현장을 찾아간다. – 사람들이 활동하는 현장으로 간다. – 지역사회 안에서 공동의 문제(교육, 환경, 보육 등)를 해결할 사람들을 찾는다.

(2) 안내문의 작성

학습동아리의 참여자들을 대상으로 안내문을 작성한다. 안내문에는 그들이 왜 참여해야 하며 어떻게 참여하는지를 간단히 설명한다. 또한 안내문에는 학습동아리의 목적과 비전, 학습주제, 장점과 운영 원리, 학습과정을 통해 기대하는 결과 등에 대한 간단한 설명을 포함하여야 한다.

(3) 다양한 모집방법의 활용

참여자의 모집은 개별적인 접촉과 대중적인 광고를 결합하는 다면적인 접근방법을 사용하는 것이 좋다. 가장 효과적인 방법은 일대일 만남, 전화걸기, 편지 등을 통해 개별적으로 접촉하는 것이다. 이때 학습동아리의 목적을 설명하고, 모임에 적극적으로 참여할 것을 부탁하여야 한다.

한 번 이상 접촉한 사람들에게 다시 전화를 걸어준다면, 참여자들에게 그들의 참석을 진심으로 바라고 있음을 전할 수 있을 것이다. 지역사회에서 보다 광범위한 집단의 참여를 이끌어 내기 위해서는 기존 참여자들, 실무자들, 준비모임 구성원들의 개인적인 안면을 활용하여야 한다.

또한 지역사회에서 학습동아리를 결성하기 위한 공식적인 모임을 갖는 것도 잠재적인 참여자를 한꺼번에 모이게 하는 효과적인 방법이다. 이때 다루는 학습의 주제나 쟁점에 대하여 동조하는 사람들은 반드시 참여시키며, 이들에게 학습동아리의 목적과 비전, 장점과 운영원리, 주요 활동과 방향 등에 대해 설명하면 효과적이다. 보다 좋은 방법은 그들이 학습동아리에 시험적으로 참여하도록 하는 것이다.

(4) 모집대상의 다양화

학습동아리에는 다양한 사람들이 참여할 수 있도록 구체적인 계획을 수립하여야 한다. 이를 위해, 다음의 방법들 중 한 가지 이상의 방법을 활용할 수 있다(한국교육개발원, 2007).

방법 1	이름, 나이, 직업, 성별 등 참여자에 관한 기본 정보를 수집할 수 있는 참가신청서를 준비한다. 이 자료들은 다양한 집단들을 배치하는 데 활용한다. 이때 참여자들이 선호하는 날짜와 시간대를 꼭 확인한다.
방법 2	사람들을 한 그룹으로 모은다. 사람들이 모인 공간에 각기 다른 날짜와 시간대를 표시하여 붙이고, 참여자들에게 자신의 일정에 맞는 시간을 선택하도록 한다. 이때 사람들에게 이전에 만나 보지 못한 다양한 사람들과 집단을 구성하도록 요청한다. 그룹이 만들어지면 다양한 사람들로 구성되었는지 확인하고 필요한 경우 조정한다.
방법 3	전체 그룹에서 사람들이 들어온 순서에 따라 숫자를 부여한 후, 숫자에 따라 집단을 만든다. 이 방법은 함께 온 사람들을 분리시키는 데 활용할 수 있다.

3.3. 참여자의 홍보

학습동아리의 발족을 홍보하는 목적은 많은 사람들에게 학습동아리를 알려서, 보다 많은 사람들이 학습동아리에 관심을 갖고 적극적으로 참여하도록 하는 것이다. 홍보의 효과를 극대화하려면 홍보매체의 특성을 기초로 홍보계획을 수립하고 적절한 홍보방법을 활용하여야 한다.

학습동아리의 발족을 많은 사람들에게 알려서 그들이 관심을 가지고 적극적으로 참여하도록 하기 위해서는 홍보계획의 수립과 함께 적절한 홍보매체를 선정하여야 하며, 지역매체와도 협조관계를 구축하는 한편 홍보효과를 평가할 수도 있어야 한다.

(1) 홍보계획의 수립

특정의 홍보매체와 관계를 맺기 전에 홍보계획서를 작성한다. 홍보계획서에는 홍보의 대상, 시기, 내용, 방법, 매체 등이 포함된다. 특히 학습동아리 홍보는 지역주민들에게 학습동아리 자체를 널리 알리는 한편 이들의 참여를 촉구하는 이중적 목적을 가지고 있다.

따라서 학습동아리의 목적, 비전, 장점 등을 소개하는 내용과 해당 학습주제의 학습계획 및 활동 내용을 동시에 홍보계획에 반영해야 한다. 학습동아리 홍보를 위한 보도자료, 공지사항, 모집 공고 등은 홍보매체의 특성에 맞게 준비하여 제공한다.

(2) 홍보매체의 선정

학습동아리의 발족을 홍보하는 매체는 학습동아리를 널리 알리고 참여자들에게 관련 정보를 제공하기 위한 것이다. 학습동아리의 발족에 적절한 홍보매체로서는 광범위한 홍보가 가능해야 하며, 신속한 정보전달이 가능하며, 참여의 요구를 자극할 수 있어야 하며, 적은 경비로 최대의 효과를 얻을 수 있는 것이어야 한다.

일반적으로 학습동아리 홍보에 적절하게 활용할 수 있는 홍보매체로서 방송매체(TV, 라디오, 케이블 TV, 지역방송 등), 인쇄매체(포스터, 지역 신문 및 정보지, 기관소식지, 브로슈어, 광고지, 스티커, 반상회보 등), 인터넷(홈페이지, 시청, 구청 홈페이지 게시판, 전자우편 등), 현수막, 이벤트 행사(학습동아리 발표회 등), 직접 홍보(구전 홍보) 등이 있다.

(3) 지역매체와의 협조

학습동아리의 참여자 모집은 지역사회의 조직 및 기관들과 협력하여 진행하면 더욱 효과적이다. 또한 학습동아리를 지원할 수 있는 지역신문, 라디오, 텔레비전 방송국 등과 접촉하여 이들로부터 학습동아리를 조직하는 데 필요한 언론보도와 홍보 협조를 얻어내도록 하는 것도 좋은 방법이다.

(4) 홍보효과의 평가

동아리의 발족과 참여자의 모집에 활용된 홍보의 방법과 매체들이 참여자 모집과 학습동아리의 목표달성에 얼마나 도움이 되었는지 지속적으로 확인해 보아야 한다. 주기적으로 홍보의 효과를 평가함으로써 필요한 시기에 신속하게 대처할 수 있다.

가장 좋은 홍보의 방법은 학습동아리 문의자 또는 참여자들에게 참여의 계기 및 정보입수 과정을 질문하는 것이다. 한 연구에 의하면, 학습동아리의 참여자들은 대부분 기관의 교육프로그램 참여 후 실무자의 권유나 학습동아리에 참여하는 주변 사람을 통해서 참여하는 것으로 나타났다(이지혜 外, 2001).

3.4. 참여자의 첫 모임

학습동아리의 참여자가 선정되면, 그들에게 서로를 알고 신뢰를 쌓을 수 있는 기회가 제공되어야 한다. 이를 위한 모임은 참여자들 간에 적극적인 참여 분위기를 조성하고 앞으로의 진행과 활동에 대한 협조를 구하는 데 매우 중요하다.

학습동아리의 참여자들이 처음으로 만나서 상호 신뢰하며 적극적인 참여의 분위기를 조성하도록 하기 위해서는 그들 간의 친교기회도 주어져야 하며, 그들을 위한 오리엔테이션의 실시도 이루어져야 할 것이다.

(1) 첫 모임 갖기

학습동아리가 발족한 후 첫 모임에 참석하는 사람들은 대부분 학습동아리 모임의 형성 이유와 그 중요성을 제대로 인식하지 못하는 경우가 많다. 이때 학습동아리의 준비모임이 중요한 역할을 한다.

준비모임의 중요한 역할은 참여자들의 올바른 이해를 돕고 참여의욕을 조성하며, 학습동아리가 제대로 출발할 수 있도록 설계하고 지원하는 것이다. 학습동아리의 준비모임에서는 첫 모임의 일정, 장소 예약, 진행 순서, 오리엔테이션 등을 사전에 기획한 후에 참여자들에게 참석 여부를 확인하고 필요한 자료를 배부하며, 지역언론에 참석하도록 알려야 한다.

학습동아리의 실제적인 모임은 첫 모임을 가진 후 1~2주 내에 이루어진다. 이 기간 동안 준비모임에서는 학습동아리의 구성 형태를 최종적으로 결정하고, 토론 자료와 기타 인쇄물들을 준비하며, 학습동아리 운영에 필요한 제반 사항들을 점검하게 된다.

(2) 참여자 간의 친교기회 마련

학습동아리를 원활하게 운영하기 위해서는 참여자 간의 상호이해와 친목도모가 매우 중요하다. 이를 위해 첫 모임부터 참여자 간의 소개 및 친교 기회를 마련한다. 이때 적절한 이벤트 행사, 게임, 마음의 벽 허물기(ice breaking) 기법 등을 적절히 활용하면 좋다.

(3) 오리엔테이션의 실시

참여자들에게 학습동아리와 참여모임 전반에 대한 이해를 돕기 위하여 오리엔테이션을 실시하여야 한다. 참여자들을 위해 간단한 오리엔테이션 자료를 배부하며, 그 내용에는 학습동아리에 대한 전반적인 소개, 학습주제 안내, 참여 모임의 목적과 취지, 앞으로의 운영 및 활동 계획, 참여자의 역할, 참여방법 등이 포함되어야 한다.

3.5. 학습계획의 수립

학습동아리 참여자들 간의 실제적인 모임이 이루어지면, 다음에는 그들이 적극적으로 참여할 학습계획이 수립되어야 한다. 학습계획의 수립은 학습동아리에 관심을 가지고 참여하려는 사람들에게 앞으로의 비전과 할 일을 잘 파악하게 해 준다.

학습계획을 수립할 때는 가급적 학습 기간을 명시하는 것이 좋다. 학습동아리는 지속성을 가지고 운영하는 관계로, 현장에서 일을 하면서 학습을 해야 하는 어려움이 따른다. 따라서 3개월 단위로 계획을 짜면서 평가를 하고, 그 후에 다시 학습계획을 함께 논의하는 것이 바람직하다.

3개월의 학습을 마친 후에는 책거리를 하면서, 그동안의 성과와 한계를 점검하고, 좀 더 나은 모임을 위해 함께 토론하고, 모임의 지속성 여부도 참가자와 함께 결정하는 것이 좋다. 한꺼번에 너무 욕심을 내지 말고, 조금씩 단계를 다져가면서 모임을 오래도록 유지하는 것이 오히려 모임의 긴장을 유지할 수 있는 좋은 방법이다.

학습은 단지 책을 읽는 것만이 아니라 실제적인 조사나 경험을 통해서 보다 효과적으로 이루어진다. 따라서 다른 학습동아리의 방문조사, 일반시장과 명품백화점 비교 조사, 집회참가, 환경기행, 지도자나 간부의 인터뷰 등 주제에 따라 다양한 계획이 마련되어야 한다.

또한 책자 외에 조직(기업)에서 발행하는 신문(잡지)이나 유인물, 일반신문 등도 훌륭한 학습자료가 될 수 있다. 영화나 비디오 감상도 좋은 학습방법이며 필요하다면 강사를 초빙하여 강의를 듣는 것도 좋다. 예를 들면 학습동아리에서 어떤 학습을 시작하기 전에 전문가를 강사로 초청하여 학습내용에 관한 전반적인 강의를 들으면 소모임에서의 토론에 도움이 될 것이다.

무엇보다 중요한 것은 소모임에서 구성원 간의 인간관계를 강화할 수 있고, 자신을 되돌아볼 수 있는 프로그램이 마련되어야 한다는 것이다. 보통 사람들이 모임을 가질 때는 자기발전과 밀접한 관계가 있거나 보다 나은 현실변화가 있기를 바란다.

이러한 바람은 그 모임이 취미모임인가 학습모임인가 등의 성격과는 관계없는 일반적인 요구이다. 때문에 모임을 가질 때마다 살아온 과정을 얘기하거나 10년 후의 자기모습 등 자신을 돌아볼 수 있고, 다른 사람을 이해할 수 있는 다양한 프로그램이 준비되어야 한다. 참가자들이 자기성장과 긴밀한 인간관계, 현실변화를 느낄 수 있는 모임은 소속감을 높이고 활동을 강력하고 활발하게 만든다.

학습주제에 알맞은 학습 자료의 수집, 학습시간과 장소, 학습주제에 따른 전문가 선정, 학습을 위한 제반 운영방식 등을 검토하고 학습계획을 수립한다. 충분한 기획은 학습동아리의 안정적인 출발을 약속한다. 학습동아리의 학습계획이 잘 수립되기 위해서는 분명한 학습목표의 설정, 세부적인 학습 주제의 결정, 학습과정의 계획수립과 함께 학습 및 토론자료 등이 개발되어야 한다.

(1) 학습목표의 수립

학습목표의 수립을 위해서는 전체적인 학습동아리의 목표를 학습주제에 적합한 학습목표로 구체화하여야 한다. 학습목표에는 선정된 문제의 해결을 위해 학습동아리 활동을 진행하여 성취하고자 하는 결과, 기대되는 학습의 성과와 도달점 등이 구체적으로 명시되도록 하여야 한다.

(2) 세부적 학습주제의 확정

학습동아리의 조직을 통하여 지속적으로 학습이 진행되기 위해서는 적절한 학습주제의 선정이 이루어져야 한다. 학습자가 참여하고 있는 교육 프로그램의 심화학습을 위한 주제, 지역사회문제 중 해결을 위한 노력을 기울이고자 하는 주제, 학습자들이 공통적으로 관심을 갖는 주제 등 일정한 기간 동안 지속적으로 학습할 적절한 주제가 선정되어야 한다.

지역사회 단위의 학습동아리를 조직하는 사람들은 자신이 속한 지역사회의 필요와 요구를 바탕으로 추구하고자 하는 학습주제를 명확히 하여야 하며, 지역사회 모든 종류의 사람들에게 광범위한 매력을 지닌 중요한 쟁점이라고 확신하도록 해 주어야 한다.

(3) 학습과정(일정)의 계획수립

선정된 세부적인 학습주제는 학습동아리의 운영일정에 맞추어 적절히 배분하여 학습과정을 계획함으로써 효과적인 학습이 이루어지도록 하여야 한다. 일정별 학습과정을 계획하는 일은 학습동아리 참여자들에게 전개될 학습과정에 대한 이해와 일정을 확인하고, 적극적인 참여를 준비하도록 돕는다.

학습의 과정과 활동의 계획은 하나의 문서화된 일정표나 계획표로 작성하도록 하는 것이 좋다. 활동의 계획표에는 해야 할 일과 시간계획을 목록으로 만들고 누가 책임을 질 것인지를 기록하여야 한다.

한편 학습과정의 시간 계획에서는 언제 모임을 시작하며, 모임의 횟수와 빈도는 얼마로 하며, 준비위원의 모임은 언제 가지며, 학습동아리의 시간계획을 세울 가장 적절한 시기는 언제인가 등이 고려되어야 한다.

(4) 학습 및 토론 자료의 개발

학습동아리에서 학습할 자료는 학습계획에 따라 필요한 자료를 관계기관이나 도서관, 전문가 등을 통해 확보하기도 하며 필요한 경우에는 관련 도서를 구입하기도 한다. 또는 언론의 매체가 보도한 자료를 학습의 자료로 활용하기도 한다.

학습주제와 관련된 자료의 충분한 확보는 학습과정에서 참여자들의 토론 활성화의 촉매제로 작용한다. 대부분의 학습동아리는 그 목적에 맞는 학습의 자료를 가지고 있다. 그러나 많은 학습동아리가 그 모임의 관심주제와 목적에 맞지 않는 학습의 자료를 사용하기도 한다. 리더는 학습동아리 구성원의 관심과 필요에 맞는 학습의 자료를 준비해 줄 필요가 있다.

학습의 자료가 반드시 전문적인 지식을 다루어야 할 필요는 없지만, 학습의 자료가 중요하다는 사실을 잊어서는 안 된다. 또한 여러 가지 쟁점들에 대한 학습동아리의 실천 사례들은 학습동아리를 실행하는 데 참고자료로 활용할 수 있다. 지역사회의 문제해결을 위한 학습동아리 모임의 경우에는 동아리를 운영함에 있어서 이미 행해진 학습동아리의 경험들을 자체적인 학습의 자료로 활용될 수도 있다.

3.6. 학습동아리 운영 원칙의 설정

학습동아리의 참여자들은 준비모임에서 동아리의 운영원칙을 함께 설정한다. 학습동아리의 운영 원칙은 참여자들이 언제・어떻게 활동에 참여하며, 공동체 안에서 어떤 규칙을 따라야 하는가에 대한 구체적인 지침을 제공해 준다.

(1) 운영계획의 수립

참여자들 간에 합의된 학습동아리 운영계획을 바탕으로 학습주제에 따른 운영계획을 수립한다. 학습동아리의 운영계획을 수립하기 위해서는 먼저, 참가자들이 학습동아리에서 함께 읽고 싶은 책, 알고 싶은 내용, 개선할 사항 등을 차례로 이야기할 기회를 가질 필요성이 있다. 그리고 학습동아리의 참가자들이 모이는 횟수, 일시, 장소, 회비 등에 대해서도 전체적으로 토의하여야 한다.

참가자들의 토의를 기초로 그들 중 한두 사람이 다른 학습동아리의 계획을 참조하여 구체적인 운영계획을 수립할 수 있다. 운영계획에는 세밀하고 자세하게 주별·월별 일정, 준비물, 학습내용, 교재 등이 명시되어야 한다. 특히 유의해야 할 것은 이 운영계획이 참가자들의 수준에 맞아야 하고 실행이 가능한 것이어야 한다.

학습동아리 운영계획의 초안이 마련되면 참가자 모두가 모인 자리에서 검토를 하여 확정하도록 한다. 이때 참가자들의 의사가 충분히 반영되어야 한다. 운영계획의 확정과 함께 필요하다면 모임의 명칭을 정하고 간단한 회칙을 만들 수도 있다.

처음에는 참가자들의 관심이 높은 것에서부터 시작하도록 하고, 학습내용은 낮은 단계에서 높은 단계로 발전되도록 한다. 첫 시작부터 어려운 문제를 다룰 필요는 없다. 구성원들의 다양한 관심사를 충분히 이야기하도록 하고 보다 진지한 얘기를 나눌 수 있는 주제를 선택하여야 한다. 구성원들이 조직생활을 하면서 부딪치는 어려움이나 문제점을 함께 나누고 풀어갈 수 있는 주제를 선택하는 것이 좋다.

운영계획을 수립한 다음에는 일정한 시간 동안에 다루어야 할 학습주제에 관한 세부계획을 수립하여 지속적인 학습을 준비한다. 학습계획을 수립하기 전에 기관의 담당 실무자 및 준비위원과의 논의를 통해 충실한 사전 계획을 마련한 후 참여자들과의 협의를 거쳐 확정하는 것이 바람직하다. 운영계획에는 학습동아리에 참여하는 방법에 대한 목록을 작성하며, 그 목록은 융통성 있게 작성하여 학습자에게 가능한 시간과 자원을 제공할 수 있도록 하여야 한다.

(2) 동아리 규칙의 제정

학습동아리의 준비모임을 중심으로 참여자들의 협의과정을 통해서 학습동아리 운영계획을 수립한다. 학습주제에 따른 교육과정 수립, 학습방법, 자료의 수집, 시간 등 전반적인 내용들을 참여자들이 충분한 토의를 통해 합의하는 과정을 거친다.

이를 통해 참여자들의 요구와 여건에 맞는 동아리 규칙을 마련한다. 학습동아리의 시작 단계에서 기본 규칙을 세우고 참여자들에게 그 규칙에 동의하든지 아니면 더 추가할 것이 있는가를 묻는다.

동아리 규칙을 결정할 때에는 참여자들이 자신의 정직한 견해를 표현하도록 하고, 참여자 모두의 관점이 존중되도록 하며, 모두에게 말할 기회를 균등히 주는 한편, 리더는 중립을 지키고 기본 규칙에 따라서 대화를 진행시키도록 유의하여야 한다.

(3) 학습동아리 운영의 실제

학습동아리에서 학습활동이 이루어지는 일반적인 모습을 그려보자. 학습동아리마다 그 모습이 다를 수 있지만, 다음의 내용들을 참고로 한다면 학습동아리를 현실적으로 운영하는 데 여러 가지로 도움을 얻을 수 있을 것이다.

① 모임의 시작 전

학습동아리의 모임을 가질 때는 시작부터 친밀하고 편안한 분위기를 조성하여야 한다. 학습동아리의 첫 모임을 시작할 때는 모든 구성원들이 자신을 간략하게 소개할 수 있는 기회가 주어진다. 만일 여러 차례 모임을 가진 이후라면 서로 간략하게 인사하도록 한다. 그리고 모든 사람이 읽을 자료와 필요한 준비물을 가지고 왔는지 확인을 한다.

② 사회자와 서기의 선정

학습 토론을 이끌어 나갈 사회자와 회의록을 기록할 서기의 선정이 필요하다. 사회자와 서기는 참가자들이 돌아가며 맡도록 하는 것이 좋다. 그러나 운영 초기에는 참가자들이 익숙하지 않았기 때문에 학습동아리의 지도자가 당분간 사회를 맡는 것이 원활한 운영을 위해 좋다.

③ 지난 모임의 점검

지난번 모임에서 토론된 내용을 간단하게 확인한다.

④ 생활의 나눔

지난번 모임 이후의 생활을 함께 공유하도록 한다. 팀의 리더(팀장)가 함께하는 학습동아리라면, 부서 또는 라인의 상황을 공유하는 것도 좋다. 유의하여야 할 점은 이런 생활나눔에 시간을 너무 많이 할애하여 정작 학습토론은 제대로 하지 못하고 마치는 경우가 없도록 적절히 조절하여야 한다.

⑤ 학습토론의 진행

학습계획에 따라서 토론을 진행하여야 한다. 무조건 자유토론을 하기보다는 한두 사람이 그날의 토론 주제나 읽은 책 내용에 대하여 요약발표를 하고 난 다음 토론에 들어가는 것이 좋다. 토론을 마친 후에는 되도록 그 주제와 관련된 작은 실천을 함께 이야기할 수 있다면 더욱 좋다.

⑥ 다음 모임의 계획

학습모임을 끝내기 전에 다음 번 모임에서 무엇을 다룰 것인지를 이야기하고 준비사항을 확인하여야 한다. 다음 모임의 발제자와 사회자도 미리 선정하여야 한다.

3.7. 학습동아리 리더의 선출

학습동아리의 리더는 성공적인 학습동아리 운영에 성패를 쥐고 있는 매우 중요한 존재이다. 학습동아리를 지원하는 기관에서 학습동아리를 육성하는 경우 대부분 리더를 내정하는 경우가 많다. 이때 선출된 리더가 참여자들에게 실질적인 리더로 받아들여질 수 있도록 하는 것이 중요하다. 학습동아리의 성공적인 운용을 위해서는 동아리 리더의 선출도 중요하지만, 차세대 리더그룹을 육성하고 그들의 자질을 향상시키는 것도 매우 중요하다.

(1) 리더의 선출

학습동아리 모임이 시작되어 일정한 시간이 경과한 후 참여자 간의 친밀도가 형성되고 학습의 진행이 안정권에 들어서면 학습동아리 운영체계를 바로잡기 위한 노력의 일환으로 정식 리더를 선출하여야 한다.

학습동아리의 활동이 전개되는 동안 참여자들이 인식한 결과대로 리더를 선출하여야 한다. 이때 임시 리더가 정식 리더로 선출되는 경우도 있으나 다른 참여자가 리더로 선출되는 경우도 발생한다. 이는 학습동아리를 진행해 오는 과정에서 참여자들이 서로 신뢰하고 따르는 실질적인 리더가 생겨날 수 있기 때문이다. 이러한 과정을 거쳐서 참여자들이 따르는 실질적인 리더가 선출되도록 하여야 한다.

리더를 선출하는 것이 동아리 조직의 과정 중에서 가장 중요한 사항일 것이다. 무능한 리더는 학습동아리를 실패하게 만들지만, 유능한 리더는 학습동아리를 훌륭하게 만들 수 있다. 리더를 선택하는 데 있어서 가장 중요한 고려사항은 토론을 이끄는 기술과 그 경험이다.

학습동아리의 리더는 참여자들의 훈련 프로그램에 참가하여야 하며, 학습동아리가 어떻게 운영되는지를 알아야 하며, 또한 리더를 위한 훈련의 기회가 제공될 때 적극 참여하도록 하여야 한다.

(2) 리더 그룹의 육성

학습동아리의 리더는 참여자들을 이끌어 가는 사람으로서 리더의 역량이 매우 중요하다. 리더가 선출된 후에는 각 학습동아리의 리더들을 대상으로 기관

차원에서 일정 기간의 리더훈련 프로그램을 운영하는 것이 바람직하다. 가능하면 세부 내용에 따라 주기적인 연수를 실시하는 것이 더욱 바람직하다.

리더 그룹의 훈련은 학습동아리 운영 기관의 전담실무자, 평생교육 전문가 등이 담당할 수 있다. 리더 그룹의 육성을 위한 훈련 담당자의 주요 역할은 학습동아리 리더를 위한 교육의 요구분석, 프로그램의 개발, 자료집 및 매뉴얼의 개발, 교육훈련의 실시 등이다.

(3) 리더의 자질향상

리더(지도자)는 학습동아리의 모임을 이끌어 가는 촉진자를 말한다. 지도자는 학습동아리의 모임이 항상 최상의 작업을 성취하는 데 필요한 구조와 과정을 갖출 수 있도록 보장해 줄 수 있어야 한다.

리더를 선정함에 있어 가장 중요한 고려사항은 토론 진행 기술과 인간관계와 관련된 기법이다. 이러한 기술을 향상시키기 위한 별도의 학습동아리 리더의 교육과정을 개설하는 것도 고려해 볼 필요가 있다.

리더는 해당 분야에 관심을 많이 가진 사람이어야 하지만 반드시 다른 회원들보다 훨씬 뛰어난 내용전문가일 필요는 없다. 학습동아리 리더가 갖추어야 할 요건을 살펴보면 다음과 같다(한국교육개발원, 2007).

학습동아리 리더의 요건
– 열성이 있고 우호적이며 남의 의견을 잘 들을 수 있는 사람 – 참여자들이 그들의 견해와 생각을 협동 · 신뢰 속에서 논의할 수 있는 분위기 연출자 – 참여자에 대한 지속적 관심과 구성원의 친밀감 유지를 위한 적절한 기회 제공자 – 분별 있는 질문과 다른 사람들이 학습 중에 간과하는 점을 지적할 수 있는 사람 – 학습의 자료를 잘 선정할 수 있는 사람

3.8. 참여자 역할의 분담

학습동아리 운영을 위해서는 참여자들이 필요한 각각의 역할을 정리하여 일정한 영역을 나누어 담당하는 역할 나누기가 필요하다. 리더가 모든 일을 처리하는 것은 참여자들을 수동적으로 만드는 결과를 가져온다. 학습동아리 참여자의 역할을 담은 일의 성과뿐만 아니라 학습동아리의 참여자를 조직화하는 또 다른 열매를 맺게 한다.

학습동아리의 참여자의 역할
– 학습자료 준비 – 참여 독려를 위한 연락 – 학습 및 운영 경비 처리 – 학습과정 및 결과의 기록 – 대외협력 – 홍보작업

그러나 10명 내외의 소집단으로 운영되는 학습동아리의 특성상 너무 많은 직책을 만들어 나누는 것은 소모적인 결과를 불러오기도 한다. 그러므로 역할 영역을 3~4개 정도로 집약하여 나누는 것이 효율적이라고 말할 수 있다.

(1) 참여자의 역할 영역

학습동아리를 운영하기 위해서는 여러 관련자 또는 참여자들이 자기의 역할을 수행해야 한다. 이러한 인적 구성원에는 관련 전문가, 실무자, 리더, 참여자들이 포함된다. 이들의 역할을 살펴보면 다음과 같다.

학습동아리 인적 구성원의 역할	
관련 전문가	학습동아리의 계획 및 운영을 지원하고 자문하는 전문가
전담실무자	학습동아리를 조직하고, 원만히 운영될 수 있도록 기관 차원에서 지원하는 실무자
리더	학습동아리를 실질적으로 이끌어 가는 참여자 대표
참여자	학습동아리에 직접 참가하여 학습하는 참여자

(2) 참여자 역할의 분담

일반적으로 학습동아리는 작은 모임이기 때문에 총무, 회계, 서기 등의 역할을 한 사람이담당하기도 하지만, 필요 시에는 2~3명이 나누어서 담당하기도 한다.

서기는 학습모임의 일지를 기록·보관하고, 관련 문서를 작성·관리·보관하는 역할을 수행하며, 회계는 회원의 회비와 운영비를 관리하는 역할을 한다. 그리고 총무는 리더를 도와서 학습모임의 진행을 총괄하는 역할(모임의 통보, 학습공간 및 학습자료의 준비 등)을 수행한다.

3.9. 학습공간의 구성과 관리

학습의 공간을 구성하고 관리하는 일은 학습동아리에서 활용할 시설과 모임의 공간을 선정하는 것부터 시작하여 그 공간을 정리하고 소등을 할 때 비로소 끝이 나게 된다. 참여자들이 공유하는 공간인 모임의 장소를 쾌적하고 적절한 학습공간으로 구성하고 관리하는 것은 학습동아리 활동과 그 질에 있어 중요한 변수가 된다.

(1) 학습공간의 구성

학습공간은 참여자들의 통행에 불편함이 없도록 충분히 넓은 장소를 선정하여야 한다. 참여자들이 학습공간에서 편하게 지낼 수 있고, 기록하는 데도 방해가 되지 않아야 하며, 필요할 경우에는 기지개도 켤 수 있어야 한다.

그렇다고 학습공간이 너무 커도 좋지 않다. 큰 장소를 선택할 수밖에 없는 상황이라면, 칸막이나 이젤 혹은 테이블을 이용하여 공간을 적절한 크기로 분할하여야 한다. 이때 사용하는 공간을 중심으로 필요한 설비들을 갖추고 나머지 공간은 조명을 약하게 하는 것이 좋다.

학습공간에는 참여자의 수보다 여유 있게 이동식 테이블과 의자들을 준비하고, 공간의 구조, 출입문과 창문의 위치 등을 고려하여 공간을 구성한다. 어린이를 동반하는 참여자가 있을 경우 테이블이 갖추어진 좌식 공간을 구성하는 것도 좋다.

(2) 학습공간의 배치

학습공간의 구조는 참여자들의 상호작용과 협동작업에 이바지하는 요소이다. 학습동아리의 원활한 의사소통을 위해 가장 이상적인 자리 배치는 참여자들 간의 시선교환을 극대화하고, 소그룹을 형성하고 해산하는 데 편하며, 학습의 자료를 누구나 잘 볼 수 있는 형태이다.

자리배치가 쉽고 유연하게 진행될 수 있는 장소, 의자나 책상의 무게가 가벼워 옮기기 쉬운 장소가 좋다. 가능하다면 모든 사람들이 서로를 바라볼 수 있도록 의자와 책상을 배치한다(소규모 그룹의 경우 테이블은 U자 형태나, 반원형태

또는 V자 형태가 적당하다).

학습공간의 구성을 위한 좌석의 배치와 참여자의 시각 방향은 학습의 과정과 성과에 큰 영향을 미친다. 따라서 각 모임과 학습의 특성과 진행을 고려하여 좌석배치를 적절히 하는 것이 필요하다.

① 강사 중심의 좌석배치

강사중심의 좌석배치는 참여자들은 U자형 좌석 배열의 바깥쪽에 앉고, 리더는 앞쪽 별도의 책상에 앉는 방식이다. 이 방법은 참여자들은 서로 마주하고 있어, 상호 의사소통이 편리하고 리더를 바라보기 쉬운 장점이 있지만, 신입자에게는 서먹서먹하여 부담을 느낄 수 있는 단점이 있다.

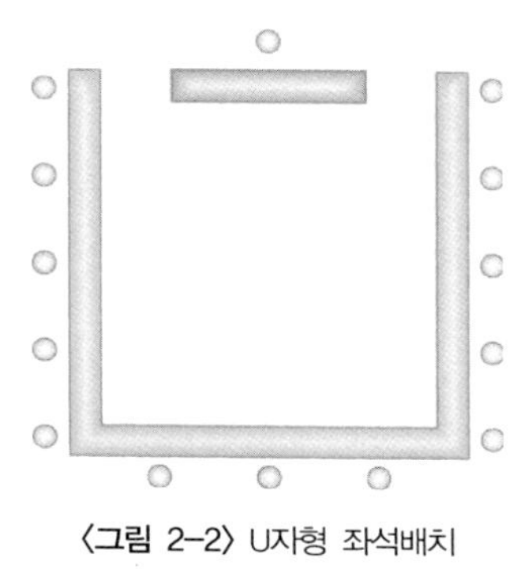

〈그림 2-2〉 U자형 좌석배치

② 토론형 좌석배치

토론형 좌석배치는 책상을 사각형으로 붙여 모든 참여자가 편안하게 둘러앉는 방식이다. 리더를 포함한 모두가 동등한 참여자로서 자연스럽게 과정에 참여할 수 있다. 이를 위해, 리더는 참가자의 일부로서 교육을 진행하고 촉진할 수 있도록 충분한 준비와 능력을 갖추어야 한다. 또한 참여자 간에 이해가 다르고 경험과 관심이 달라 의견이 모아지지 않을 때 통제하기 어렵다는 단점이 있다.

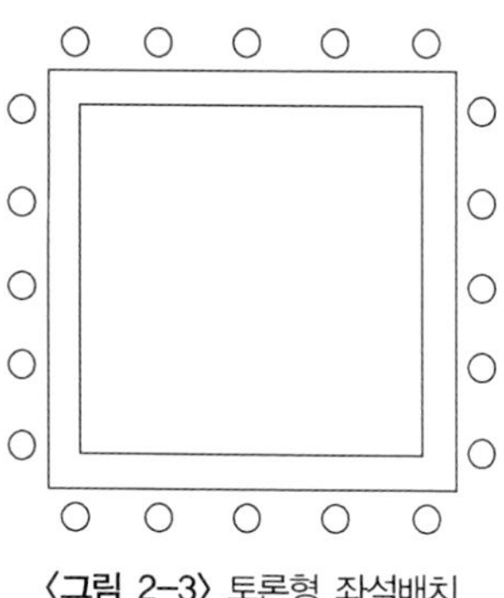

〈그림 2-3〉 토론형 좌석배치

③ 집단학습형 좌석배치

집단학습형 좌석배치(원형 학습배치)는 참여자들이 둥글게 둘러앉은 방식으로, 참여자들은 책상에 앉았을 때보다 훨씬 개방적으로 자신을 드러낼 수 있다. 집단의 형성이나 참여자의 내면을 드러내는 교육프로그램에 용이한 방법이다. 쟁점보다는 대안 중심의 토론에서 주로 이용되는 좌석배치이다. 또한 의사소통이 원활하나 경험이 없는 참여자들은 적응하기 쉽지 않고 강요받는 느낌을 받을 수 있는 단점이 있다.

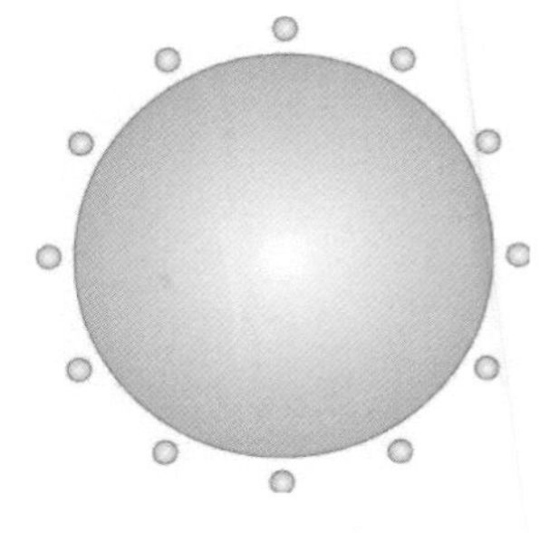

〈그림 2-4〉
집단학습형 좌석배치

④ 패널중심형 좌석배치

패널중심형 좌석배치(V자형 좌석배치)는 한 가지 문제에 대해 집중적으로 토론을 할 때, 발제자나 강사가 2명 이상이고 참여자의 수가 적을 경우에 가능한 형태이다. 책상이 있기 때문에 필기가 가능하고 많은 참고서적을 쌓아 놓고 토론이 가능하다.

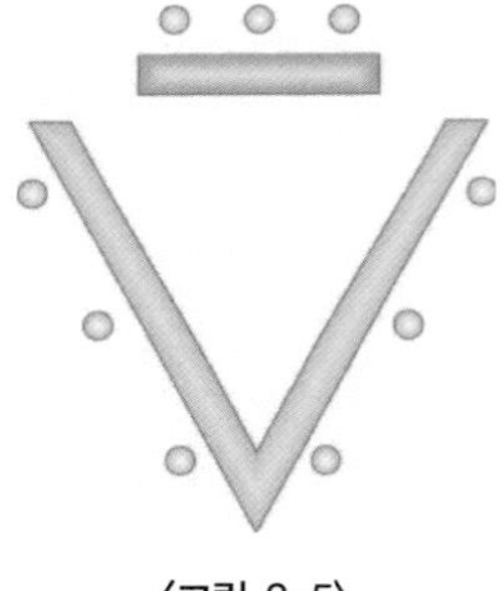

〈그림 2-5〉
패널중심형 좌석배치

(3) 학습공간의 관리

쾌적하고 안전한 학습공간을 유지하기 위해서는 냉·난방, 조명, 환기, 전기시설 등을 주기적으로 점검하고, 순번을 정해 모임 전후에 학습공간의 청결관리를 하도록 한다.

(4) 학습기자재의 확보와 관리

학습에 필요한 기자재를 확보하고 관리하기 위해서는 공동의 학습자료를 보관할 수 있는 학습자의 사물함이 확보되어야 하며, 토론과정을 기록할 수 있는 설비(예: 화이트보드)나 필기도구가 준비되어야 하며, 학습과 관련된 시청각 매체나 자료의 활용을 어디에서 어떻게 활용하는지도 미리 알아두어야 한다.

3.10. 학습동아리 출범행사

충분한 준비과정을 거쳐 학습동아리가 조직화되면, 동아리의 출범을 알리는 행사가 필요하다. 학습동아리의 정식 출범을 알리는 행사는 학습동아리의 참여 의지를 강화하고, 기관과 지역사회 내에서 학습동아리 활동에 관한 많은 관심을 불러일으킬 수 있다.

학습동아리 조직에 관한 준비사항을 정리하고, 각 임원들의 역할분담을 확인하고 학습계획에 따른 학습과정을 소개함으로써 참여자의 각오를 다지고, 관계자들에게는 정식 학습동아리로서의 출범을 각인시킨다.

학습동아리를 시작하는 시점에서 이루어지는 공적인 개시 행사는 프로그램에 관심을 가지게 하고, 사람들을 자극하며, 참여를 촉진하는 데 도움이 된다. 이러한 행사는 실천과 변화로 인도할 광범위한 지역사회 대화의 시작을 나타낸다. 학습동아리의 성공적인 출범행사를 위해서는 행사 일정을 확정하고, 행사계획을 수립하며, 행사의 진행이 차질 없이 진행될 수 있도록 하여야 한다.

(1) 행사 일의 확정

학습동아리의 출범을 알리는 행사일은 학습동아리 시작에 가장 가까운 날짜를 정한다. 행사 날짜는 지역사회에 관심을 불러일으키고, 보다 많은 참여자들을 모으는 데 초점을 두어 결정한다. 시작 모임은 지역의 중심지에서 참여자들과 지역사회 관계자들에게 편리한 시간에 개최하는 것이 좋다.

(2) 행사 계획의 수립

행사계획은 지원기관의 전담 실무자, 학습동아리의 지도자와 참여자들이 함께 출범을 알리는 행사를 계획하고 준비하여야 한다. 초청인사의 명부작성(지역사회인사, 언론기관, 강사 및 전문가, 성공사례 발표자 등), 초대장의 발송, 행사의 광고, 행사 장소의 결정 및 구성, 프로그램의 계획 및 준비, 행사진행의 방법, 행사의 순서지, 다과준비 등이 이루어져야 한다.

(3) 행사의 진행

학습동아리의 출범을 알리는 행사에는 지역사회의 관계자들을 초대하여 어떠한 학습동아리가 있으며, 모임의 시간과 장소, 실천포럼 계획 등 학습동아리 운영에 대해 설명을 또한 시범적인 학습동아리에 참여하는 사람들을 초대하여 그들의 경험을 이야기하도록 하며, 청중들의 주목을 끌 수 있거나 참여의 중요성을 생각하도록 격려할 수 있는 기조 연설자나 선행 실천가를 데려오기도 한다.

그리고 학습동아리의 참여 신청서에 등록하도록 안내하며, 음식과 오락 및 친교의 시간을 제공하며, 지역사회의 언론 관계자들을 초대하고 기자들이 필요한 정보를 얻을 수 있도록 협조를 하는 것도 필요하다. 참고적으로, 출범행사의 순서는 다음과 같다.

출범행사의 순서
1. 식전행사 (행사의 분위기를 띄우기 위한 개인 또는 그룹의 문화행사) 2. 행사 시작의 알림 3. 주최 측의 인사말 4. 지역사회관계자 격려인사 5. 참가자의 소개 6. 학습동아리의 경과보고 7. 학습계획과 규칙 소개 8. 축하행사 9. 친교의 시간

4. 학습동아리의 운영

학습동아리가 운영되기 위해서는 참여자들의 정기적인 만남과 학습이 이루어져야 하며, 동아리 활동을 기록하여야 하며, 참여자들의 지속적 참여를 이끌어내어야 하며, 학습결과를 실천하며, 동아리 활동을 평가하여, 학습동아리의 발전방안을 수립하여야 한다.

학습동아리의 운영	
	4.1. 정기적인 만남과 학습
	4.2. 동아리 활동의 기록
	4.3. 참여자의 지속
	4.4. 학습결과의 실천
	4.5. 학습동아리의 진단 및 평가
	4.6. 학습동아리의 발전방안 수립

4.1. 정기적인 만남과 학습

학습동아리의 운영은 정기적인 만남과 학습을 전제로 한다. 일정한 간격과 시간을 정하여 정기적인 만남을 통하여 이루어지는 학습은 참여자 자신이 자발적으로 참여하고 스스로 학습하는 것을 전제로 한다. 그리고 참여자 간의 토론은 개인의 의견 차이를 인식하게 되어 혼자서는 얻을 수 없는 높은 학습 성취에 도달하도록 한다.

학습동아리의 참여자들이 정기적으로 만나서 학습활동을 잘하기 위해서는 준비물을 점검하고, 학습의 자료를 관리하며, 토론의 진행을 잘하며, 참여자의 역할을 이해하도록 하여야 한다. 학습의 자료를 간결하게 하여야 하며, 참여자들이 모임 며칠 전에 그것을 받을 수 있도록 해야 한다.

(1) 모임 준비물의 점검

일상적인 학습을 진행하기에 앞서 필요한 물품과 자료들이 잘 준비가 되었는지 점검하여야 한다. 가장 필수적인 준비물인 출석부, 기록용 일지, 학습자료, 시청각 기자재, 필기도구 등을 확인하여야 한다. 특별 프로그램을 실시하는 경우에는 별도의 준비물 목록을 작성하여 세밀히 확인함으로써 성공적인 학습동아리 활동을 전개할 수 있다.

(2) 학습자료의 관리

대개는 모임이 끝나면, 모임에서 사용하였던 물품이나 자료를 소홀히 다루는 경향이 있다. 학습동아리 활동에서 이루어진 내용과 결과를 정리함에 있어서 학습과정에서 다루어진 학습의 자료와 토론의 기록 등은 매우 중요한 자산이 된다.

학습의 자료는 학습동아리의 학습경로와 그 발전과정을 확인할 수 있는 하나의 역사기록물이라고 할 수 있다. 참여자들의 모임이 끝난 이후에도 지속적인 학습의 자료를 축적하기 위한 자료의 파일과 기록장을 준비하여 즉시 정리하도록 하여야 할 것이다.

(3) 토론의 진행

학습동아리에서 토론은 합의를 이끌어 내기 위한 것이 아니라, 참여자들로 하여금 자유롭게 대화에 참여하도록 하기 위한 것이다. 이 자유는 구체적인 결론이나 행동의 단계에서 합의하도록 강요하는 것이 아니라 참여자들이 원하는 행동을 탐구하도록 한다. 특히 지역사회의 학습동아리는 토론을 통하여 지역사회의 관심문제에 대해 더 잘 이해하게 되고, 새로운 지역사회 접촉 네트워크를 가지게 한다.

(4) 참여자들의 역할이해

학습동아리에서 참여자들의 역할은 스스로 자발적으로 학습에 참여하고, 토론에서 자신의 경험을 활용하는 것이다. 참여자의 경험과 의견은 값진 것이다. 참여자들은 말해야 한다는 압박감을 가질 필요는 없다. 하지만 참여자가 자신의 경험과 의견을 말하지 않음으로써 당신은 다른 사람의 경험이나 지혜를 배우지 못하게 된다. 그렇다고 참여자들은 의견의 불일치를 두려워하지 말아야 한다. 의견의 차이는 모임을 더욱 활발하게 해 줄 것이다.

4.2. 학습동아리 활동의 기록

동아리 활동의 기록은 학습동아리들이 생성해 내는 지혜들을 놓치지 않고 공유할 수 있는 단순하면서도 효과적인 방법이다. 이 기록들은 학습동아리들 간의 연계를 돕고, 학습동아리의 의견과 힘을 지역사회에까지 확장할 수 있는 보고서의 기초가 된다.

특히 매회 모임의 마지막 15분 동안에는 기록자와 리더가 팀이 되어 협력해야 한다. 매회 마무리 단계에서 리더는 기록자에게 토론 내용을 기록에 근거하여 요약해 주도록 요청해야 한다. 기록에 토론 내용이 제대로 담겨 있도록 해야 한다는 점을 그룹에 주지시키기 위한 것이다. 학습동아리의 활동에 대한 기록을 잘하기 위해서는 기록자를 확정하고, 기록하는 능력을 배양하고, 기록자를 위한 가이드라인을 알려 주어야 한다.

(1) 기록자의 확정

학습동아리 참여자 중에서 기록을 맡을 사람을 미리 선정해야 한다. 기록자는 학습동아리에서 일어나는 모든 일을 최대한 자세히 그리고 있는 그대로 기록해야 할 것이다. 그중에서 가장 중요한 일은 학습동아리의 모임에서 참여자들이 말하는 것을 기록하는 일이다.

그 역할을 적절하게 잘 수행할 수 있는 사람은 훌륭한 경청자이다. 리더 또는 학습동아리의 참여자는 학습동아리 안에서 늘 경청하는 자세를 보이는 사람(회원)에게 기록자의 역할을 수행해 줄 것을 요청하면 된다.

(2) 기록하는 능력의 배양

기록자는 다음과 같은 항목을 사전에 항상 숙지하고 있어야 한다. 기록자는 다음의 사항들을 항상 숙지하고 실천에 옮길 때, 자신의 기록 능력을 향상시킬 수 있다.

기록자의 숙지사항
– 주요 아이디어를 포착하고 대화가 이루어지는 방향에 유념한다. – 가능한 한 발언자의 표현을 그대로 사용한다. – 기록은 대화를 위해 있는 것이므로 다른 곳에 신경 써서는 안 된다. – 발언자의 생각과 의견이 담겼는지 확인을 위해, 집단적으로 기록내용을 검토할 기회를 갖는다. – 기록내용을 추후 외부자가 보았을 때에도 충분히 이해할 수 있도록 보고서에 기록한다. – 모임의 날짜, 장소, 횟수, 주제 등 기본적인 기록사항이 빠지지 않도록 한다.

(3) 기록하기

기록자가 학습동아리 활동의 기록을 잘하기 위해서는 활동일지를 작성하여 활동의 모든 과정에서 나오는 정보들을 기록하여 보고서의 작성에 활용할 수 있어야 한다. 기록자가 다음의 사항들을 따른다면 유용한 기록을 할 수 있을 것이다.

첫째, 학습동아리의 활동일지를 만든다. 학습동아리의 모든 활동을 기록할 수 있는 일지를 미리 만들어 이를 활용한다. 이때 기록해야 할 항목을 미리 결정하여 일지 양식에 반드시 포함되도록 한다.

둘째, 학습동아리의 전 과정을 기록한다. 학습동아리의 준비, 조직, 운영 등 학습동아리가 처음 구성될 때부터 해체될 때까지의 모든 과정을 기록한다.

셋째, 학습동아리로부터 나오는 모든 정보를 기록한다. 모든 학습동아리 모임을 한 회기 한 회기씩 차례차례 기록하는 것이 특히 중요하다. 학습동아리로부터 나온 모든 기록을 하나의 보고서에 통합시킬 수 있다. 이는 나중에 학습동아리 활동을 평가하거나 발전시키는 데 유용할 것이며, 특히 공공기관과 관련 기관에 자료를 제공하거나 학습동아리를 알리는 데 매우 유용할 것이다.

또한 참여자의 말이나 학습동아리 행사 등의 중요한 요점들을 기록하여야 하는데, 특히 활동 아이디어나 중요한 의견 차이 등에 대한 기록이 중요하다. 이 같은 기록은 과학적이거나 복잡할 필요는 없다. 그러나 공정하고 객관적이어야 한다. 한 회기(주로 1년)의 끝부분에 모든 참여자들이 그 회기 중에 일어난 일의 기록내용에 대하여 동의하여야 한다.

넷째, 기록한 결과를 보고서 작성에 활용한다. 이렇게 기록한 문서는 나중에 학습동아리 활동 보고서를 쓰거나 지역사회에 학습동아리 활동결과를 알릴 때 활용할 수 있다. 또한 외부의 재정지원을 받기 위해서 학습동아리를 소개하는 보고서 작성에도 유용하게 활용할 수 있을 것이다.

(4) 기록자의 가이드라인

학습동아리의 기록자가 활동의 전 과정에서 나오는 정보들을 빠짐없이 기록을 잘하기 위해서는 다음의 지침들을 이해한다면 도움이 될 것이다.

기록자의 지침
- 의역이나 편집 없이 들은 그대로 정확하게 기록한다. (더 좋은 말로 바꾸거나 자신의 생각을 첨부하지 않는다.) - 드러나지 않는 존재가 된다. (모임의 리더와 함께 일을 할 때는 리더를 직접 돕지 않도록 한다.) - 무슨 말인지 잘못 들었거나 명확하게 듣지 못한 경우에만 질문한다. - 대화속도에 뒤처지지 않도록 빨리 그리고 명료하게 기록한다. (철자법에 연연하지 않으며 철자법 때문에 발언을 중단시키지 않는다.) - 질문은 간략하고 간결하게 한다. (예를 들어, "다시 한 번 말씀해 주시겠습니까?") - 핵심 단어나 문장을 정확하게 기록하며, 대화의 내용 전체를 기록하지 않는다. - 읽기에 편하도록 여러 가지 색의 펜을 사용한다. (적어도 서로 다른 항목을 기록할 때는 다른 색을 사용한다.) - 수명이 다한 펜은 폐기 처분하도록 사용 전에 펜을 점검한다. (대화내용을 기록할 때 뒤에서도 글씨를 볼 수 있도록 굵은 색의 펜을 사용한다.) - 핵심 항목들에 네모박스나 동그라미 표시를 한다. (밑줄이나 별표를 이용하여 특정 단어나 항목을 두드러지게 한다.)

4.3. 참여의 지속

학습동아리가 조직되고 운영되기 시작한 이후에도 리더는 학습동아리 구성원들이 지속적으로 학습동아리 활동에 참여할 수 있도록 도와주어야 한다. 이를 위해서 리더는 학습동아리 참여자들 스스로 주인의식을 가질 수 있도록 노력하고, 참여자들이 학습동아리 활동을 통해서 성장하고 있음을 느끼게 하며, 참여자 간의 친밀한 인간관계를 유지하고, 학습동아리 운영에 필요한 제반 사항을 관리하는 등 지속적인 노력을 기울여야 할 것이다.

이러한 노력을 통해서 학습동아리와 참여자의 지속적인 성장을 이룰 수 있다. 참여자들은 학습동아리 활동이 자신의 삶에 어떤 의미가 있는지 찾을 수 있고, 학습동아리는 현재 학습활동의 질적 성장을 이루고, 또한 학습동아리가 소속 기관 및 지역사회에 기여할 수 있는 계획을 세우고 그 능력을 강화할 수도 있을 것이다.

학습동아리의 참여자들이 지속적으로 참여할 수 있도록 하기 위해서는 동아리의 목적을 상기하여 미래를 설계해 보도록 하거나, 주인의식을 심어주고, 참여자들을 관리하고, 온라인 활용이 가능하도록 해 주어야 할 것이다.

(1) 학습동아리의 미래설계

참여자들이 학습동아리의 목적을 다시 상기시키고 미래를 설계하도록 하기 위해서는 학습동아리를 통해 이제까지 해온 것과 성취하고자 희망했던 것을 검토해 보도록 하여야 한다. 다음의 물음에 답해 봄으로써 학습동아리의 미래를 설계해 볼 수 있을 것이다.

- 학습동아리를 통해 성취하고자 했던 것은 무엇이었는가?
- 학습동아리를 통해 개인적으로 조직적으로 이룬 것은 무엇인가?
- 학습동아리를 유지하여 이루고자 하는 또 다른 목적이 있는가?
- 학습동아리에 참여가 가능한 사람들은 누구인가?
- 학습동아리를 성공적인 운영을 위한 선결 과제는 있는가?
- 앞으로 지역사회에 학습동아리가 기여하거나 연계되어야 할 영역이 더 있는가?
- 향후 5년 동안 학습동아리를 계속 운영해 나갈 때 이 지역사회에 어떠한 변화가 나타날 것인가?

(2) 주인의식의 공유

학습동아리는 리더 한 사람의 노력이 아닌 모든 참여자의 노력을 통해서 성장한다. 따라서 모든 참여자가 주인의식을 가지고 학습동아리에 참여해야 한다. 참여자의 주인의식을 확대하고 다양한 사람들이 학습동아리 운영에 참여하게 함으로써 업무의 부담을 나눌 수 있고, 학습동아리의 실천성을 효과적으로 높일 수 있게 된다.

학습동아리에 대한 주인의식을 공유하기 위해서는 참여자들 간에 효과적인 의사소통을 해 나가야 한다. 학습동아리 참여에 회의적인 사람이 있다면, 그를 초대하여 당신이 이루고자 노력하는 것들에 대해서 이야기하고, 그의 삶과 학습동아리가 서로 상보적으로 될 수 있는 방법에 대해 생각해 본다.

(3) 참여자의 관리

학습동아리에서 학습이 기본적인 활동이라 할지라도, 참여자들 간의 인간관계는 학습동아리의 성공 여부를 결정짓는 매우 중요한 요소이다. 따라서 리더는 학습동아리 모임의 진행만이 아니라 일상적으로 참여자들을 관리하고 그들 간에 친밀감을 높일 수 있도록 노력해야 할 것이다. 아래의 각 항목들은 참여자 관리를 위해서 리더가 해야 할 일들이다.

① 출석확인

학습동아리는 정기적인 만남을 전제로 한다. 참여자들은 모임 시간과 장소를 이미 숙지하고 있을 것이다. 그러나 모임에 앞서서 리더는 참여자들에게 미리 연락을 취하여 모임에 참석할 수 있는지 여부를 확인할 필요가 있다.

이를 통해서 사전에 참석자 수를 확인할 수 있을 뿐만 아니라 참여자들이 모임에 나오기 전에 준비를 할 수 있도록 도와줄 것이다. 만약 이러한 역할이 리더에게 과중한 부담을 줄 때는 참여자 중에서 사전 연락을 책임질 사람을 선정하는 것이 좋다.

또한 각 참여자의 모임 참석 여부는 매 모임 때마다 체크하여 기록을 남겨두어야 한다. 이때 만약 모임 출석률이 계속해서 낮아질 경우 모임 시간을 다시 조정을 하거나 낮은 출석률을 유발하는 다른 요인을 찾아 해결해야 할 것이다.

모임에 참석하지 않은 회원에게는 그날 모임에서 어떤 대화가 있었는지를 알려 주어 다음모임에 참석했을 때 전체 흐름에서 소외되거나 어색해 하지 않도록 해야 한다. 또한 어떤 참여자가 장기 불참을 할 경우 왜 계속해서 참석하지 못하고 있는 지를 확인하고 만약 학습동아리 차원에서 해결할 수 있다면 다른 참여자의 동의 얻어 함께 노력해야 한다.

② 개인적 애로점의 체크

학습동아리는 구성원들의 자발적 참여를 기초로 하기 때문에, 학습동아리 참여는 구성원 각자의 개인적 문제에 쉽게 영향을 받는다. 따라서 리더는 참여자 개인의 상황에 항상 관심을 가지고 있어야 한다.

만약 학습동아리의 참여자가 개인적인 어려움에 처했을 때, 리더는 상담자의 역할을 하거나 또는 문제해결을 위해 학습동아리 전체의 힘을 모으는 역할도 해야 할 것이다. 단, 개인적 어려움을 겪고 있는 참여자가 이를 부담스러워하거나 지나친 간섭으로 여기지 않도록 조심스럽게 접근해야 할 것이다.

③ 구성원의 관계유지

학습동아리는 참여자들 간의 인간관계를 돈독하게 하는 역할을 한다. 참여자의 인간관계는 학습동아리를 지속시키는 가장 큰 힘으로 작용한다. 특히 한국에서는 학습동아리에의 참여부터 지속적인 활동까지 참여자 간의 관계가 중요한 영향을 미친다.

따라서 리더는 참여자 간의 관계를 발전시키는 노력뿐만 아니라 참여자 간에 발생하는 갈등을 조정하고 해결하는 중재자의 역할도 수행해야 한다. 참여자 간의 갈등은 조직의 위험요소이지만, 잘 해결했을 때는 조직 발전의 큰 원동력으로 작용하기도 한다.

④ 공동체 행사

학습동아리의 참여자들이 서로를 알고 가까워질 수 있는 기회를 제공하여 회원 간의 친밀감을 형성하도록 한다. 15명 이내의 소집단으로 운영되는 학습동아리의 특성상 참여자 간의 결속은 최우선적인 필수 요소이다. 공동체 프로그램의 제공은 참여자들이 서로를 느끼고 이해하는 데 적절한 도움을 줄 수 있다.

우선 학습을 본격적으로 시작하기 전에 서로를 잘 알고 느낄 수 있는 공동체 경험 프로그램을 먼저 도입한다. 자기소개를 돕는 프로그램과 우리를 발견할 수 있는 프로그램을 학습동아리 활동 도입부에 실시하여 밀접한 구성원 간의 관계를 형성할 수 있도록 돕는다.

일정한 시간을 두고 야외 활동을 개최하여 서로 간의 관계를 돈독히 하는 과정을 만들 수 있는데, 특히 준비과정에서 공동의 역할 분담을 통해 함께 참여하는 행사로 개최할 때 그 효과는 더욱 커진다.

(4) 학습동아리의 재정관리

학습동아리의 재정관리를 잘하기 위해서는 수입과 지출을 정확히 기록하며, 그것을 정기적으로 점검하며, 외부기관의 재정적 지원을 탐색해 보면서 그들과 관계를 지속적으로 유지하여야 할 것이다.

① 수입과 지출의 기록

기본적으로 학습동아리는 참여자들의 회비에 의해서 운영된다. 외부의 지원을 받는다 하더라도 그 금액은 크지 않은 규모이다. 하지만 비록 적은 규모의 재정일지라도 정확하고 투명하게 관리하여야 한다.

아주 작은 액수라 할지라도 장부에 기록을 남겨야 한다. 참여자들의 회비나 외부 지원과 같은 수입과 지출을 구분하여 기록해 놓아야 한다. 또한 학습동아리의 재정은 참여자나 리더 개인이 아닌 학습동아리 전체를 위해서 사용되어야 하며, 지출을 하였을 때는 반드시 영수증을 남겨 놓아야 한다.

② 정기적인 점검

학습동아리의 수입과 지출을 항상 기록하여, 참여자들이 정기적으로 이를 확인할 수 있도록 해야 한다. 비록 적은 금액이지만 학습동아리는 주로 참여자들의 회비에 의해서 운영되기 때문에, 자신이 낸 돈이 어디에 어떻게 사용되었는가를 알게 할 필요가 있다. 이는 참여자의 주인의식을 강화하는 방법이기도 하다.

③ 외부 지원기관의 탐색

비록 학습동아리가 참여자들의 자발적인 노력에 의해서 운영된다고 하더라도, 예산과 재원의 조달에 대하여 생각해 볼 필요가 있다. 학습동아리 장기간의 목적과 단기간의 필요를 항상 생각해 보고, 이러한 것이 외부기관 및 지역사회와 어떤 관련을 맺을 수 있는가를 고려하여 학습동아리를 지원해 줄 수 있는 기관을 계속적으로 찾아보아야 한다.

④ 재정적 지원 관계자들과의 지속적 관계유지

재정적 지원을 받은 사실을 확인하였으면, 가능한 한 신속하게 감사의 편지를 쓰도록 한다. 이와 함께 재원의 조달에 대한 보고서와 그들의 지원금이 어떠한 효과를 거두고 있는가에 대한 이야기를 전해주어야 한다. 이것이 일반적인 절차는 아니더라도, 그들의 마음속에 학습동아리에 대한 기억을 좋게 남길 것이다.

재원조달에 대한 계획을 문서화하고 그 일에 참여하는 모든 사람들과 공유하도록 한다. 문서화된 재원조달의 계획서는 일의 진행과정을 알기 쉽게 하는 한편, 참여자들에게 그들이 수행하여야 하는 일을 상기하도록 한다.

(5) 온라인 활용

오늘날은 복잡한 전자통신의 시대로, 컴퓨터나 비디오, 통신 수단을 통해 의사소통할 수 있다. 인터넷을 통한 컴퓨터 모임도 있으며, 새로운 기술을 통해 컴퓨터와 전화를 활용하여 문자화된 자료를 공유하고 기록하면서 이야기할 수도 있을 것이다. 점점 더 많은 사람들이 통신을 통해 의사소통을 하고 전자 모임이 활성화되고 있다.

학습동아리 참여자 간의 일상적인 의사소통을 위하여 온라인상의 만남은 매우 효과적인 방법이다. 별도 홈페이지를 제작할 수도 있으나 포털 사이트의 카페 개설을 통해서도 충분한 효과를 얻을 수 있다. 참여자 중 카페를 담당할 사람을 우선 지원을 받거나 컴퓨터를 잘 활용하고 있는 사람을 선정하여 그 역할을 담당하도록 요청하여 일상적인 카페 관리를 담당하도록 한다.

온라인상의 만남은 공식적인 만남에서 이루어지지 않았거나 부족한 내용을 서로 확인하고 채울 수 있는 기회를 제공한다. 또한 학습동아리 참여자 간의 내부 홍보의 공간이자 외부 관계자들에게 학습동아리의 활동 과정과 그 결과를 알릴 수 있는 훌륭한 매체가 되기도 한다.

(6) 지속적 학습을 위한 비전의 제시

학습동아리의 리더는 참여자들에게 지속적 학습의 필요성과 그 성장의 모습을 적극적으로 제시하여 학습을 통해 이룰 수 있는 비전을 제시해 주어야 한다. 지속적 학습을 통한 개인의 성장과 더불어 성장하는 집단학습의 비전 제시는 학습자에게 학습동아리의 참여의지를 북돋게 한다.

또한 학습동아리의 또 다른 비전의 제시도 참여자들의 지속적인 참여와 학습을 북돋워 준다. 학습동아리가 지역사회의 문제를 해결하는 방법이 됨을 알게 되면, 참여자들은 지역사회의 문제해결에 적극적으로 참여하게 될 것이다. 학습동아리를 통해서 참여자들은 공적인 목소리를 발견하고 공공의 생활을 개선시키는 것에서 새로운 삶의 비전을 발견할 수도 있다.

4.4. 학습결과의 실천

참여자들은 학습동아리의 학습을 통해 얻은 학습결과를 실제로 표현할 수 있는 기회를 가져야 한다. 참여자들이 학습결과를 활용하고 나눌 수 있는 기회를 가짐으로써, 그들은 좀 더 지속적으로 깊이 있게 학습하고, 학습동아리 활동에 참여하고자 하는 의지를 강화하게 될 것이다.

이는 참여자들이 학습을 통해 얻을 결과로 문집을 만들거나, 자원 활동을 전개하거나, 실생활에 적용한 후 그 결과를 학습에 발표하거나 하는 등의 기회 제공을 통해 이루어진다. 이러한 실천 활동을 통해 학습자들은 학습동아리 밖의 세계와 직접 부딪친다.

학습결과의 실천에 의해 학습자들이 자신들의 개인적 집단적 역량을 대내외에 보여 주고 스스로 확인받기도 하다. 실천의 활동을 활성화함에 있어 중요한 것은 실천할 수 있는 기회를 제공하는 것과 실천의 효과에 학습자들이 자부심을 느낄 수 있고, 부족한 점은 보완할 수 있도록 적절한 '피드백'을 제공하는 것이다.

예를 들어, 자원봉사를 필요로 하는 곳 또는 주제영역별 전문능력을 발휘할 수 있는 곳과 연결할 수 있도록 적절한 정보와 조직적 연계를 제공한다면, 학습자들은 학습의 효율성을 높일 수 있을 것이다.

또한 어떤 방식으로든 실천효과가 지역사회나 대상자로부터 인정받을 수 있고, 그 학습의 효능을 학습자 자신이 체감할 수 있다면 학습동아리에 대한 참여는 더욱 활성화되고, 학습동아리는 보다 진전된 형태로 학습할 수 있을 것이다.

학습동아리의 학습결과가 참여자들이 보다 깊이 있게 학습하고 활동에 적극적으로 참여하고 싶도록 하기 위해서는 학습결과의 발표기회를 마련하고, 생활에 적용해 보고, 자원활동에 참여하여, 전문성을 실현할 수 있는 기회를 가지며, 지역사회의 실천에 참여할 수 있어야 할 것이다.

(1) 학습결과의 발표기회 마련

학습동아리의 활동과 학습결과를 외부에 알리기 위한 발표회 개최 등의 기회 제공이 요구된다. 이러한 발표기회의 제공은 학습동아리 참여자의 학습동기를 유발하고 계속 성장하고자 하는 성취감을 부여해 준다.

학습 계획안에 일정한 시기에 이러한 발표기회를 미리 설정해 놓을 경우 참여자들의 평소 학습동아리의 참여도를 높이고 학습에 집중케 하는 결과를 얻게 한다. 또한 외부에 소개하여 학습동아리 활동을 부각시킴으로써 자신들의 활동의 중요성을 인식하게 한다.

(2) 생활에의 적용

학습동아리에서 배운 것은 일상생활에서 곧바로 활용되도록 하여야 한다. 수

지침 동아리의 학습자들은 자신이나 가족이 아플 때 수지침을 놓아주고, 영어독서지도 동아리 참여자들은 자녀들의 영어 책을 직접 고르고 가르치는 식으로 실생활에 응용한다. 또 자녀교육문제에 관심을 갖고 있는 동아리는 주말시간을 이용하여 부모들이 각자 잘할 수 있는 부분을 맡아 서로의 아이들을 함께 가르치는 품앗이학교를 운영하기도 한다.

이 과정에서 학습자들은 미처 깨닫지 못했던 점을 새로 알게 되거나, 자신이 더 배워야 할 부분이 무엇인지를 인식하게 됨으로써, 학습동아리에서의 학습이 다음 단계로 진행할 수 있는 계기를 얻게 된다.

(3) 봉사활동의 참여

자원봉사활동은 거의 모든 학습동아리에서 어떤 형태로든 결합되어 나타난다. 자원봉사활동에 전문성(학습)을 더하거나(상담 등), 취미생활을 자원봉사로 발전시키거나(노래 등), 행사를 자원봉사활동으로 연결(김장하기 등)시키는 등 여러 형태의 학습동아리가 있다. 이처럼 자원봉사활동은 모든 학습동아리활동에 편재하여 나타난다. 특히 김장하기는 자원봉사활동이 사회참여를 통해 주부들의 사회적 기여와 자존감을 확인할 수 있는 용이한 방법이다.

(4) 전문성 실현의 기회

학습결과를 실천할 수 있는 또 다른 방법은 학습동아리에서 배운 전문지식을 사회에 활용하는 것이다. 전문성의 실현은 보통 전문능력 개발에 초점을 둔 학습동아리에서 하기에 적절하다(글쓰기, 독서지도, 예절지도 등). 이런 학습의 주제들은 가깝게는 자녀교육에 도움이 되고, 전문화되었을 경우에는 소득을 올릴 수 있는 전문직을 가질 수도 있다는 점이 특징이다.

(5) 지역사회 실천에 참여

지역사회의 실천은 동아리에서의 학습이 지역사회문제를 해결하거나 지역사회의 개선에 기여하는 경우이다. 자신들이 거주하는 지역의 환경문제를 고민하고 그 해결책을 모색하는 학습동아리, 내 아이를 어떻게 하면 잘 기를까 하는 관심에서 모인 학습동아리, 지역문화가 개선되어야 좋은 가정을 이룰 수 있다는 생각에서 지역사회의 문화적 환경을 개선하고자 하는 학습동아리 등이 그것이다. 이러한 학습동아리의 지역사회 실천은 학습자의 전문성과 지역사회봉사를 겸하고 있는 복합적 형태의 실천경험이다.

4.5. 학습동아리의 진단 및 평가

학습동아리가 유지되고 활성화되기 위해서는, 동아리 운영의 지속적인 진단 및 평가가 이루어져야 한다. 경우에 따라서 외부의 전문가에게 평가를 부탁할 수도 있지만, 대부분의 경우 학습동아리의 평가는 참여자 스스로 하여야 한다.

학습동아리의 평가는 크게 두 가지 수준에서 이루어진다. 하나는 학습동아리의 운영이 제대로 이루어지고 있는지를 평가하는 것이다. 학습동아리가 처음 출발할 때 가졌던 목적 및 방향에 맞게 운영되고 있는지, 리더 및 학습동아리의 참여자가 역할을 잘 수행하고 있는지 등을 진단한다.

다른 하나는 학습동아리 모임 때마다 그 모임의 진행이 잘 이루어지고 있는가를 평가하는 것이다. 그 모임에서 이루고자 했던 학습목표를 이루었는지, 진행은 원만히 이루어졌는지, 참여자 개인은 모임을 통해서 무엇을 배웠는지 등을 진단한다.

이러한 학습동아리에 대한 진단 및 평가결과는 다시 학습동아리 운영 및 모임 진행에 반영한다. 또한 이를 통해서 학습동아리의 성장을 꾀할 수 있다. 동아리 활동의 유지와 활성화에 필요한 학습동아리의 진단 및 평가를 위해서는 일상적 모임에서 평가를 하며, 학습동아리의 운영과정을 진단하고 보완하는 과정도 이루어져야 한다.

(1) 일상적 모임에서 평가하기

학습동아리의 유능한 리더는 동아리 모임이 진행되는 동안이나 모임이 끝난 후에, 다양한 방법으로 참여자들에게 피드백을 받는다. 참여자들이 동아리 모임이 진행되는 동안에는 진행의 과정을 체크하도록 하고 모임이 끝난 후에 리더에게 피드백을 하도록 하는 것이 중요하다. 피드백의 시간을 두어서 참여자 역시 동아리 모임의 효율성을 높이도록 하는 방법을 배우도록 하여야 한다.

참여자들은 동아리 모임이 진행되는 동안에 진행과정을 체크함으로써, 모임이 어떻게 진행되는지 생각하고, 당신에게 피드백을 할 수 있는 기회를 가질 수 있다. 진행과정의 확인은 짧은 시간에 이루어지며, 너무 자주 하여서도 안 된다.

진행 과정의 체크는 모임이 진행되는 동안 참여자들이 어떻게 생각하고 있는지 또는 진행과정에 변화가 필요한가 알아보기 위하여, 모임 진행이 지체되거나 몇몇 사람이 소극적으로 참여할 때에 하는 것이 좋다. 이러한 상황에서는 다음과 같은 질문을 하거나, 설문지를 이용하여 점수를 매기거나 5점 척도로 그 정도를 표시하게 하는 것도 도움이 된다.

- 모임의 진행이 어떠세요? 우리가 계획한 것들이 이루어지고 있는 것 같습니까?
- 이 진행이 유용한가요? 이 일에 대해서 다른 접근방식을 취할 필요가 있을까요?
- 우리의 접근방식에서 바꿔야 할 것이 있나요?

(2) 학습동아리 운영과정의 진단과 보완

학습동아리의 모임이 어느 정도 진행되고 난 후에는 어떻게 진행되고 있는지 반성하기 위하여 시간을 할애해야 한다. 예컨대, 리더와 참여자들은 학습과정 전반에 대한 검토와 전문가 초청의 결과, 참여자들 간의 토론과정과 그 결과 등에 대하여 어떻게 느끼고 있는가? 기관 전담 실무자들은 진행된 학습과정과 함께 실천 활동에 대하여 어떻게 생각하고 있는가? 리더와 참여자는 스스로 자신의 역할을 잘 수행하고 있는가? 학습동아리가 민주적으로 운영되고 있는가 등등을 진단해 보는 것이다.

이러한 평가는 정기적으로 실시하는 것이 바람직하다. 운영과정의 진단은 학습동아리의 목표와 비전의 초점에서 벗어나지 않으면서 비형식성을 유지하도록 하는 것이 가장 좋다. 이 같은 접근은 학습자들의 자아 성찰을 가장 중요한 진단과정으로 쉽게 수용할 수 있도록 해 준다.

4.6. 학습동아리의 발전방안 수립

학습동아리가 안정적으로 운영되고 활발한 활동으로 하다 보면, 참여자들은 학습동아리를 한층 더 발전시키기 위한 방안을 모색하게 된다. 발전방안을 만드는 과정에는 리더 또는 소수의 사람만이 참여하는 것이 아니라, 모든 참여자가 주체가 되어 학습동아리의 새로운 방향을 수립하고 한 단계 발전된 모습을 만들어 나가야 한다.

학습동아리의 새로운 발전 방안은 개별 학습동아리의 참여자가 결정해야 하지만, 크게 그 방향은 두 가지의 유형이 있다. 하나는 학습동아리 자체의 활동에 그치지 않고 그동안 학습동아리의 성과를 바탕으로 지역사회에 기여하는 것이고. 둘째는 학습동아리의 목표를 변화된 상황에 맞게 조정하면서 참여자의 성장에 맞추어, 학습의 주제를 심화시켜 나가는 것이다.

이상의 두 가지 유형은 별개의 유형이 아니라 서로 관련을 맺고 있다. 따라서 학습동아리는 이상의 두 방향 중에서 한 방향을 선택하여 발전하기도 하지만, 두 방향 모두를 선택하여 학습동아리의 발전방안으로 추진할 수도 있다.

(1) 학습동아리의 지역사회 참여 추진

학습동아리가 지역사회에 적극적으로 참여하기 위해서는 지역사회의 문제해결과 과제선정, 실천포럼 개최 등의 노력이 필요하다.

① 지역사회의 문제해결을 위한 과제의 선정

학습동아리의 참여자들은 학습결과를 바탕으로 그들이 함께 참여할 수 있는 지역사회의 문제해결을 위한 과제를 선정한다. 학습동아리 참여를 통해 얻은 학습을 실천하는 활동으로서, 우선 가능한 문제부터 선정하는 노력이 필요하다. 참여자들의 실생활에서 접하는 문제에서 출발하는 것이 문제를 해결하는 지름길이다. 또한 참여자들이 쉽게 접근할 수 있는 생활권역 안에서 생기는 문제의 범위 안에서 과제를 선정하도록 하는 것이다.

② 지역사회 문제해결의 참여

참여자들이 함께 논의한 문제해결의 방안을 바탕으로 실천 활동을 전개한다. 가능한 모든 학습동아리 회원들이 참여할 수 있는 기회를 제공하여 실천 경험을 공유케 함으로써 참여자들이 함께 성장하도록 배려하여야 한다.

학습공동체를 통한 지역문제의 해결
역사적으로 우리나라는 두레, 계 등을 중심으로 지역공동체 활동이 이루어져 왔다. 하지만 급속한 근대화로 그 맥이 끊어진 지 오래이다. 최근에는 지역사회에 대한 관심의 증대로 학습공동체를 조직하여 지역을 활성화시키고 있다. 예를 들어, 광명시, 창원시, 진안군, 부천시, 용인시 등이 좋은 사례이다. 이들 도시는 평생학습을 통해 지역사회의 변화를 추진해 오고 있다. 비록 관의 주도로 이루어지고 있지만, 시민단체와 지역기반 사회단체를 중심으로 교육과 학습에 의한 지역사회의 변화를 이루어 가고 있다. 학습공동체에 대한 관심은 지역사회에 대한 재인식에서 비롯된다. 평생학습에서 학습공동체는 지역주민의 적극적 참여를 이끌어 내는 힘의 원천이 되고 있다. 학습공동체 운동을 통해 지역사회의 문제를 해결하는 사례를 살펴보자. 서울 관악구청은 1996년 교통상의 이유로 도림천의 복개를 발표하였다. 그 이후 여러 사회단체와 시민단체들이 복개반대의 운동을 펼쳤지만, 지역주민의 참여를 이끌어 내지 못하여 실패하였다. 주민들은 도로증설로 인한 집값의 상승을 기대하고 있었던 것이다. 복개반대의 운동을 펼치는 과정에서 시민단체는 지역주민들에게 뿌리를 내리며 그들과 접촉할 수 있는 생활자치형 주민운동조직을 생각하게 되었다. 1999년 “건강한 도림 川(천)을 만들기 위한 주민모임”이 그것이다. 이 모임에서는 주역주민들이 지속적으로 도림 천과 접하면서 교감을 얻을 수 있는 것을 만드는 데 주력하였다. 초등학습을 대상으로 한 생태탐사단의 운영과 도림 천을 의미 있는 장소로 만드는 영화제를 기획하였다. 생태탐사단을 계기로 가족회원이 증가하면서 주민참여가 확대되었다. 이를 계기로 지역 인근의 아파트 주민들도 자녀교육과 환경에 대한 관심의 증대로 이 활동에 참여하게 되었다. 이 모임은 주민의 보다 많은 참여를 유도하기 위해 월 1회 낮 시간을 이용한 실용적 주제로 하는 강연(토론)과 아이들의 ‘도림 천 웹진제작반’을 구성하여 지속적으로 도림 천과 관계를 맺도록 하였다.

그리고 지역문화의 축제인 도림천 영화제에서는 지역작품을 공모하여 주민들의 보다 많은 참여를 유도하였다. 도림천이 벽화 그리기도 지역주민의 참여를 확산시키게 되었다.
이처럼, 지역의 학습공동체 운동은 지역주민의 참여를 이끌어 내어 지역을 변화시키는 방향으로 전개되고 있다. 지역사회에서 학습공동체 운동은 평생교육이 성공할 수 있는 가능성을 보여 준다. 하지만 학습공동체가 어느 지역에서나 성공할 수 있는 것은 아니라 할지라도, 평생학습이 지역주민 개개인의 변화를 이끌어 냄으로써 지역사회를 변화시킬 수 있는 성공의 가능성을 보여 주고 있는 것만은 사실이다.
학습공동체 운동의 시작과 종착은 학습자가 되어야 한다. 학습공동체가 정치적 참여가 아닌 학습자가 경험하는 지역사회의 생활영역에서 이루어 가는 평생학습으로 이루어질 때, 비로소 성공할 수 있을 것이다.

③ 실천포럼의 개최

학습동아리가 지역사회의 문제를 해결하기 위해서는 지역의 주민들과 함께 실천해야 한다. 이를 위해서 가장 유용한 것이 실천포럼일 것이다. 실천포럼은 기록서식, 신문기사 등 그동안 학습동아리 활동을 통해서 모은 자료를 분석하는 것에서 출발한다.

이러한 정보들을 검토하는 것은 각 학습동아리의 구상을 형식화하는 데 필요한 것이다. 여러 그룹들을 가로지르는 어떠한 주제가 있을 것이다. 이러한 정보는 실천포럼을 조직하는 데 매우 도움이 된다.

실천포럼은 지역사회 차원의 대화에 있어 핵심이다. 즉 대화의 결론을 결정한다. 또한 실천포럼은 그룹들 간에 아이디어와 실천력을 융합시킬 수 있는 기회를 제공하며, 앞으로 이루어질 실천 운동들의 시작을 나타낸다. 이 행사에 대한 언론의 취재를 촉진해야 함을 명심한다. 주요 자원봉사자들의 수고를 인정해 주고, 조력자들에게 감사를 표하며, 실천포럼 참여자들을 축하하는 것을 잊지 말아야 한다.

실천포럼이 끝나면, 실천 그룹들이 실천운동을 형성하고 지원하며 진행해 나간다. 행정적 지원, 업무 보조, 연구, 의사결정 과정에의 참여 등 무엇이 되었든지 실천 그룹들이 목적을 이룰 수 있도록 이들을 따라가며 지원할 사람들과 자원이 있어야 한다.

④ 지역사회 참여결과의 발표

지역사회의 문제해결에 참여한 활동의 내용과 그 결과를 학습동아리 안에서 서로 소개하고 토론을 할 수 있는 기회가 마련되어야 하며, 이 기회는 참여자로 하여금 지역사회의 참여에 대한 각자의 실천경험을 나눌 수 있게 한다.

또한 지역사회 참여결과의 발표를 기관 내 행사나 외부기관의 행사에서 사례발표와 같은 발표의 기회를 마련함으로써 학습동아리의 활동뿐만 아니라 학습동아리의 비전을 제시해 줄 수 있다. 그 결과 학습과 실천 활동은 하나의 연계체계로 재인식하는 계기를 마련할 수 있다.

(2) 학습주제의 발전 및 변경

이와 같은 학습과 지역사회의 실천과정을 통하여, 학습동아리 참여자들은 학습의 주제와 그에 따른 학습의 영역과 방법 등을 재선정하여 더욱 심화된 학습으로 발전해 나간다. 이렇게 학습동아리가 나아가기 위해서는 기존의 학습과 실천활동에 대한 충분한 평가의 과정이 있어야 한다. 기존의 학습활동에 대한 충분한 검토와 평가는 학습동아리 참여의 의지를 확인하고 그 방향성을 재설정하여 다시금 도약할 수 있게 한다.

4.7. 학습동아리 운영상의 유의사항

(1) 폐쇄적인 운영

학습동아리를 운영하다 보면 구성원들끼리 친해져 회사 내에서도 늘 함께 모이게 되는 경우가 있다. 이렇게 되면 다른 구성원들이 "끼리끼리 몰려다닌다"고 하면서 거리를 두게 될 우려가 있다. 따라서 동아리의 구성원들은 모든 현장생활에서 모범적인 모습을 보이면서 모든 구성원들과 친밀한 인간관계를 맺고자 노력해야 한다.

(2) 중간 평가

학습동아리는 처음엔 구성원 모두가 커다란 의욕을 가지고 참여하고 잘 운영이 되다가, 얼마간의 시간이 지나면 구성원들의 참가율이 저조해지고 학습도 잘 안 되는 경우가 많다. 이런 때에는 구성원 모두가 모인 자리에서 솔직하게 지금까지의 활동내용을 평가하고 문제점을 찾아내야 한다. 참여자 모두가 동아리 운영의 문제가 어디에 있는가를 분명히 알고 함께 해결하려 노력하도록 하여야 한다.

(3) 다양한 프로그램

현장에서 일과 학습을 병행한다는 것은 그리 쉽지 않다. 학습은 책을 통해서만 이루어지는 것도 아니다. 따라서 매주 모임을 학습으로만 한다면, 그것을 지속하는 것은 쉽지 않을 것이다. 이러한 점을 고려하여, 첫 주는 주제가 있는 모임으로 학습을 하고, 둘째 주는 현장방문의 학습으로 하고, 셋째 주는 영화가 있는 모임으로 틀을 짜는 다양한 방법을 결합할 수 있을 것이다.

(4) 지도자의 적극적 역할

학습동아리는 모든 사람이 똑같이 참여하고 토론하여야 내실 있게 운영이 된다. 하지만 처음부터 그렇게 되기는 어렵다. 대개 초기에는 학습동아리 지도자가 모든 것을 주도하고 참여자는 학습동아리 지도자를 쫓아가게 된다. 학습동아리 지도자는 민주적 운영원칙을 철저히 지키면서 이러한 소모임의 구조를 바꾸어서 참가자 모두가 적극적인 토론자가 되도록 하여야 한다. 그러는 가운데 소모임은 학습동아리 지도자의 주도적 단계에서 핵심형성 단계(참여자 중 적극적 참여자가 생겨남)로, 그리고 성숙단계(모든 참여자들이 적극적으로 참여하고 토론함)로 발전하게 된다.

5. 학습동아리의 새로운 시작

5.1. 학습동아리의 종결

학습동아리를 시작하는 것만큼 잘 마무리 짓는 일도 매우 중요하다. 학습동아리가 처음 조직될 때 설정하였던 목적을 충분히 달성하였다고 참여자들이 판단하여 합의가 이루어지는 경우에는 학습동아리의 활동을 마감할 수 있다.

학습동아리의 시작을 위해 충분한 준비와 검토의 과정을 거친 것과 마찬가지로, 마무리를 짓기 위해서도 역시 학습동아리의 모든 참여자들이 참여한 가운데 지난 활동에 대한 성과와 부족한 점에 대한 평가가 이루어져야 한다.

이러한 평가 과정을 거쳐 학습동아리의 지속을 위한 이유가 소멸되었거나 목적과 비전이 수정되어야 하는 경우 등, 여러 이유에 의해 참여자들의 충분한 합의로 학습동아리 활동을 마무리할 수 있다. 여기서 출범행사와 마찬가지로 종결모임을 거쳐 그 활동의 성과를 널리 알리고 마무리하는 노력이 필요하다.

학습동아리가 소기의 목적을 달성하여 동아리 활동의 마무리를 위해서는 지난 활동에 대한 평가가 이루어져야 한다. 학습동아리의 활동을 평가하는 한편, 활동의 종결을 위한 모임을 개최하여야 한다.

(1) 학습동아리 활동의 평가

학습동아리의 활동이 성공적이든 부족함이 있든지 활동의 성과를 평가하는 일은 무엇보다 중요한 일이다. 활동의 평가를 통해 학습동아리가 지속적으로 운영되어야 하는지, 다른 주제를 선정하거나 아니면 관련 학습동아리와 연대 모임으로 전환 등 다양한 방향으로 학습동아리의 진로를 결정할 수 있게 한다.

학습동아리 활동의 평가
- 학습동아리의 활동목적에 따라 이루어져야 했던 과업을 적는다. - 참여자들 자신이 발견했던 중요한 성과들을 공유한다. - 참여자들이 학습동아리 활동을 통해 배운 것을 다음에 어떻게 적용할 것인지 생각하는 기회를 제공한다. - 학습동아리 활동의 목적, 학습주제, 실천 활동의 지속에 대한 충분한 토론과정을 거친다. - 학습동아리 활동 내용이 지역사회에서 지속적으로 요구되고 있는가에 대한 토론을 한다.

(2) 종결모임의 개최

학습동아리가 참여자들이 스스로 학습동아리 활동의 종결을 결정하였다면, 반드시 그동안의 성과를 돌아보는 종결모임의 개최가 필요하다. 종결모임을 통해 그동안 서로의 성장을 도왔던 참여자들 간의 고마움을 나누고, 그 성과에 대한 기록물을 정리하여 돌아볼 수 있다. 이는 다른 학습동아리에게 귀감이 될 뿐만 아니라 학습동아리에 함께 참여하였던 학습자들이 발전적으로 나아가게 하는 데 큰 힘이 된다.

종결모임의 개최
- 지난 활동에 대해 돌아보는 시간을 마련한다. - 학습동아리 활동의 경과보고를 통해 그 성과를 돌아볼 수 있도록 한다. - 필요시 활동에 대한 사진, 영상물, 자료집과 같은 기록물들을 전시한다. - 그동안 활동에 적극적으로 참여한 회원, 리더를 위해 감사의 마음을 전하는 시간을 마련한다. - 모든 참여자들이 서로에게 중요한 기여를 했다는 확신을 심어준다.

5.2. 다른 주제를 선정하거나 심화 모임으로 전환

학습동아리가 사전에 준비한 목적과 학습계획을 충분히 수행하여 성과를 얻었다면, 그동안의 성과를 더욱 심화 발전하기 위해 학습 주제를 더욱 세분화하여 연구하는 심화모임으로 나아갈 수 있다.

주로 학습동아리 활동을 통해 학습한 주제에 대해 보다 전문적으로 탐구하거나 지역사회문제를 실천하는 모임으로 전환되는 경우이다. 학습동아리 참여자의 구성에는 변화가 없으나 학습과 실천 활동의 주제가 변화하여 그 내용성이 달라진다.

또한 참여자들 간의 충분한 논의를 거쳐 구성원을 확대 개편하여 새로운 참여자를 모집할 수도 있으며, 기존 참여자 중에 활동을 중지할 수도 있다. 일정하게 기존 학습동아리의 성과는 이어받으면서도 내용적으로는 변화하는 학습동아리의 양상을 보여 준다.

학습동아리가 활동을 마무리하면서 새로운 심화된 모임으로 전환하기 위해서는 학습주제의 재선정을 위한 토의, 학습동아리의 운영과정에 대한 검토, 학습결과의 적용을 위한 지역사회의 실천과제 선정 등이 이루어져야 한다.

(1) 학습주제의 재선정을 위한 토의

그동안 이루어진 학습활동의 결과를 검토하여 같은 주제의 지속적 학습이 필요한지, 관련 주제 중 새롭게 선택하여야 하는지, 세분화된 학습 주제를 전문적으로 연구할지에 대한 협의를 거친 후 학습의 주제를 재선정하여야 한다. 학습의 주제를 재선정한 경우에는 학습과정의 전반에 대한 정보수집과 계획의 재수립이 뒤따라야 한다.

(2) 학습동아리의 운영과정에 대한 검토

기존 학습동아리 활동의 운영과정을 새롭게 검토하여 새로운 참여자의 모집 여부 결정, 역할분담의 재조정, 학습방법의 검토 등의 작업을 거쳐 새롭게 선정된 학습주제를 효과적으로 학습할 수 있도록 최적화한다.

(3) 지역사회 또는 조직의 실천과제 선정

일정하게 학습활동이 종료된 후, 학습결과를 적용하기 위한 지역사회 또는 조직의 실천과제를 선정한다. 학습의 결과가 공동체 만들기를 위한 실천 활동의 전개로 이어지는 노력은 일종 학습의 심화과정이라 할 수 있다. 서로 배운 것을 학습동아리 내부에서 나누는 것을 넘어서 지역사회로 나아가는 순화과정의 일환으로 이는 참여자에게 학습효과를 극대화하는 결과를 낳게 한다.

지역사회의 실천과제 선정
- 그동안 배운 결과를 가지고 지역사회에서 적용할 수 있는 분야는 무엇인가? - 지역사회 안에서 쉽게 접근이 가능한 분야는 무엇인가? - 학습동아리 참여자들이 실천과정에 참여할 수 있는 개인별 조건은 어디까지인가?

5.3. 다른 동아리와 연대 모임으로 확대 발전

비슷한 분야와 주제의 학습동아리들이 모여 연합활동을 전개하는 학습동아리 연대모임으로 확대 발전해 갈 수 있다. 학습주제가 비슷함은 학습동아리 참여자들의 관심이나 학습 과정이 유사하다는 공통점을 지니고 있어 학습동아리들이 모여 일정한 규모의 연합조직으로 성장할 수 있다. 예를 들어, 동화 읽는 어른들의 모임은 어린이도서연구회가 연대한 대표적인 사례이다.

연대모임의 경우는 하나의 학습동아리에 속해 있으므로 나타날 수 있는 제한점들을 극복할 수 있도록 도우며, 동아리 간의 연합활동을 전개할 수 있어 쉽게 힘을 모아 어려운 과제를 해결하는 데 큰 도움이 될 수 있다.

활동을 성공적으로 마무리한 학습동아리가 새로운 연대모임으로 확대 발전하기 위해서는 주제 영역별 기관 단위의 정기적인 리더모임의 개최, 각 학습동아리 간의 활동정보 교환, 기관 단위의 학습동아리 참여자 간의 결속기회 마련, 학습동아리 연합에서 리더와 회원의 교육, 기관 단위의 학습동아리 참여자 간의 연합활동 전개 등이 이루어져야 한다.

(1) 주제 영역별 기관 단위의 정기적인 리더모임 개최

기관단위에서 이루어지는 비슷한 영역의 학습동아리 리더 간의 정기적인 만남은 서로 간의정보교환을 위한 좋은 기회가 되기고 하고, 각 학습동아리의 활동을 점검하는 평가의 기회가 되기도 한다. 또 이러한 정기적인 만남을 통해 학습동아리의 활성화를 위한 기관의 방향성을 재정립하고, 그 내용을 공유할 수 있는 자리가 되기도 한다.

(2) 각 학습동아리 간의 활동정보 교환

학습동아리 간의 활동을 나누고 그 내용을 알 수 있는 정보교환의 기회제공이 필요하다. 이는 자신이 속한 학습동아리를 넘어서 다양하게 전개되는 학습동아리의 활동을 접하게 됨으로써 참여자의 학습동아리 참여 의지를 강화하게 된다. 이러한 정보교환의 기회도 정기적인 만남으로 준비될 때 그 효과가 증대될 수 있다.

(3) 기관 단위의 학습동아리 참여자 간의 결속기회 마련

각 학습동아리에 참여하고 있는 참여자들이 서로 만날 수 있는 기회를 마련하여 서로 결속할 수 있는 프로그램을 제공하는 일은 동료로서의 의식을 강화하고, 자신이 참여하고 있는 학습동아리의 존재를 확인케 하는 기능을 수행한다. 자신을 포함한 학습동아리 참여자들의 공통점을 발견하고 발전적인 삶을 살아가는 사람들의 모습을 통해 더욱 참여 의지를 강화하게 된다.

(4) 학습동아리 연합에서 리더와 회원의 교육

학습동아리 활동의 성패는 학습동아리의 리더에 달려 있다고 해도 과언이 아니다. 학습동아리 리더들을 연합으로 교육 기회를 마련하여 학습동아리의 중요성과 그 운영상의 특성, 리더로서 갖추어야 할 자질, 대인관계 능력, 집단 역동의 이해 등을 습득하도록 하는 일은 매우 중요한 것이다. 또한 회원들에게 학습동아리의 배경과 그 의미를 되새기는 참여자 전체를 위한 교육도 빼놓을 수 없는 일이다.

(5) 기관 단위의 학습동아리 참여자 간의 연합활동 전개

각 학습동아리 간의 선을 넘어서 참여자들이 함께하는 연합활동의 전개는 한 학습동아리의 한계를 극복할 수 있는 기회를 제공한다. 다른 학습동아리와의 연합활동은 자신의 관심분야에 집중되는 학습동아리의 활동을 발전적으로 검토하고 재정립할 수 있게 돕는다. 또한 학습동아리 간의 연합활동을 통해 외부에 학습동아리의 그 실제 모습을 보여 줌으로써 학습동아리 활동에 대한 적극적인 홍보의 기회를 마련할 수 있으며 이를 통해 사회적인 관심을 불러일으킬 수 있다.

제 2 부

조직의 학습방법

제 3 장 학습토론

1. 학습토론의 기초지식

1.1. 토의와 토론

(1) 토의

토의(discussion)는 다수의 의견을 수렴하여 최선의 방법을 강구하는 구두표현으로 당면문제 해결을 위한 집단적 노력이다. 다시 말하면, 토의는 공동의 관심사가 되는 어떤 문제에 대하여 가장 바람직한 해결방안을 찾기 위하여 집단 성원이 협동적으로 의견을 나누는 의사결정(의사소통) 과정인 것이다. 문제의 해결방안을 찾기 위해서는 문제의 확정, 문제의 이해, 해결방안의 모색, 해결안의 결정 등의 과정을 거치게 된다. 토의의 기본적 형태로서 원탁토의, 패널토의, 심포지움, 포럼 등이 있다.

(2) 토론

토론(debate)이란, 어떤 문제에 대해 찬성과 반대로 나뉘어 자기 쪽 입장을 주장하고, 상대방 또는 제3자가 자기 쪽 주장을 받아들이도록 설득하는 경쟁적인 의사결정 과정이다. 다시 말하면, 토론은 어떤 의견이나 주장에 대해 찬성과 반대의 뚜렷한 대립을 가지고 토론자가 논리적으로 상대방을 설득하는 논의의 형태이다. 토론은 자유스러운 분위가가 보장되어야 하고, 타인의 의견에 비판을 하지 않으며, 하나의 착상은 또 다른 착상을 불러올 수 있어야 한다.

(3) 토론과 토의의 차이점

토의는 주어진 문제에 대한 해답을 찾아내는 데 의미가 있고 토론은 오히려 이미 해답이 나와 있으므로 그것을 설득하는 데 중점을 둔다. 토의는 의논과 협의를 통해 해결책을 찾아내고자 하는 시도이고 토론은 자신의 해결책을 상대편과 제삼자에게 납득시키는 시도이다.

토의는 서로 협력해서 의논하면서 생각의 폭을 넓혀 나가는 것이다. 토론은 대립을 통해서 자신을 정면으로 넓혀 나가는 것이다. 토의는 일종의 집단사고이다. 토론은 의견 대립이 먼저 존재하고 대립하는 가운데 반전을 꾀하고자 하는 변증법적 사고이다.

토의는 자유스럽게 의논하고 발언하는 것으로 아무런 제약 조건이 없다. 토론은 규칙과 절차 그리고 방법이 정해져 있다. 토론 규칙에 따라 의논을 전개해 나간다.

이처럼, 엄밀히 말하면 토론과 토의는 차이점이 있으나, 토론 역시 어떤 문제에 대하여 서로 논의하는 집단토의의 방법이라는 점에서 토의법의 일종이라 할 수 있다. 따라서 여기서는 토의와 토론의 엄격한 구분에 의하지 않고, 집단토의의 방법이라는 측면에서 토론을 살펴본다.

(4) 토론의 구성요건

토론의 궁극적 목적은 단순한 의견대립과 한쪽 의견의 일방적 관철이 아니라, 참가자들의 대립적인 주장을 통해 바람직한 결론에 도달하는 것이다. 따라서 토론의 구성요건으로 다음의 3가지가 있다.

토론의 구성요건
– 논제 : 토론의 대상이 되는 주제
– 참여자 : 논제에 대해 대립적인 의견을 가진 찬반 토론자(2인 이상), 사회자, 청중
– 토론규칙 : 공정한 진행을 위한 토론 규칙(발언순서, 발언시간, 절차 등)

1.2. 토론의 절차

토론의 절차는 <그림 3-1>과 같이 4단계 — 토론의 준비, 역할분담 및 규칙제정, 토론진행, 평가 — 로 이루어진다.

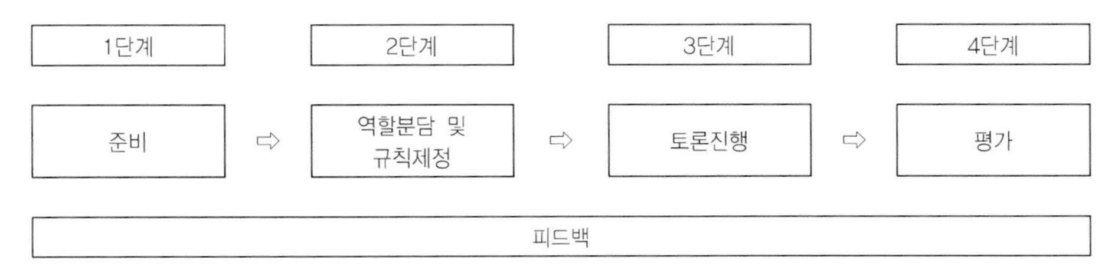

〈그림 3-1〉 토론의 절차

(1) 토론의 준비

토론의 준비사항으로서 논제의 선정, 토론자의 선정, 토론집단의 규모결정, 토론장의 준비 등이 있다. 준비단계에서 중요한 것은 논제의 선정이다. 논제는 논의의 주제로서, 결론을 목표로 하고 있는 토론에서의 핵심적인 주제를 선정하여야 한다. 토론의 논제는 다음의 조건을 갖추어야 한다.

토론 의제의 조건
– 찬반양론이 성립될 수 있는 논쟁적인 것 – 토론 주제의 초점이 하나일 것 – 표현이 객관적일 것 – 내용은 구체적이고 분명할 것 – 토론자가 자기주장을 입증할 수 있는 것

토론자는 토론의 주제, 토론의 유형 등에 적합한 사람을 대상으로 사전 인터뷰를 통해 토론자를 확정하여야 하며, 토론집단의 규모는 <표 3－1>과 같이 소집단과 대집단으로 나누어 볼 수 있다.

〈표 3－1〉 토론 참여자 규모의 결정

소집단	
4명	짝 활동이 가능하고 충분히 다양한 아이디어가 개진될 수 있으나, 2:2의 상황에서는 집단 의사결정이 곤란한 단점이 있음
5명	홀수이므로 의사결정이 가능하고, 다양한 아이디어가 개진되는 장점이 있으나 짝 활동을 할 수 없고 소외되는 사람이 나타날 수 있으며 소집단 활동이 산만할 수 있음
6명	소집단으로 활동하기에는 산만함
대집단(7명 이상)	
面對(면대면) 토론이 불가능하고 소집단의 응집성도 떨어지며 단순 주제 외에는 전체 구성원이 함께 토론에 참여하는 것은 불가능, 따라서 주로 대표만 토론에 참여하고 나머지는 청중으로 참여하는 방식을 사용	

그리고 토론의 장소로서 바람직한 곳은 다음과 같다.

－회의시간에 구애받지 않는 장소

－장소가 너무 넓거나 좁지 않도록 인원에 알맞은 공간

－조명이 너무 밝거나 어둡지 않은 평균적인 공간

－주변이 소란스럽지 않은 장소

－각종 전자기기 사용을 고려한 콘센트나 커튼이 있는 공간

특히, 토론장의 좌석배치는 적용할 토론모형, 토론장의 시설, 토론자 수 등을 고려하여 적절하게 좌석배치를 하여야 한다. 토론장의 좌석배치 형태는 <표 3－2>와 같다.

〈표 3－2〉 토론장의 좌석배치

토론 유형	토론자 좌석배치	청중 좌석배치
논쟁식 토론	마주보고 앉기	교실형, 날개형
브레인스토밍, 포럼	둥글게 앉기	교실형, 원형
세미나, 패널 토론	나란히 앉기	교실형

※ 교실형－모두 한 방향을 보고 앉는 것, 날개형－양쪽으로 나누어 앉는 것

(2) 역할분담 및 규칙제정

토론의 참여자 모두에게 역할을 부여하여 참가자 전원이 자연스럽게 토론에 참여하도록 유도하여야 한다. 다양한 참여자별 역할분담표는 <표 3－3>과 같다. 역할분담표는 회의실이나 분임실 등에 게시하여 활용하면 된다.

〈표 3－3〉 역할분담 표의 예시

참여자의 유형	참여자의 역할
사회자(Direction Giver)	과제, 시간, 목적 등을 재확인 · 지적
순서관리자(Turn－Taking Monitor)	차례 순서 관리
모니터(Monitor)	토론과정을 모니터함
기록자(Recorder)	기록담당
자료연구자(Reacher/Runner)	토론에 필요한 자료의 수집
논평자(Criticizer)	아이디어를 비판하는 역할
정리자(Clarifier)	발표의 내용을 정리
증거제시자(Seeker of Justification)	아이디어에 대한 논증이나 증거의 제시
부연자(Extender)	제시된 의견에 더 많은 정보와 의미를 추가

참여자의 유형	참여자의 역할
비교자(Differentiator)	아이디어 간의 차이 비교
종합자(Integrater)	여러 의견을 하나의 의견으로 통합
요약자(Summarizer)	결과물의 요약

다음은 토론의 기본규칙(Ground Rules) 제정이다. 기본규칙이란 회의나 토의, 토론, 팀미팅 등의 진행 시 모든 구성원들이 반드시 지켜야 할 기본규칙을 의미한다. 기본규칙의 제정은 회의 진행자의 필수적 의무이다. 기본규칙을 이해하고 실천함으로써 토론의 생산성을 획기적으로 제고시킬 수 있다. 토론의 기본규칙은 다음과 같다.

토론의 기본규칙
– 타인비판 절대금지 – 적극적으로 경청하기 – 논의된 내용은 절대 비밀 유지 – 지방방송 사절 – 토론실 내 절대 금연 – 토론 중 휴대폰 사용금지 – 개인에게 배정된 발언시간 엄수하기 – 한 사람씩 돌아가며 발언하기

만일 토론의 규칙을 정하지 않고 진행할 경우, 목적한 성과를 거두기 어려우며 토론자 간 감정 개입으로 토론 후 갈등이 조장될 수 있으며, 향후 토론에 대한 냉소반응이 나타나 토론 목적을 달성하기 어려울 수 있음을 주의하여야 한다. 따라서 기본규칙은 토론의 시작 전에 토론참가자 전원이 모여서 토론 활동 시 지켜야 할 기본적인 규칙을 스스로 제정할 필요가 있다.

(3) 토론의 진행

토론의 목적(아이디어의 도출, 의사결정, 쟁점의 분석, 지식의 습득 등)에 적합한 토론의 모형을 선택하여 토론을 진행하여야 성과를 거둘 수 있다. 토론의 목적별 적합한 토론의 모형은 <표 3－4>와 같다. 표에서 지그소(jigsaw－조각 맞추기)토론은 모집단이 모여서 과제를 분담하고, 특정과제를 맡은 사람들끼리 따로 모여서 토론한 후에 모집단으로 돌아가 동료들에게 가르치는 방식을 말한다.

〈표 3－4〉 토론의 목적별 토론의 유형

토론의 목적	적합한 토론모형	
아이디어 도출	· 브레인스토밍	· 돌아가며 발표하기
의사결정	· 만장일치토론 · 피라미드토론	· 복수선택 및 질적 의사결정 토론
쟁점 분석	· 대립토론	· 찬반논쟁토론
지식 습득	· 배심토론	· 지그소(jigsaw)토론

(4) 토론의 평가

토론의 평가는 토론 활동의 전반에 대한 평가와 성찰이다. 토론의 평가는 토론 활동의 전반에 대한 평가와 토론자에 대한 평가로 이루어진다. 먼저 토론활동 전반에 대한 평가는 토론자 자신의 활동인 발표자로서의 활동, 팀 구성원으로서의 활동에 대한 평가를 통해 자기성찰의 기회를 부여하는 것이다(<표 3－5> 참조). 토론자(사회자 포함)에 대한 평가를 통해 사회자에게 피드백을 제공하게 된다(<표 3－6> 참조).

〈표 3-5〉 자기평가의 설문 양식

토론자로서	1. 토론의 목적과 주제에 대해 사전에 충분히 분석하였다.	상	중	하
	2. 토론 전에 관련 자료와 정보를 수집하였다.	상	중	하
	3. 타인의 의견을 잘 경청하였다.	상	중	하
	4. 정확한 언어를 사용했다.	상	중	하
	5. 반대의사는 분명히 했다.	상	중	하
	6. 흥분하지 않았다.	상	중	하
	7. 발언시간을 준수하였다.	상	중	하
팀원으로서	1. 우리 팀의 회의규칙(Ground Rules)을 잘 지켰다.	상	중	하
	2. 비판 · 무시를 하지 않고, 협조적 분위기를 조성했다.	상	중	하
	3. 다른 팀원의 의견을 경청하였다.	상	중	하
	4. 토론의 내용이나 진행과정과 관계없는 발언은 하지 않았다.	상	중	하
	5. 구체적인 의견과 아이디어를 제시했다.	상	중	하

〈표 3-6〉 사회자 평가의 설문 양식

1. 토론 진행 시 준비물, 관련 자료 등을 사전에 철저히 준비하였다.	상	중	하
2. 토론 기본규칙을 팀원들이 준수하도록 독려하였다.	상	중	하
3. 모범적인 경청의 자세를 보여 주었다.	상	중	하
4. 발언시간, 발언순서를 준수하도록 관리하였다.	상	중	하
5. 토론자들이 적극적으로 참여하도록 유도하였다.	상	중	하
6. 토론자 간 갈등 발생 시 리더십을 발휘하여 조정하였다.	상	중	하

1.3. 토론의 원칙과 실천

토론에는 원칙이 있으며, 그 원칙을 실천할 때 토론이 잘 이루어져 소정의 성과를 거둘 수 있다. 토론에는 평등의 원칙과 참여의 원칙이 있다.

(1) 평등의 원칙

토론에 참여하는 사람은 모두가 평등한 지위를 가진다. 그러므로 모든 사람은 모두 평등하게 발언해야 한다. 더 많이 알고 있다고 해서 또는 더 중요한 위치에 있다고 해서 발언시간이나 기회를 더 많이 가질 수 있는 것은 아니다.

다른 사람이 말을 하지 않는다는 이유로 또는 말을 잘하지 못한다는 이유 등으로, 몇몇 사람이 발언을 독점하는 것은 다른 사람이 말할 기회를 뺏는 것이고, 다른 사람이 말을 더 못 하도록 하는 것이다. 가능하면 한 사람당 1회 발언시간을 3~5분으로 하여 시간을 엄격히 지키도록 했을 때, 모든 사람이 평등하게 발언할 수 있어야 한다.

(2) 참여의 원칙

모든 사람이 토론에 적극적으로 참여할 수 있어야 한다. 참여자는 발언기회를 포기할 수는 있지만, 그것은 바람직한 자세가 아니다. 참여자가 적극적으로 토론에 참여할 때, 책임의식이 강해지고 공동체 의식도 생겨난다. 사회자는 모든 구성원이 토론에 적극 참여할 수 있도록 발언조건을 만들어야 한다. 토론에 참여하여 발언하는 만큼 실천력이 생긴다.

(3) 평등과 참여 원칙의 실천

토론에서 평등과 참여의 원칙을 실천하기 위해서는 다음의 사항들을 지켜야 한다. 첫째, 내 생각만이 옳다는 생각을 버려야 한다. 내 생각만을 주장하게 되면, 상대에 대한 존중과 배려의 마음이 사라지고 남의 말이 귀에 들어오지 않게 된다. 둘째, 발언시간을 제한하여야 한다. 한 사람당 1회 발언시간을 3분~5분으로 제한하고 시간을 꼭 지키도록 한다. 셋째, 한 차례 발언을 통해 할 얘기를 다 못 했다거나 다른 사람 의견과 다른 생각이 있다고 한다면, 추가발언의 시간을 주도록 한다. 이때 추가발언의 시간도 엄격히 지켜져야 한다.

1.4. 올바른 토론문화의 필요성

학습에서 올바른 토론문화는 중요하다. 올바른 토론문화가 필요한 이유로서 다음과 같이 원활한 의사소통, 생산적인 문제해결, 민주적인 의사결정 등을 들 수 있다.

(1) 원활한 의사소통

원활한 의사소통이란 개인의 다양성을 존중하고 차이를 줄여 나가는 것이라 할 수 있다. 회의에서 토론을 통해 상대방의 생각을 이해하고 자신의 생각도 이해받게 됨으로써, 상호 간의 의사소통이 원활해지고 인간관계도 강화될 수 있다.

(2) 생산적 문제해결

개개인의 능력이 아무리 뛰어날지라도 여러 사람이 토론하는 과정을 거치면서 미처 자신이 생각하지 못했던 것, 해결하기 힘들 것만 같았던 문제들에 대한 새로운 의견과 해결방법들을 찾을 수 있다.

(3) 민주적인 의사결정

토론과 회의를 통해 서로의 의견을 나누고, 의견의 차이를 좁히고, 결론을 내리며, 서로의 의견을 존중하여 결정사항에 따르도록 하는 과정은 민주주의를 몸소 훈련하는 과정이라 할 수 있다.

2. 학습토론의 사전준비

2.1. 학습토론의 목적

토론의 궁극적 목적은 단순한 의견대립과 한쪽 의견의 일방적 관철이 아니라, 참가자들의 대립적인 주장을 통해 문제해결을 위한 바람직한 결론에 도달하는 것이다. 따라서 토론을 하는 목적은 정보 공유 내지 문제해결에 있다.

토론을 통하여 여러 사람의 지혜를 종합할 수 있으며, 좋은 인간관계의 육성이 가능하며, 뜻밖의 아이디어가 창출될 수 있으며, 구성원들의 참여의식을 높일 수 있다. 이러한 토론의 성과를 얻기 위해서는 토론을 하기 전에 다음의 6가지 사항들을 체크하여야 한다.

토론의 체크사항
– 왜 이 토론이 필요한가?(Why) **(토론 외에 해결할 수 있는 방법은 없는가?)** – 무엇을 거론하고자 하는가?(What) **(의제 수가 적거나 많은 것은 아닌가?)** – 어디서 개최할 것인가?(Where) **(참석 대상자가 모두 모일 수 있는 장소인가?)** – 언제 개최할 것인가?(When) **(의제와 토론시점은 잘 맞는가?)** – 누구를 참여시킬 것인가?(Who) **(참석자들은 의제의 내용과 맞는가?)** – 어떻게 의견을 종합할 것인가?(How) **(중요 의제로부터 벗어나지 않는가?)**

토론의 목적인 정보의 공유 내지 문제해결을 위해 토론의 참여자는 정보를

서로 제공함으로써 그들 간 정보의 공유가 이루어진다. 토론자의 가장 중요한 임무는 정보의 제안, 즉 자신의 아이디어, 대안 또는 의견을 제시하거나 자기가 가진 정보를 제공하는 것이 된다. 정보를 수집하는 요령은 다음과 같다.

정보수집의 유형
- 전문서적 보고 자신의 지식과 연결시켜 활용 - 전문가 또는 경험자를 찾아가 면담, 토론, 질의를 해서 수집 - 통계자료 활용 - 여론조사 결과 활용

2.2. 학습토론의 준비

토론의 준비를 성공적으로 하기 위해서는 토론날짜의 결정, 참석자에 대한 통지, 토론장의 비품, 토론의 낭비요소를 제거하는 등 철저하게 점검하고 준비하여야 한다.

(1) 토론 날짜의 결정

토론의 날짜는 의제의 성격에 따라 긴급, 완급을 감안한 타이밍을 고려하는 동시에, 토론 때문에 중요한 업무를 놓치지 않도록 참석자들의 업무를 고려하여야 한다. 까다롭고 복잡한 토론일수록 머리가 맑은 오전에 하는 것이 좋다. 그리고 토론시간이 길어지면 권태로움으로 인해 효과가 떨어지므로, 토론의 시간이 3시간을 넘지 않도록 하는 것이 좋다.

(2) 토론 참석자에 대한 통지

토론의 참석자에게 너무 빠르거나 늦지 않도록 통보한다. 통상 1주일 전에 통지를 하는 것이 좋다. 통지는 가능한 문서로 하고 반드시 출결을 확인하도록 한다. 그리고 토론회의 개요를 상사에게 보고하도록 한다.

(3) 토론장의 비품

토론장의 비품으로서 가능한 평범한 회전식 의자, 착석위치를 지정한 명찰(책상 위), 문제의 정리 및 중요 안건을 알리기 위한 흑판(분필, 매직, 지시봉 등), 흑판과 동시에 기록할 수 있는 회의록, 시청각 기기 등이 있다.

(4) 토론의 낭비요소

토론에서는 여러 가지의 낭비요소를 줄여야 한다. 먼저 시간은 정시에 시작하지 않고 예정된 시간을 쉽게 초과하는 경우가 많다. 정해진 시간에 토론을 시작하여야 한다.

비용은 대체로 참여자 모두가 크게 인식하지는 않지만, 가급적이면 낭비요소를 줄여주어야 한다. 그리고 토론은 지시 또는 단순 전달형 토론이 많은데, 이것은 바람직하지 않다. 토론은 의사결정을 위한 것이 되어야 한다.

토론의 진행에서는 준비자의 서투른 준비, 주재자의 일방적 진행, 참석자의 무관심, 무준비, 무발언, 발언시간 초과 등이 발생하는데, 이러한 것이 일어나지 않도록 유의하여야 한다. 그리고 토론의 참석은 꼭 필요한 사람만 참석하도록 하여 가능한 한 토론의 참여자를 줄여야 한다.

토론에서는 반드시 결과를 얻어야 하며, 그 결과가 참여자들에게 충분히 전달되도록 하여야 한다. 토론의 결과가 없거나 참여자들에게 전달되지 않는 경우가 많이 발생한다. 그리고 토론의 결과는 회의록에 기록으로 남겨야 하는데, 그렇지 않은 경우가 많이 발생한다. 따라서 토론에서는 토론의 능률을 높이기 위해 노력이 필요하다.

이상의 여러 측면에서 낭비를 줄이면서 다음의 노력을 하여야 한다. 의장은 처음부터 참석자들에게 토론목적을 확실하게 하며, 찬성의견을 먼저 유도하고 반대의견을 나중에 나오도록 유도하여야 한다. 그리고 활기가 있는 토론이 될 수 있도록 발언자의 발언에 가볍게 맞장구를 치며, 보드나 차트를 이용하여 참석자들에 진행과정을 알리도록 하여야 한다.

2.3. 학습동아리 리더의 토론준비

토론을 잘하기 위하여 학습동아리의 리더는 그것에 대한 준비를 잘하여야 한다. 리더가 준비해야 할 것은 학습동아리의 목표에 대한 이해, 주제에 대한 익숙함, 토론이 진행될 방향에 대한 생각, 그리고 참여자들이 주제에 대해서 심사숙고할 때 도와줄 수 있는 질문의 준비 등이다. 학습동아리의 리더는 학습주제에 대한 전문가일 필요는 없지만, 참여자들이 말하고 있는 것에 당신이 충분히 참여하기 위해서는 철저한 준비가 필요한 것이다.

(1) 긴장되지 않고 개방적인 분위기를 조성한다

- 모든 사람을 기쁘게 맞이하고 친밀하고 긴장되지 않은 분위기를 만든다.
- 상황에 맞는 유머를 구사하고, 참여자들의 친밀한 인간관계 형성에 도움을 준다.

(2) 기본적인 규칙을 명확히 세운다

학습동아리의 시작 단계에서 기본 규칙을 세우고 참여자들에게 그 규칙에 동의하는지 아니면 더 추가할 것이 있는가를 묻는다. 다음은 가능한 몇 가지 규칙들이다.

- 모든 사람은 다른 사람의 말을 경청해야 한다.
- 먼저 다른 사람의 말을 이해하고, 그 다음 나의 생각을 이해시키도록 한다.
- 한 번에 한 사람이 말한다.
- 모든 관점이 존중되어야 한다.
- 생각에 대한 불일치와 갈등이 있을지라도, 불일치가 인격적인 것이 되지 않아야 한다.
- 모든 사람으로부터 듣는 것이 중요하다. 그룹 내에서 말을 많이 하는 경향이 있는 사람은 다른 사람이 말할 기회를 가질 수 있도록 특별한 노력을 기울여야 한다.
- 리더의 역할은 중립을 지키고 기본 규칙에 따라서 대화를 진행시키는 것이다.

(3) 전체 진행 과정을 인식하고 보조한다

- 항상 '제3의 눈'을 사용해라: 리더는 그룹이 토론 내용에 집중하도록 돕는 것뿐만 아니라 참여자들이 서로 의사소통을 잘하고 있는가를 감시할 것이다.
- 다양한 관점들을 검토하거나 사람들에게 이슈에 대한 자신의 생각을 좀 더 쉽게 이야기할 기회를 준다.
- 언제 간섭할 것인가와 씨름할 때 무간섭에 치우쳐라.
- 모든 질문에 답하거나 각각의 의견에 대해서 이야기하지 않는다. 참여자들이 서로 직접 반응하도록 한다. 가장 효과적인 리더는 종종 말을 거의 하지 않는다. 그러나 학습동아리가 목표를 향해 나아가는지에 대해서 끊임없이 생각하고 있다.
- 침묵을 두려워하지 마라. 종종 당신이 부과한 질문에 대한 답을 찾는 데 시간이 걸릴 것이다.
- 어느 한 사람이 주도하도록 하지 마라: 모든 사람이 참여하도록 노력한다.
- 주의: 학습동아리는 논쟁이 아니라 집단 대화이다. 만약 참여자들이 이를 잊고 있다면 주저하지 말고 참여자들에게 기본 규칙을 다시 알려 주어라.

(4) 참여자들이 내용을 파악하도록 돕는다

- 참여자들이 폭넓고 다양한 관점들을 고려하도록 한다. 어느 한 주제를 바라보는 여러 방식들의 장점과 단점들에 대해서 생각해 보도록 질문한다.
- 참여자들이 자신들의 믿음에 기초가 되는 관심과 가치들에 대해서 생각해 보도록 질문한다.

– 참여자들이 특정 인물의 경험이나 일화에 집중하거나 지나치게 영향받지 않도록 한다.

– 때때로 토론을 요약하거나 참여자들 스스로 요약해 보도록 한다.

– 내용에 대해서 중립을 지키고 자신의 가치판단을 표현하지 않도록 주의한다.

– 참여자들이 '공통의 입장'을 확인하도록 돕는다. 그러나 합의를 강요하지 않도록 한다.

(5) 개방적 질문을 사용한다

토론을 보다 생산적으로 만드는 데 도움이 되는 개방적 질문들을 사용한다. 유용한 토론 질문은 다음과 같다.

– 여기에서 핵심 지점이 무엇이겠습니까?

– 당신이 동의하지 않는 요점은 무엇입니까?

– 그 점에 대해서 지지하거나 반박할 사람 있습니까?

– 사례나 그 점을 설명할 만한 개인 경험을 말해 주시겠습니까?

– 당신의 견해를 뒷받침하고 있는 전제를 알려 주시겠습니까?

– 어떤 경험이나 믿음이 그러한 관점을 지지하도록 이끌었을까요?

– 그러한 견해를 가진 사람들이 무엇을 깊이 고려하고 있다고 생각하십니까?

– 당신이 말했던 것에 반대하는 경우는 무엇이 있을까요?

– 그 관점에 대해서 가장 설득력 있는 것은 무엇이라고 알게 되었습니까?

– 우리 대부분이 동의할 수 있는 점이 있습니까?

(6) 토론 종결을 위한 적절한 시간을 확보한다

- 참여자들에게 그 주제에 대한 생각과 마지막 논평을 요청한다.
- 참여자들이 새로운 생각 또는 토론 결과 가지게 된 생각들을 공유할 것을 요구한다.
- 다시 모임을 가진다면, 다음 시간 주제와 읽을 것을 알려 준다.
- 모든 사람에게 감사의 인사를 한다.
- 이야기나 간략한 평가서를 통해서 참여자들이 전체 과정을 평가할 시간을 제공한다.

2.4. 토론자의 예절과 에티켓

(1) 토론자의 예절

토론자가 지켜야 할 예절은 다음과 같다.

- 서로 높임말을 쓴다.
- 실례가 되는 말이나 행동을 삼간다.
- 남의 사생활에 관하여 말하지 않는다.
- 남의 발언 중에 끼어들며 발언하지 않는다.
- 너무 긴 시간 장황하게 발언하지 않는다.
- 진행자에게 예의를 표시하고, 토론자끼리는 서로 존중한다.

(2) 토론자의 에티켓

토론자가 지켜야 할 기본적 에티켓으로 다음 사항들을 들 수 있다.

- 회의자료 외에는 읽지 않으며 사적인 대화를 하지 않는다.
- 졸고 있거나 발표 시 거친 언행을 사용치 않는다.
- 다른 사람이 발표하고 있는데 실없이 웃지 않는다.
- 개인의 신상발언을 하거나 비판・공격하지 않는다.
- 분별없이 자주 토론장을 출입하지 않는다.
- 정리되지 않는 의견으로 횡설수설하지 않는다.
- 참석자들 간 상호 존중하며, 직책이나 직급을 의식해서는 안 된다.
- 회의 전체의 품위를 존중하고 회의 규칙을 지킨다.
- 이해나 감정에 절대 치우치지 않는다.
- 발언 시 반드시 의장의 허가를 받고 발언시간을 절대 준수한다.
- 토론회 시작과 종료시간에 적극 협조한다.

(3) 의장(사회자)의 조건

토론에서 의장이 갖추어야 할 조건으로 다음 사항들을 들 수 있다.

- 의장 직분을 망각한 채 참석자 발언에 대해 감정에 치우쳐선 안 된다.
- 참석자 누구에게나 자신의 입장・주장이 있으므로 항상 공평을 유지하고 편파적이어서는 안 된다.
- 토론목적, 순서, 시간에 맞추어 진행하는 리더십이 있어야 한다.
- 토론이 경직되지 않도록 하는 유머와 재치를 발휘한다.

2.5. 토론자의 금기사항

(1) 토론자의 금기사항

토론자가 하여서는 안 되는 사항은 다음과 같다.

- 자기 발언에만 신경을 쓰느라 다른 참가자가 발언하는 것을 듣지 않는 일
- 발언권을 독점하는 일
- 공격적인 발언을 하거나 다른 참가자를 비난하는 일
- 남의 의견을 고려하지 않고 자기 의견만을 고집하는 일
- 품위 없는 행동을 하는 일

(2) 토론의 금구(禁句) 사항

토론자가 사용하여서는 안 되는 말은 다음과 같다.

- 잘 모르겠으니 적당히 결정하세요!
  (자신의 확고한 의견 없이 단순히 토론에 참석함으로써 회의를 경시하는 발언)
- 이런 것도 모르십니까?
  (자신이 조금 안다고 상대방을 무시하는 것은 결국 자신의 천박함과 무식함을 드러냄)
- 내가 말하려고 했던 것은!
  (이야기한 내용을 부연 설명하는 등의 설교적인 태도나 언행은 참석자들의 반발을 산다.)
- 결정사항을 납득할 수 없으니, 저 나름대로 하겠습니다!

(토론회에서 협의를 통해 결정한 사항을 이런 식의 발언으로 무력화시키는 것은 안하무인격 태도로 회의자체를 부정하는 것)

－홍길동 씨, 어떻게 생각해요?

(토론장에서는 서로의 호칭에 주의하여야 한다. 아무리 절친한 사이라도 반드시 경어를 사용하는 등 상호존중의 태도를 보여야 한다.)

2.6. 토론자가 발언을 않거나 회의를 느끼는 이유

(1) 토론자가 발언을 잘하지 않는 이유

토론자가 발언을 잘하지 않는 이유는 다음과 같다.

－주장하기에는 증거가 부족한 경우

－문제에 관심이 없는 경우

－생각을 정리하다 말할 시기를 놓쳐 버린 경우

－망신이나 당하지 않을까 하는 우려

－사회자나 의장에 대한 불신감

－반론을 제기하기 어려운 상황

－상대에게 밉게 보이지 않으려는 생각

－조직 내 사정으로 말을 자제하는 경우

－자신의 발표력이 부족하다는 생각

－결정하고도 실천하지 않기 때문에 토론이 무의미하다는 생각

(2) 토론에 대해 회의를 느끼는 이유

토론자가 토론에 대하여 회의를 느끼는 이유는 다음과 같다.

－"시간만 걸리고 쓸데없다!"는 생각이 들 때

(예: 귀중한 시간을 할애하여 참석하였는데 도움이 되지 않는 의견만 늘어 놓음)

－일부의 독연회(獨演會) 때

(예: 특정인만 발언하고 다른 사람들은 경청하기만 할 때)

－지휘부에 대한 불신이 있을 때

(예: 어려운 토론 끝에 결론이 나왔는데 실행되지 않을 때)

－잡담의 장이 되어 버릴 때

(예: 의장의 운영미숙으로 주제와 의견이 도출되는 등 어수선한 토론이 될 때)

－상사에게 감시당하는 느낌을 받을 때

(회의 중 상사가 수첩에 무언가 적으며 왠지 언동을 체크당하는 느낌이 들 때)

3. 학습토론의 진행

3.1. 토론의 진행과정

학습동아리의 구성원들은 학습 기간 동안 교재를 읽고 질문거리와 토론거리를 준비하여야 한다. 학습동아리의 모임 및 토론을 대략 3시간 정도로 전제한다면 학습 분량을 너무 과도하게 선정해서는 안 된다. 지나치게 많은 학습 분량의 선정은 학습을 아니 함 만 못하다. 적절한 학습 분량의 선정이 중요하다.

(1) 발제문의 작성과 발표

발제자(發題者)는 교재를 요약하고 예상되는 질문들에 대한 답변을 준비하여야 한다. 경우에 따라서 발제문이 내용의 발췌가 되기도 하는데, 그것은 발제문을 보면서 읽었던 내용을 되새기고 정리하도록 하는 데 도움을 주기 위해서다.

하지만, 정해진 짧은 시간 동안에 학습하는 일반적 경우에는 발제와 질의응답이 끝나면 토론을 할 수 있는 시간을 충분히 확보하도록 하는 것이 중요하다. 만일 토론을 하지 못하거나 대충 토론을 끝내는 경우에는 본말이 전도된 학습토론이 아닐 수 없다.

따라서 학습토론에 있어서 발제자를 선정하고 발제의 임무를 주기 전에 반드시 학습주제의 성격을 분명히 정할 필요가 있다. 학습의 주제가 교재의 내용을 충실히 이해하거나 강독이 필요한 경우인지 아니면 교재를 바탕으로 하되 구성원들의 경험 교류와 교훈이 필요한 경우인지 등에 따라서 발제의 내용은 달라진다.

전자의 경우에는 교재의 내용을 순서대로 요약, 정리한 다음 전체의 내용을 재구성하여 발제문만 보더라도 교재의 체계와 내용을 일목요연하게 파악할 수 있도록 작성하는 것이 좋다. 후자의 경우에는 교재의 내용은 되도록 간략하게 정리하면서 교재의 내용에 따른 자신의 경험을 교류하면서 교훈을 배울 수 있도록 적성하는 것이 좋다.

이렇게 하여 발제가 끝나면 구성원들이 발제자에게 질문을 하도록 한다. 구성원들의 질문에 대한 발제자의 답변이 충분치 않거나 다른 견해가 있으면 사회자나 다른 구성원들이 발언을 할 수도 있도록 하여야 한다.

(2) 토론의 진행

사회자는 발제－질문－답변－토론－마무리 과정을 예상하고 진행하여야 한다. 질문과 답변이 끝나면 사회자는 핵심적으로 토론해야 할 주제를 제출받아서 이를 2～3개 정도로 압축하여 정리한다.

만일 토론의 주제를 너무 많이 잡으면 각 주제를 깊이 있게 토론하지 못하거나 마지막에 배치된 주제를 제대로 토론하지 못하고 끝나는 경우가 발생한다. 마지막 주제에서 실천적 교훈을 얻을 수 있는 경우가 많은 점을 고려한다면, 마지막 주제만큼은 반드시 토론을 하고 끝내도록 하여야 한다.

토론의 주제가 선정되면 각 토론주제의 내용전개에 따라 순서에 맞게 재배치하고, 각 주제별로 할당할 토론 시간을 명확히 정하고 이를 지켜야 한다. 그렇지 않으면 앞에서 말한 위험에 빠지게 되며 정상적으로 토론을 진행하고 종결할 수 없게 된다. 사회자는 토론의 과정에서 항상 각 주제에 소요되는 토론 시간을 유의하면서 정리하여야 한다.

(3) 서기의 역할

회의나 토론에서 서기가 토론의 내용을 기록하는 방법은 크게 두 가지가 있다. 하나는 발제자별로 미리 칸을 나누어 놓고 기록하는 것이고, 다른 하나는 발언 순서에 따라 발언자의 이름과 발언 내용을 기록하도록 하는 것이다. 전자는 발제자나 발언 내용에, 후자는 진행자나 전체의 흐름에 관심이 있는 경우에 좋다.

전자의 경우에는 미리 노트를 토론자의 수만큼 나누어 놓고 윗줄에 발언자의 이름들을 한 칸에 한 명씩 적어 넣는다. 일종의 도표를 그려 놓고 기록하는 방식이다. 1차 발언이 끝나면 줄을 그어 다음 2차 발언과 구별하는 등 이런 방식으로 기록하면 발언자들 사이의 차이와 관계와 전체를 파악하는 데 유익하다. 또한 한 발언자의 발언내용 흐름을 간파하는 데에도 도움이 된다.

후자의 경우는 전체적인 토론의 흐름을 파악하는 것이 중요하므로 도표를 통한 기록보다는 발언 순서에 따라 기록해 가는 방식이 시간의 흐름과 토론의 흐름을 동시에 볼 수 있어 도움이 된다.

(4) 토론의 마무리

토론이 끝나면 사회자는 지금까지 토론된 내용들을 요약하고 정리한 다음, 실천적으로 결의된 사항이 있다면 그것을 구성원들에게 주지시킨 후 토론을 마무리하여야 한다. 그런 다음 토론의 주제와 교재를 소개하며 사회자와 발제자, 서기 등도 확정한다. 이때 주제의 성격에 따른 발제의 요령을 확인하고 구성원들이 관심 있게 읽고 생각해 볼 문제를 반드시 공유하는 과정을 거친 후에 마무리를 하여야 한다.

3.2. 토론의 진행요령

학습동아리의 지도자는 참여자들이 토론을 하는 동안 그들 스스로 진행할 수도 있도록 하여야 한다. 경우에 따라서는 조언을 통해 생산적인 토론이 진행되도록 하여야 한다. 토론이 초점을 잃게 되면, 지도자는 메모나 요약을 하여야 한다. 그러나 참여자들에게 보이지 않도록 메모장이나 차트에 메모하여야 한다. 그 후에 차트를 내보이며 논의의 주요한 포인트를 짚어보아야 한다.

(1) 철저한 준비

학습동아리의 지도자는 토론의 주제에 대한 전문가일 필요는 없지만, 토론의 준비는 누구보다도 철저히 하여야 한다. 학습동아리의 지도자가 준비해야 할 것은 학습동아리의 목표에 대한 이해, 주제에 대한 익숙함, 토론이 진행될 방향에 대한 생각, 그리고 참여자들의 주제에 대한 이해에 도움이 될 만한 질문의 준비 등이다. 학습동아리의 토론이 활발하게 전개되고 참여자들이 말하고 있는 것에 충분히 참여하도록 하는 철저한 준비가 필요하다.

(2) 개방적인 분위기의 조성

학습동아리의 지도자는 참여자들을 기쁘게 맞이하고, 친밀하면서도 긴장되지 않은 분위기를 만들어 나가야 한다. 토론의 전개나 상황에 따라 유머를 구사하며 인격적인 측면이 아닌 생각에 대한 차이에 초점을 두고 토론하도록 도움을 줄 수 있어야 한다.

(3) 기본적 규칙의 제정

학습동아리의 시작 단계에서 토론과 관련한 기본 규칙을 세우고 참여자들에게 그 규칙에 동의하는지 아니면 더 추가할 것이 있는지를 물어보아야 한다. 기본 규칙의 예는 다음과 같다.

- 모든 참여자들은 자신의 정직한 견해를 표현하되, 다른 참여자들의 관점도 존중되도록 한다.
- 참여자들의 생각에 대한 불일치와 갈등이 유용할 수도 있지만, 그것이 인격적인 것이 되지 않도록 하며 상대에 대한 혹평이나 비난을 자제한다.
- 모든 참여자들로부터 듣는 것이 중요하므로, 그들 모두가 말할 기회를 충분히 제공하며, 특정 사람이 말을 많이 하지 않도록 한다.

(4) 학습과정의 인식

학습동아리의 지도자는 참여자들이 토론의 내용에 집중하도록 하는 동시에 참여자들이 서로 의사소통을 잘할 수 있도록 도와주어야 한다. 지도자는 특별한 경우가 아니면 토론의 과정에 간섭하지 않으며, 질문이나 각각의 의견에 참여자들이 직접 반응하도록 하여야 한다. 가장 효과적인 학습동아리의 지도자는 말을 거의 하지 않는다. 그러나 학습동아리가 목표를 향해 나아가고 있는지에 대해서 끊임없이 생각하고 있어야 한다.

(5) 토론내용의 파악에 도움

학습동아리 지도자의 적절한 역할은 질문에 있다. 토론의 과정에서 문제를 바라보고 해결하는 여러 방식들의 장점과 단점들에 대해서 생각해 보도록 하는 질문을 함으로써 참여자들이 폭넓고 다양한 관점들을 가지도록 도와야 한다. 그리고 참여자들이 자신들의 신념에 기초가 되는 관심과 가치들에 대해서도 생각해 보도록 질문을 한다.

때때로 토론의 내용을 요약하거나 참여자들 스스로 요약하도록 하여야 한다. 하지만 그런 경우에도 토론내용에 대해서는 중립을 지키며, 학습동아리 지도자 자신의 가치판단을 표현하지 않도록 주의를 하여야 한다. 토론의 활성화에 도움이 될 만한 질문들은 다음과 같은 것들이 있다.

- 여기에서 핵심 지점은 무엇이겠습니까?
- 당신이 동의하지 않는 지점은 무엇입니까?
- 그 점에 대해서 지지하거나 반박할 사람 있습니까?
- 사례나 그 점을 설명할 만한 개인 경험을 말해 주시겠습니까?
- 당신의 견해를 뒷받침하고 있는 전제를 알려 주시겠습니까?
- 어떤 경험이나 믿음이 그러한 관점을 지지하도록 이끌었을까요?
- 그러한 견해를 가진 사람들이 무엇을 고려하고 있다고 생각하십니까?
- 당신이 말했던 것에 반대되는 경우는 무엇이 있을까요?
- 그 관점에 대해서 가장 설득력 있는 것은 무엇이라고 알게 되었습니까?
- 우리 대부분이 동의할 수 있는 점이 있습니까?

(6) 토론의 마무리

학습동아리의 지도자는 참여자들에게 토론의 주제에 대한 자신의 생각과 마무리 발언을 할 수 있도록 하여야 한다. 그리고 학습동아리의 지도자는 참여자들이 토론을 통해서 배우게 된 새로운 생각들을 공유할 수 있도록 하여야 한다.

3.3. 토론에서 문제상황의 대처

학습동아리에서 토론을 진행하다 보면 토론의 원활한 진행을 방해하는 여러 가지 문제에 봉착할 수 있다. 물론 문제가 발생하는 맥락에 따라서 그 대처방안이 다를 수 있지만, 무엇보다 중요한 것은 학습동아리의 지도자가 그 상황에 맞게 유연하게 대처하는 것이다.

(1) 한 참여자가 부끄러워 아무 말도 하지 못하는 상황

학습동아리의 지도자는 조용한 참여자들을 이끌어 내도록 노력하여야 한다. 그러나 토론에 참여하지 않는 그들을 부끄럽게 만들지 않도록 주의해야 한다. 그들이 말하고 싶어 하는지 파악하기 위해서는 비언어적 단서들을 살펴보아야 한다.

어떤 참여자들은 학습동아리에 참여하면서 점점 편안함을 느끼고 그때부터 적극적으로 참여하기도 한다. 어떤 참여자가 학습동아리 활동의 대부분을 눈에 띄지 않는 곳에 있다가 간략한 의견을 제시하면, 지도자는 그에게 관심을 보이고 더 많은 것을 알려 달라고 질문함으로써 그에게 용기를 북돋을 수 있다. 또한 모임의 시간 전후에 항상 그들과 이야기를 나누는 것도 좋다.

(2) 적극적인 한 사람이 토론을 주도하는 상황

학습동아리에서 토론을 지배하려는 참여자를 억제시키는 것은 학습동아리 지도자의 주요한 책무의 하나이다. 이러한 사람이 토론을 지배하는 것이 확실하면, 지도자는 중간에 개입해서 그들을 제지하여야 한다. 지도자는 그 사람에게 동아리 참여자 모두의 이야기를 듣고 싶다는 것을 알려 주어야 한다.

그리고 다른 사람들이 모두 이야기할 기회를 가진 후에 이야기할 것을 요청할 수 있어야 한다. 예를 들어서 다음과 같이 말할 수 있다. "우리는 당신으로부터 이야기를 들었습니다. 이제 다른 사람의 이야기를 들어보시죠." 만약 한 참여자가 주제를 이탈하여 길게 이야기하면 다음과 같이 제안한다. "우리는 주제를 벗어났습니다. 다른 사람에게 이야기할 기회를 주는 것이 좋겠습니다."

(3) 토론에 초점이 없고 이야기가 진전되지 않는 상황

학습동아리의 참여자들이 학습 주제에 가까이 머물러 있도록 돕는 것이 학습동아리 지도자의 임무이다. 학습동아리의 지도자는 주제와 밀접히 관련된 내용을 탐구하려는 참여자들에게 활동의 여지를 주어야 한다.

그러나 몇몇 참여자들이 토론을 새로운 방향으로 이끌어 가고 있다면, 나머지 사람들이 좌절하거나 분개하고 지루해하지 않도록 동아리 지도자는 다음과 같이 물음으로써 토론의 초점을 되돌려 놓아야 한다. "당신의 논점이 이것과 어떤 관련이 있습니까?" 또는 "그것도 흥미로운 지적입니다. 그러나 다시 핵심 문제로 돌아갔으면 합니다."

만약 대다수의 참여자들이 계획되었던 주제보다 다른 주제에 더 관심을 보인다면, 학습동아리 지도자는 그 문제에 민감하게 대처하고 구성원들의 목표를 다시 고려할 기회를 주기 위해서 그 문제를 학습동아리 전체의 관심사로 돌려야 한다.

(4) 어떤 사람이 잘못된 정보를 제시하거나 구성원들이 논쟁에서 막혀 있는 상황

학습동아리의 지도자는 이러한 상황에 "누구 상반되는 정보를 들은 적이 있습니까?"라고 물어보아야 한다. 아무도 정확한 정보를 제공하지 않는다면 학습동아리의 지도자가 정보를 제공하여야 한다. 그리고 아무도 사실을 알지 못하지만 그 점이 중요하지 않다면, 그것을 제쳐 놓아야 한다. 그러나 그 점이 토론에서 중요하게 되면, 구성원들이 다음 모임까지 정보를 찾아보도록 하여야 한다.

(5) 구성원 아무도 이야기하려 하지 않는 상황

학습동아리의 참여자들이 관심과 흥미가 부족하여 아무도 이야기하려 하지 않거나 소수만 참여하는 문제는 학습동아리에서 자주 일어나는 것이 아니다. 그러나 이런 상황은 학습동아리의 지도자가 너무 말을 많이 하거나 참여자들에게 질문을 한 후 대답할 여유를 주지 않을 때 일어날 수 있다. 사람들은 생각하고, 성찰하고, 이야기를 준비할 시간을 필요로 한다. 학습동아리 참여자 모두가 대답할 기회를 가지도록 하기 위해서, 지도자는 그들에게 질문을 하거나 학습동아리를 둘러보는 것도 좋을 수 있다.

(6) 학습동아리 내에 심각한 긴장이나 갈등이 발생한 상황

학습동아리의 지도자는 참여자들 간에 긴장이나 갈등이 발생한다면, 직접적으로 그것을 지적해 주어야 하다. 참여자 각자의 불일치와 갈등은 모든 학습동아리에서 있는 일임을 상기시켜 주면서 갈등이 생산적으로 되기 위해서는 토론

주제에 초점이 두어져야 함을 설명해 주어야 한다. 즉 누군가의 생각에 도전하는 것은 허용되지만, 인격에 도전하는 것은 허용되지 않는다는 것을 말해 주어야 한다.

학습동아리 지도자는 인신공격이나 비난 등을 가로막거나, 그런 일이 일어나지 않도록 저지해야 한다. 그런 행동은 허용되지 않고 모든 관점들에 관대해야 한다는 규칙을 미리 공유했다면, 학습동아리 구성원에게 호소하는 데 주저하지 말아야 한다. 학습동아리의 참여자들이 기본 규칙을 받아들였다면 학습동아리 지도자의 호소를 지지해 줄 것이다.

3.4. 토론을 잘하는 방법

(1) 잘 듣는다

토론을 잘하기 위해서는 우선 잘 들어야 한다. 토론은 '말하기'가 아니라 '듣기'라고 할 수 있다. 상대의 주장을 들음으로써 다른 사람의 생각과 감정을 만나고, 그들과 부딪치며 관계를 만들어 나간다. 이를 통해 한 단계 더 발전한 모습으로 나아가는 것이 토론의 목적이다.

다른 사람의 의견을 들으며 자신의 생각과 어떤 차이가 있고, 무엇이 같으며, 어떻게 연관이 되는지, 그리고 어떻게 하면 한 단계 발전한 인식을 만들 것인지 항상 염두에 두어야 한다. 다른 사람의 의견을 어떻게 듣느냐가 의사소통의 질을 결정한다.

상대의 의견을 잘 듣기 위해서는 상대의 주장을 적으면서 듣고, 상대를 쳐다 보면서 주장을 들으면 상대방의 말을 잘 들을 수 있다. 그러다 보면 토론자의 논리에서 무엇이 창조적이고 허점인지를 파악할 수 있게 된다.

(2) 말을 잘한다

토론을 잘하기 위해서는 말을 잘하여야 한다. 상대의 주장에 대해 말을 잘한다는 것은 말하고자 하는 핵심을 간추려 요약해서 말하며, 상대를 설득할 수 있어야 한다는 것이다. '내 말의 요지는, 예를 들어, 왜냐하면, 그래서' 등의 표현을 사용하여 요약해서 말할 수 있도록 훈련하여야 한다. 그리고 토론에서는 말하고자 하는 내용과 결론이 분명할수록 듣는 사람에게 설득력을 가질 수 있다.

(3) 거리두기를 한다

거리두기는 자신과 상대방을 객관화시켜 볼 수 있는 조건을 만들고 서로를 자율적인 존재로 존중한다는 의미이다. 토론에서 사용하는 몇 가지 거리두기를 알아보자. 좌석의 배치가 좋은 예이다. 좌석이 너무 가까이 너무 멀리 있어도 의사소통에 장애가 된다. 적당한 거리의 좌석배치와 공간배치가 중요하다.

그리고 다른 사람의 말이 끝나기가 무섭게 말을 하지 말고, 한 템포를 쉬고 말을 하도록 한다. 그렇게 함으로써 끝까지 듣고 생각하며 준비할 수 있다. 이외에 발언순서나 발언시간을 바꿔보거나 대등한 관계를 분명히 하는 정확한 호칭을 사용함으로써 토론의 분위기를 달라지게 할 수도 있다.

(4) 질문과 답변

질문과 답변을 잘함으로써 토론을 잘할 수 있다. 어떤 질문을 하고, 어떤 방식으로 질문을 던지느냐에 따라 토론이 매우 원활하고 의미 있게 진행되기도 하고, 그 반대로 토론이 맥을 못 잡고 중구난방으로 진행될 수도 있다. 준비된 질문과 준비된 답변은 토론을 원활 하게 이끌어 준다.

(5) 기타

토론의 전문가들은 이 외에 충분한 자료와 예시의 준비, 사용하는 단어의 명확한 정의, 감정의 통제, 易地思之(역지사지), 목소리의 연출, 순간적인 재치와 순발력, 충분한 연습, 폭넓은 상식 등을 들고 있다.

4. 학습토론 참여자의 역할

4.1. 학습동아리 참여자의 역할

학습동아리에 참석한 참여자들은 자신의 역할을 이해하고 있어야 한다. 다음의 방법들은 참여자들이 학습동아리에서 그들의 역할이 무엇인가를 알려 주면서 그것을 활용할 수 있는 길을 제시하고 있다.

(1) 다른 사람들의 말을 경청한다

다른 사람의 말을 적극적이고 주의 깊게 들어야 한다. 이는 지금 이야기하고 있는 내용을 다른 참여자가 듣고 있다는 확신이 들게 해 줄 것이다. 또한 다른 사람의 말에서 그 사람의 가치관과 문제에 대한 관심이 어떤 것인지를 이해하려고 노력해야 한다.

(2) 항상 개방적인 자세를 취한다

개방적인 자세를 취한다. 이를 위해 열린 마음을 유지하여야 한다. 단지 자신의 입장만을 고수하는 것은 당신이나 학습동아리 전체가 발전하는 데 도움을 주지 못할 것이다. 당신이 이전에 말한 내용에 지나치게 집착할 필요는 없다. 이전에는 받아들이지 않았거나 생각하지 않았던 아이디어를 자유롭게 생각해 보는 것이 좋다.

(3) 자신의 생각에 동의하지 않는 사람의 입장을 이해하려고 노력한다

반대의 관점을 이해하는 것은 그것을 받아들이거나 동의하는 것이 아니다. 사실, 그것은 종종 당신 자신의 관점을 더 잘 지지하도록 해 줄 수 있다. 다른 사람의 입장과 왜 그들이 그렇게 생각하고 있는지를 충분히 이해하여야 당신의 생각도 비로소 완전해질 수 있을 것이다.

(4) 토론이 일관성 있게 진행되도록 협조한다

토론이 궤도에서 벗어나지 않도록 주의해야 한다. 특히 당신의 발언이 토론 진행에 적절해야 한다. 이러한 일을 모두 리더에게만 맡기지 말고, 토론되고 있는 주요 문제에 대한 당신의 견해를 제시하도록 노력한다.

(5) 마음껏 이야기하되 토론을 독점하지 않는다

자유롭게 이야기해 본다. 그러나 토론을 지배하지는 말아야 한다. 만약 당신이 훌륭한 이야기꾼이라면 다른 사람에게 용기를 북돋아 주고, 당신이 조용한 사람이라면 더 많이 이야기하도록 노력해야 한다. 그리고 다른 사람들에게도 충분히 말할 수 있는 기회를 주어야 한다.

(6) 학습동아리의 리더가 아니라 다른 참여자들에게 말한다

다른 참여자에게 자유롭게 당신의 의견을 말한다. 특히 말을 한 번도 하지 않은 사람이나 당신이 생각하기에 특별한 안목을 가지고 있는 사람에게 말을 한다. 다른 사람의 말에 무엇인가 궁금한 것이 있다면 주저하지 말고 질문을 해 본다.

(7) 리더에게 당신의 필요를 말한다

리더는 토론을 인도하며, 중요한 아이디어를 요약하고, 불분명한 부분을 명확하게 정리할 책임이 있다. 그러나 리더라도 언제 이렇게 해야 할지를 잘 모를 수 있다. 누군가 말한 것을 충분히 이해하지 못했다면, 리더에게 도움을 요청한다.

(8) 당신의 경험과 의견은 값진 것이다

말해야 한다는 압박감을 가질 필요는 없다. 그러나 말하지 않는 것은 다른 사람들이 당신의 지혜를 알 수 있는 기회를 빼앗는 것이란 점을 기억해야 한다.

(9) 의견의 불일치를 두려워하지 않는다

의견의 차이는 모임을 더욱 활발하게 해 준다. 당신이 동의하지 않는 의견에 대해서는 문제의 제기를 주저할 필요가 없다. 그러나 문제의 제기는 의견에 대한 반대이어야 하지, 인격적인 것이어서는 안 된다. 또 다른 사람이 당신의 의견에 문제를 제기할 때 개인에 대한 공격이라고 받아들이지 말아야 한다.

(10) 기타

학습동아리 참여자의 또 다른 역할이 있을 수 있다. 그것은 학습동아리의 참여자로서 당신이 토론에 참여하는 것뿐만 아니라 학습동아리에 기여하는 것이다. 이를 위해 학습동아리의 참여자는 아래와 같은 일을 할 수 있을 것이다.

- 추가 자료를 찾아본다.
- 특별한 이슈를 조사한다.
- 강사나 그룹 방문을 준비한다.
- 차례로 학습동아리 리더의 역할을 맡는다.

4.2. 토론자로서의 역할

토론자로서의 참여자는 토론의 목적에 적합한지를 평가하여 토론의 목적과 토론의 주제에 맞는 토론을 준비하여야 한다. 토론의 주제가 선정되면 그것과 관련된 다음의 자료나 정보를 충분히 탐색하고 수집하여야 한다.

- 주제와 연관 있는 문제와 의견들
- 주제와 관련된 반대 의견들
- 자신의 주장을 뒷받침할 수 있는 실제 사례
- 주제와 관련된 최신 통계자료, 전망, 여론조사 결과 등

토론의 주제가 선정되고 관련 자료가 수집되면, 토론의 개요를 작성하여야 한다. 토론의 개요는 관련 정보와 아이디어 등을 체계적으로 정리하여 논리적 순서로 배열하여 다음과 같이 작성한다.

- 서론 : 문제의 직접 원인, 문제의 배경, 용어의 정의 기록
- 본론 : 논점이 되는 내용별로 주장과 증거를 배열(증거의 출처를 밝히고, 논박은 마지막에 기록)

－결론 : 토론의 주요 문제와 이에 대한 자신의 주장 요약

토론이 진행되면 토론자는 상대의 주장을 적극적으로 경청하며 그것에 대하여 설득과 비판을 한다. 사회자의 진행멘트와 질문, 상대방의 토론내용 등에 대한 적극적 경청의 자세가 필요하다. 경청의 포인트는 다음과 같다.

경청의 포인트
– 발언자에 앞질러 이야기의 방향이나 결론을 짐작해 본다. – 발언자가 논점을 보강하기 위해 인용한 실례를 평가한다. – 때때로 현재까지의 이야기 내용을 뒤돌아본다. – 언어로 표현되지 않은 의미를 찾아 감추어진 내용이 없는가를 탐색한다.

그리고 자신의 주장과 그 주장을 뒷받침할 근거를 제시하여 주장을 논리적으로 증명하는 논증을 통해 상대방을 설득하고, 상대방 주장의 오류나 부정확성을 증명하는 반박을 통해 상대방 주장을 비판한다. 상대를 설득하는 방법으로 다음의 여러 가지가 있다.

설득의 방법
– 반대하는 이유 · 이치를 따져서 호소하는 방법 – 여러 사실이나 의견을 제시하며 호소하는 방법 – 원칙이 아니라 구체적인 실례를 들어 호소하는 방법 – 권위자의 말이나 공신력 있는 증거를 인용하여 호소하는 방법 – 일반적 경향이나 여론의 방향을 구실로 삼아 호소하는 방법 – 감성적 설득은 반복함으로써 호소하는 방법 – 상대방의 욕구에 호소하는 방법 – 거듭 칭찬을 하는 등 상대방의 마음을 부드럽게 해 주면서 호소하는 방법 – 상대방의 인정이나 인격에 호소하는 방법 – 발표자의 인격으로 호소하는 방법

토론자의 발언이 끝나면, 토론자는 자신의 의견을 조정하거나 대안을 모색하며, 최종 마무리 발언을 하도록 한다.

의견의 조정은 자신의 의견과 상대방의 의견을 비교·분석하고 이를 종합하여 조정안(초기 의견에 대한 수정안)을 구상한다.

그리고 대안의 모색은 다음의 과정 — 교차조정의 과정(토론자가 구성한 조정안에 기초하여 토론자 상호 간 교차토론을 통해 의견을 조정해 가는 과정)이나 대안제시의 과정(조정안에 대한 토론자들의 최종 의사표시 과정으로 최종 결정안을 위한 대안들을 제시하는 과정) — 을 거치게 된다.

의견의 조정이나 대안의 모색이 이루어지면 마무리 발언을 하게 된다. 최종 마무리 발언은 토론의 의미와 중요성, 개인소감, 향후과제, 당부의 말, 감사인사 등을 핵심적이고 간결하게 전달하도록 하여야 한다.

4.3. 사회자로서의 역할

사회자로서의 참여자는 토론을 진행하기 전의 준비사항으로 먼저 토론의 주제와 목적을 결정하여야 한다. 학습동아리에서 토론할 가치가 있는 논제(의제)를 선정하고, 토론할 목적(문제인식, 쟁점분석, 대안모색, 성과평가)과 범위를 구체적으로 한정하여야 한다.

그 다음에는 이를 토대로 토론의 시나리오를 작성하며, 토론자를 선정하며, 토론자료를 발제자로부터 취합한 후 배포하며, 토론방식과 좌석배치 등을 결정한다. 그리고 토론의 진행 단계별 사회자의 역할을 보면 <표 3-7>과 같다.

〈표 3-7〉 토론의 진행단계별 사회자의 역할

진행단계	사회자의 역할
도입단계	토론의 주제와 목적 설명 토론의 진행절차와 규칙 안내 토론자의 소개
중간단계	쟁점도출: 사회자의 직접 간접질문을 통해 쟁점도출 유도 쟁점제시: 도출된 쟁점 중 핵심쟁점을 선정 제시하고 본격적 토론진행 논쟁정리: 쟁점별 논리를 요약정리
종결단계	논의압축: 쟁점의 압축과 대안모색 결론제시: 토론의 전반적 성과 제시

이처럼, 토론에서 사회자의 역할은 성공적 토론과 회의를 위해서 대단히 중요하다. 사회자가 회의를 어떻게 진행하느냐에 따라 토론에 걸리는 시간, 토론내용과 방식 등도 달라진다. 토론 진행을 잘하기 위해서는 토론사전 준비와 점검, 계속적인 자기훈련 과정을 통해서 사회자로서의 역할을 발전시켜 나가야 할 것이다.

사회자가 회의를 어떻게 진행하느냐에 따라 토론에 걸리는 시간, 토론내용과 방식 등도 달라진다. 토론의 진행을 잘하기 위해서는 사전준비와 점검, 지속적인 자기훈련 과정을 통해서 사회자로서의 역할을 발전시켜 나갈 수 있다. 사회자의 역할은 다음과 같다.

사회자의 역할
– 토론내용에 대해 충분히 이해하고 있어야 한다. – 모두가 평등하게 토론에 참여할 수 있도록 진행한다. – 토론자들의 의견을 모아 실천적 방향으로 정리한다. – 반대 의견을 받아들이는 포용력을 가져야 한다. – 발언시간을 넘어 발언하는 토론자는 정중하고 냉정하게 제지해야 한다. – 질문을 하나씩 받아 답변하지 말고, 질문을 모두 받고 답변을 한다.

5. 토론의 실제

5.1. 토론의 진행순서

문제해결을 위한 토론의 일반적인 진행순서는 문제파악－원인규명(목표달성) 대책수립－실행계획의 수립 등이다. 문제파악에서는 무엇이 문제인지를 파악하고, 그것이 원인규명형의 문제인지 아니면 목표달성형의 문제인지를 밝혀야 한다. 그것이 원인규명의 문제이면 문제의 정확한 원인이 무엇인지를 그리고 목표달성의 문제이면 달성하려는 목표는 무엇이며 그것이 왜 필요한가를 규명하여야 한다.

다음에는 대책을 수립하여야 한다. 참된 원인과 중요한 원인을 해소할 대책을 수립하고, 목표달성에서 기대되는 결과를 얻기 위한 대책을 수립하여야 한다. 대책이 수립되면 그것을 실행하기 위한 계획을 수립한다. 구체적이고 실행이 가능한 계획을 수립하여야 하며, 누가 언제 어디서 무엇을 어떻게 어느 정도로 실시할지를 결정하여야 한다. 끝으로 이와 함께 대책계획을 실행에 옮겼을 때, 예상되는 문제점과 그것에 대한 대책을 수립하여야 한다.

5.2 토론의 진행방법과 의사진행

(1) 토론의 진행방법(의장)

① 정각이 되면 개회를 선언한다.

② 회의가 순조롭게 진행될 수 있도록 참석자들에게 협조를 구하고 기록자(書記)를 지명하는 등 의장이 인사를 한다.

③ 정족수를 확인하여 토론진행 및 유회를 결정한다.

④ 전회(前回)의 의사록을 확인하여 전회에 어떤 결정을 하였으며 어떻게 진행되고 있는지 확인한다.

⑤ 토론의 의제·목적을 설명하고 토론에 들어간다.

–의제는 한 가지씩 정확히 제안

–참석자들에 대한 발언권 허가

–참석자들이 다른 사람의 발언을 잘 경청하도록 유도

–소수의견도 존중한다.

–시간 초과 이유로 의견이 끝나지 않은 사안을 채결해선 안 된다.

–의사결정사안이 실행되고 있는지 확인

⑥ 중간에 토론내용을 정리하여 토론방향이 바뀌지 않도록 한다.

⑦ 종료시간이 되면 참석자들의 협력에 감사하는 인사말과 함께 폐회를 선언한다.

(2) 의사의 진행방법(의장)

① 의제를 소개하여 토론목적과 순서를 정한 후 첫 의제를 도입한다.

② 참석자들의 지식 · 경험에 근거한 의견을 도출 · 교환시키고 필요에 따라 질문할 기회를 조성한다.

③ 참석자들로부터 충분한 의견이 나온 경우, 제출된 의견을 참석자에게 비교 · 검토시켜서 그에 대한 이해와 영향을 생각하게 한 후 정리하고 필요의견을

선별하여 전원의 의사를 결론으로 유도한다.

④ 토론의 목적에 맞게 제출된 결론과 의견을 재검토하여 참석자 전원에게 다시 한 번 동의를 구한다.

⑤ 결론을 실행하기 위해서는 어떻게 해야 할지를 결정하며, 만일 미해결 부분이 있다면 향후 어떻게 취급해야 할지를 결정한다.

5.3. 적극적인 경청

토론에서는 경청, 즉 적극적인 경청이 중요하다. 적극적 경청은 가장 중요하면서 가장 기본적인 비언어적 의사소통 기술이다. 적극적인 경청은 다른 사람이 말하고 있는 내용을 완전히 이해하고자 하는 의도를 가지고 듣는 행위라 할 수 있다. 듣는 사람은 말하는 사람의 언어적, 비언어적 메시지 모두에 집중해야 한다. 적극적인 청취자는 말하는 사람이 전달하는 말과 다른 메시지 모두에 집중함으로써 산만함과 다른 생각을 떨쳐 버려야 한다.

적극적인 경청은 신뢰를 형성하고, 개방성을 증진시키고, 협동성을 기르며, 창의성을 고양시켜 주는 강력한 기술이다. 적극적으로 경청하는 리더는 자신이 가진 단점의 상당 부분을 극복할 수 있지만, 주의 깊게 듣지 않으면 다른 촉진 기술을 활용할 수 없다. 리더로서 내려야 할 많은 결정들은 적극적인 경청 능력에 달려 있다. 이는 또한 구성원들끼리 서로서로 경청하는 데 격려가 되기도 한다.

토론에서 경청은 상대방에 대한 존중의 표시이며, 기본적인 예의이다. 토론의 시작과 동시에 사회자의 발언을 경청하여 토론의 목적과 진행방식을 파악해야 하며, 토론의 진행과정에서 상대방의 의견을 효과적으로 비판하기 위해 상대방

발언의 핵심내용에 대한 경청이 필요하다. 적극적인 경청을 위한 포인트는 다음과 같다.

(1) 사회자의 발언을 경청한다

사회자의 토론 시작멘트(토론의 배경, 목적, 진행방식 등)를 잘 듣고 사회자의 질문에 대한 대응방안을 수립하여야 한다. 예를 들어, 사회자의 질문이 무엇(what)에 관한 것이면, 이는 개념의 규정과 관련된 질문으로 토론자 자신의 관점에서 논제의 의미를 정의하여야 한다(<표 3-8> 참조).

〈표 3-8〉 사회자의 질문유형별 대응방안

질문의 유형	질문의 의미	대응방안
무엇(what)	개념의 규정과 관련된 질문	토론자 자신의 관점에서 논제의 의미정의
왜(why)	원인의 규정과 관련된 질문	논제의 이유나 원인을 확인
어떻게(how)	문제의 접근방법과 관련된 질문	문제의 접근방법에 대한 설명
어느 것(which)	가치의 판단과 관련된 질문	선택의 기준에 따라 대안의 선택

(2) 상대방의 발언을 경청한다

상대방의 발언을 경청하는 방법으로 여러 가지가 있을 수 있다. 먼저, 상대방의 발언에 앞질러 이야기의 방향이나 논점 또는 결론 등을 짐작하는 미리 생각하기, 상대방의 설명에 대한 타당성이나 정확성 여부에 대하여 평가를 하며 듣기, 상대방이 다음 논점으로 옮겨가지 전에 논점과 발언 내용을 음미하기, 발언 이외의 표현으로 파악된 발언의 동기 · 의도 파악하기 등이 있다.

(3) 두 가지 수준을 경청한다

발언의 내용과 그 이면의 감정과 요구, 발언 내용의 관점과 태도 등 모두를 이해하고자 노력하여야 한다. 누군가가 말할 때면, 비언어적 메시지와 언어적 메시지 모두를 경청해야 한다. 눈에 보이는 비언어적 의사소통에는 화자의 얼굴 표현이나, 몸짓, 시선이 있다. 들을 수 있는 비언어적 의사소통에는 화자의 목소리의 톤, 말하는 속도, 목소리에 담긴 감정, 어휘의 사용, 얼굴표정, 몸짓, 단어의 조심성 등이 있다.

(4) 판단이 아닌 이해를 하도록 노력한다

경청을 할 때는 말하는 사람을 판단하지 않아야 한다. 언어적·비언어적 전체 메시지를 듣기만 하여야 한다. 제시된 사실들을 고찰하고, 중요한 요점을 파악하고, 이해하고자 노력하기 위해 경청하되, 말하는 사람이 옳은지 그른지, 정확한지 혹은 엉뚱하게 말하고 있는지 판단하려고 하지 않아야 한다. 판단하지 않음으로써, 모든 사람의 아이디어가 지닌 장점에 대해 숙고할 수 있다.

(5) 경청하는 모습을 보인다

온몸으로 진정 다른 사람의 말을 경청하고자 하여야 한다. 유능한 청취자는 다음과 같은 태도를 보인다.

－좋은 시선
－종종 머리를 끄덕이기
－진행을 돕는 개입("계속해요", "오", "네네", "음")

– 끼어들지 않기

– 메모하기

– 산만한 행동은 삼가기

– 얼굴표정(개방적이고, 흥미 있는 표정)

(6) 메시지에 집중한다

청취자는 말하는 사람보다 매우 빨리 생각하게 된다. 경청은 천천히 사고하고 화자가 말하는 단어 사이의 시간 동안 다른 생각을 하지 않을 것을 요구한다. 말하는 사람의 메시지를 놓치지 않고 잡념을 떨치는 데 유용한 몇 가지 방법이 다음에 제시되어 있다. 이 모든 방법은 한 번에 사용해야 하는 것은 아니지만, 제시된 방법들은 당신이 집중하여 경청하는 데 도움이 될 것이다.

메시지에 집중하는 방법
– 내가 말할 내용에 신경 쓰지 않고, 화자가 말하는 내용에 대해서 생각한다. – 주기적으로 되짚어 보고 말하는 사람의 요점을 정리한다. – 화자가 말한 내용을 혼자 반복하여, 말한 사람의 메시지를 기억하도록 한다. – 행간을 파악하라. 화자의 말 이면에 있는 느낌(열정, 지루함, 분노, 좌절)은 무엇인가. – 화자가 언급하지는 않았으나 그가 느꼈을 감정과 생각에 대한 단서를 찾도록 하라. – 듣는 동안에 언급된 사실들을 통해 무슨 말인지를 이해한다. – 사실 자체에 집착하지 않고, 그 이면에 감추어진 생각이나 메시지를 이해한다. – 화자가 말한 것은 아닐지라도 다음 단계로 나아가는 데 도움이 될 만한 내용을 생각한다.

(7) 話者에게 주의를 집중한다

메시지를 이해하는 것뿐만 아니라 사람을 이해하고자 하여야 한다. 말을 통해서 그 사람에 대해서 무엇을 알 수 있는가? 말하는 사람과의 감정이입을 위한 노력을 하여야 한다. 심지어 당신이 같은 상황을 한 번도 경험해 보지 못하였다 하더라도, 당신이 이전에 경험한 감정들을 상기하려고 하여야 한다.

이야기되는 아이디어와 당신이 무관할지라도, 그 이면에 숨겨진 열정과 희망과 당신은 관련이 있을 수 있다. 말하는 내용과 더불어 말하는 사람(감정, 경험, 태도, 동기)을 함께 들음으로써, 당신은 두 가지 수준에서 경청하고 있는 중이며, 메시지를 전체적으로 받아들이는 것이다.

(8) 기타 경청의 기술

기타 경청의 기술로서 시선관리, 표정관리, 동작관리, 메모하기 등이 있다. 시선은 상대방에 대한 관심의 표현으로 상대방의 눈 또는 아랫부분을 바라보며, 표정은 감정의 노출이 없는 편안하게 지으며, 동작은 불필요하거나 지나치지 않도록 하며, 토론 중 핵심적인 내용은 간단하게 메모하는 것 등이 좋은 경청의 기술이다.

5.4. 비언어적 의사소통의 기술

학습동아리의 운영에서 의사소통은 중요하다. 의사소통과 관련하여 착각하고 있는 사실이 있다. 말하는 사람은 상대방이 자신의 말을 완벽하게 이해할 것이라는 것이다. 그것은 리더와 참여자 모두가 같은 종류, 같은 나라, 같은 조직 속에서 생활하고 있기 때문이다.

하지만, 사람은 저마다 다르다. 지문, 목소리의 패턴, 생김새, 성격 등에서 서로 차이가 나기 마련이다. 게다가 의사소통은 언어만으로 메시지를 완벽하게 전달할 수 없다. <표 3-9>를 보면, 언어적 기술보다는 비언어적 기술에 능통하여야 함을 알 수 있다. 특히 리더는 말보다 효과적인 의사소통에 정통해야 함을 알 수 있다.

〈표 3-9〉 의사소통의 구성요소

구성요소	구성 비율
말	7%
표정	23%
목소리 톤	20%
신체 언어	50%

효과적인 의사소통은 먼저 듣기에서 시작하여 말하기, 보기, 만지기 등으로 이어진다. 내가 말하기 전에 먼저 상대방의 이야기를 듣는다는 것은 그를 인정하는 것이 된다. 리더가 참여자들을 인정하는 것은 효과적인 의사소통의 강력한 수단의 하나이다.

참여자들을 인정하기 위해서는 그들의 필요와 욕구, 생각, 의견, 꿈(이상) 등에 귀를 기울여야 한다. 마치 리더가 다른 나라를 여행하듯이, 참여자들의 언어를 통해 의사소통을 하여야 한다. 그들의 언어에 정통하면 정통할수록 그들의 관심과 전통에 익숙하게 되어 의사소통이 원활해진다.

상대방에 대한 최고의 칭찬은 그 사람의 유일성을 인정해 주는 것이다. 그러면 그들은 리더의 생각, 의견, 필요와 욕구 등을 이해하여 당신의 언어로 말하게 되어 효과적인 의사소통이 이루어진다.

의사소통에서 상대방에 대한 인정은 매우 중요하다. 이 인정의 중요성을 이해하려면 서로서로가 긍정적 확인, 즉 수용과 존중의 주고받음이 먼저 이루어져야 한다. 현명한 리더는 긍정적 확인이 개인과 집단의 영혼을 살찌게 함을 알고 있다. 동아리 생활에서 긍정적 확인, 수용과 존중은 바로 인정 속에서 표현된다.

(1) 목소리

사람의 목소리는 고유한 특성을 가지고 있어 식별이 가능하다. 목소리는 톤과 음조(音調) 그리고 억양으로 만들어진다. 목소리 톤과 강세, 말하는 속도, 단어를 조합하는 방식에 있어 사람들은 각자의 고유한 목소리를 가지고 있다. 우리들이 말을 할 때, 저마다의 '톤'은 이미 정해져 있는 것이다.

이러한 톤은 대개 선택된 단어뿐만 아니라, 목소리의 크기와 속도에 영향을 받는다. 우리는 자신의 목소리가 집단 또는 다른 사람에게 미치는 효과에 대해서 생각하여야 한다. 당신의 목소리 톤은 집단의 분위기에 영향을 미친다. 다음의 방법으로 목소리의 톤을 조정할 수 있다.

① 톤

목소리의 톤은 음조(높낮이)와 함축적인 감정(열정, 슬픔, 지루함, 기대, 두려움)을 포함한다. 높은 음조는 대개 듣는 사람에게 긴장과 흥분을 유발하고, 낮은 음조는 사람들을 편안하고 침착하게 한다. 목소리의 음조를 활용하여 집단 내에 특정 분위기를 조성할 수 있다. 집단 내에 열정적인 분위기를 만들고 싶다면, 일어서거나 음조를 조금 고조시키면 된다.

③ 억양

억양은 목소리 톤의 변화이다. 억양의 변화가 없는 목소리는 단조로운 느낌을 준다. 억양에 변화를 줌으로써 문장이나 의미의 전달을 촉진할 수 있다. 억양은 우리가 전달하는 메시지의 일부가 된다는 점을 명심해야 한다. 목소리의 톤과 억양은 질문을 할 때 특히 중요하다.

③ 속도

말하는 속도 역시 집단에 영향을 끼친다. 말하는 속도가 너무 빨라서도 안 되며, 너무 느려서도 안 된다. 상황에 맞게 말하는 속도를 조절하여야 한다. 유능한 리더는 많은 말을 하지 않으며 그리고 적정한 속도로 말을 한다. 예를 들어, 어려운 질문을 던져 놓고 사람들이 대답하기 전에 조용히 생각할 시간을 갖게 하려면, 천천히 낮은 목소리로 심각한 억양으로 말을 하는 것이 좋다.

(2) 시선

비언어적 기술 가운데 시선 또한 중요하다. 리더는 말하는 사람에게 시선을 고정시켜야 한다. 그러나 시선은 오직 말하는 사람의 눈만 주시하라는 뜻은 아니다. 시선은 말하는 사람의 얼굴을 향하며 때로는 눈을 깜빡이거나 말하는 사람의 얼굴 다른 곳을 볼 수도 있다.

시선을 불편해하는 사람에게는 다른 방법으로 관심을 보이고 있음을 표시하여야 한다. 말하는 사람이 당신과 눈을 맞추려고 하지 않는 경우에는, 그 사람의 감정과 문화적 규범을 잘 고려하여 이에 적합하게 접근하여야 한다. 말하는 사람을 향하되 눈을 맞추지는 말고, 조용히 집중하여 경청하여야 한다.

시선은 상대방의 말을 적극적으로 경청하고 있음을 나타낸다. 시선은 듣는 사람이 진정 관심을 보이고 있다는 것이며, 말하는 사람으로 하여금 보다 손쉽게 자신의 생각을 말로 표현할 수 있게 해 준다.

비언어적 기술로서 시선이 상대방의 말을 잘 경청하고 있음을 보여 주는 유일한 준거는 아니다. 말하는 사람의 생각을 기록하고, 요점을 정확하게 짚으며, 요약을 잘하는 것 등도 역시 경청하고 있음을 나타낸다. 그러나 시선이 중요한 것은 사실이므로, 말하는 사람에게 시선을 집중하여야 한다.

(3) 주의집중

리더가 적극적으로 경청하고 시선을 유지할 때가 주의를 집중한 상태이다. 주의집중은 핵심적인 경청 기술이다. 주의집중은 말하는 사람에게 모든 감각을 동원하여 경청하고 있음을 의미한다. 話者가 말하는 내용, 방법, 분위기, 언급되지 않은 내용, 방 안의 분위기, 다른 사람들의 반응 등에 주의를 집중하여야 한다.

(4) 얼굴 표정

얼굴의 표정은 말을 듣는 사람의 반응이다. 화자의 말에 대하여 부정적인 평가를 하거나 인정하기 어려울 때, 눈썹을 찡그리는 것은 좋지 않다. 특히 리더의 얼굴표정은 집단에 영향을 미침을 알아야 한다.

리더는 다른 참여자들의 얼굴을 살피면서도, 자신의 얼굴표정에 신경을 쓰도록 하여야 한다. 리더는 자신이 의도한 분위기에 맞는 얼굴 표정을 짓도록 노력하여야 한다. 집단이 편안하면서도 개방적인 자세를 취하길 바란다면, 리더의 표정 역시 그렇게 보이도록 하는 것이 중요하다.

(5) 침묵

침묵도 말하는 방법의 하나이다. 말을 하여야 할 때도 있지만, 그렇지 않을 때도 있다. 말을 멈추어야 하거나 다른 사람에게 생각할 시간을 주고자 할 때는 침묵을 하여야 한다. 말하는 사람, 특히 유능한 리더는 언제・어떻게 침묵해야 하는지 잘 알아야만 한다.

예를 들어, 개방형의 질문을 하였다면 말을 하기에 앞서 얼마 동안은 기다려야 한다. 마음속으로 천천히 10을 셀 수도 있다. 이 순간이 말하는 사람에게는 매우 더디게 느껴지더라도, 듣는 사람에게는 매우 빠르게 느껴질 수 있다. 수 초간의 침묵이 듣는 사람으로 하여금 매우 진지하게 경청하도록 할 것이다.

침묵을 활용할 수 있어야 한다. 말을 마쳤을 때는 다른 질문으로 바로 넘어가기보다는 침묵하는 것이 좋다. 분위기를 살펴보아야 한다. 다른 사람이 말하기를 기다려야 한다. 때때로 침묵은 필요하다. 최대한 정중하게 "다른 분은……?" 하며 의견을 촉진하고 침묵을 지켜야 한다.

(6) 몸짓

몸짓은 몸이 말하는 메시지이다. 말하는 사람의 몸짓이나 몸동작은 메시지의 전달에 영향을 미친다. 다른 사람이 말을 하고 있을 때는 편안한 동작으로 앉아 있는 것이 좋다. 말하는 사람의 메시지를 지지할 때는 몸을 움직이거나 팔과 머리를 사용하는 것이 도움이 된다. 팔짱을 끼고 서 있는 것은 바람직하지 않다.

이는 폐쇄적이며 방어적인 이미지를 준다.

가장 편안하고 개방적인 자세는 팔을 양쪽으로 자연스럽게 늘어뜨리는 것이다. 리더는 자신의 몸짓이 학습동아리 활동에 영향을 끼칠 수 있음을 알아야 한다. 참여자들의 몸짓과 동작을 관찰함으로써, 그들의 산만한 몸짓을 최소화하면서 그들에게 관심이 있다는 것을 보여 줄 수 있는 개방적이고 신뢰감 있는 몸짓을 개발하도록 하여야 한다.

(7) 열의

집단에서 참여자들, 특히 리더의 열의(열정)는 중요하다. 그들이 신념과 열의를 보이고 있을 때, 집단은 활기가 있으며 모임의 진행이 잘된다. 리더는 열의를 가지고 기대, 신념, 그룹이 잘하고 있다는 확신 등의 긍정적인 감정들을 전달하는 것 역시 중요하다. 신념과 열의를 보이지 않으면 전체적으로 기가 죽거나 모임이 진행되지 않게 된다.

때때로 집단은 시간이 많이 소요되거나, 즉각적으로 보답을 받을 수 없는 어려운 작업을 하기도 한다. 이때 모임이 올바른 방향으로 가고 있으며, 지금 겪는 문제들은 자연스러운 것이며, 점차 나아지고 있다는 점을 다시 한 번 확인시켜 주어야 한다. 이때 리더의 열의는 중요하다. 리더가 진정한 열의와 감정을 가지고 말을 하면, 모임 전체가 고무될 것이다.

유능한 리더들은 하나같이 자기 일에 대하여 용암처럼 솟구치는 열정을 가지고 있다. 이 열정은 한자로 쓰면 '뜨거운 정신'이다. 어떤 일에 대한 불같은 헌신과 마음이 열의이고 열정이다. 이것은 가슴 깊은 속에 새겨져 있는 분명한 목적의식에서 생겨난다. 목적의식이 분명한 사람은 자신이 가진 열정과 재능의

150%를 쏟아낸다고 한다.

5.5. 설득 및 비판의 기술

토론은 자기의 주장을 논리적으로 증명해 가는 과정이며, 토론에서 이기려면 논리적 증명을 통한 설득과 동시에 상대방 주장의 논리적 허점을 찾아내 비판할 수 있는 능력이 요구된다. 토론의 과정에서 설득과 비판은 <그림 3-2>에서처럼 논의의 3요소인 주장, 증거, 논거로 이루어진다.

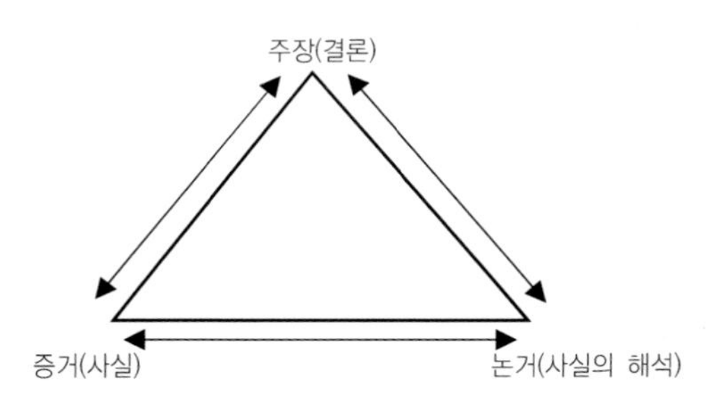

〈그림 3-2〉 논의의 3요소

(1) 설득의 기술

토론에서 상대방을 설득시키려면 자신의 주장을 뒷받침하는 다양한 증거와 이에 대한 합리적인 논거제시를 통한 논리적 증명, 즉 논증이 이루어져야 한다. 설득, 즉 논증의 테크닉으로 연역법, 귀납법, 관계분석 등이 있다. 연역법은 원칙을 전제로 하여 논증하는 방법이다. 모든 사람은 죽기 때문에(대전제), 누구도 죽고(소전제) 누구도 죽는다(결론)는 것이다.

대전제 : 모든 사람은 죽는다.
소전제 : ○○○는 죽는다.
결　론 : ○○○도 죽는다.

귀납법은 구체적인 사실들로부터 일반적이고 보편적인 원리를 이끌어 내는 논증방식으로 연역법과는 반대의 경우이다. 누구도 죽고(사실 1) 누구도 죽기 때문에(사실 2) 모두가 죽는다(주장 내지 결론)는 것이다. 그리고 관계분석은 2개 이상의 대상을 함께 논의할 경우 양자의 관계 — 인과관계, 상관관계, 유추관계 등 — 를 규명하여 논증하는 방식이다.

사실 1 : ○○○는 죽는다.
사실 2 : ○○○도 죽는다.
결　론 : 모든 사람은 죽는다.

(2) 비판의 기술

상대방 주장의 오류나 부정확성을 증명하는 반박을 통해 상대방의 주장을 약화시키는 비판의 기술이 필요하다. 이 경우에는 상대방 논의의 주요 요소인 상대방의 주장, 증거, 논거 등을 대상으로 하여 논박을 전개하게 된다. 상대방의 주장(결론)을 공격할 때는 상대방과 대립되는 결론 채택 시의 장점을 강조하여, 상대방이 논점으로 다루지 않은 것을 논점으로 삼는다.

증거(사실)를 공격할 때는 그 사실이 과학적이며 객관적으로 인정된 것인지 그리고 그 사실은 주장을 이끌어 내기 위한 정당한 증거가 될 수 있는지, 그 사실의 조사방법은 적정한지 등을 다룬다. 논거(사실의 해석)를 공격할 때는 사실에 대한 해석이 올바른 것인지, 사실에 대해 별도의 해석이 성립되는지, 사실이 결론을 이끌어 내기에 충분한 내용을 가지고 있는지 등을 다룬다.

제 4 장 학습회의

1. 회의의 개념
2. 회의의 원칙
3. 의사진행
4. 의사진행의 방법
5. 성공적인 회의문화

1. 회의의 개념

1.1. 회의의 의미

회의란 동일한 목적을 가진 사람들이 한자리에 모여 서로 의견과 정보를 교환함으로써 목적 달성을 위한 최선의 결론을 이끌어 내는 민주적 과정이다. 회의는 조직의 리더가 계획을 세우거나 지시를 충실히 이해・주지시키거나 통제해야 할 경우에, 그리고 특정한 문제에 대해 관계자 간에 조정을 할 경우, 관리기능의 모든 국면에서 전원의 의견을 통합하고 결론에 도달하는 데 있어 가장 효과적인 수단이 된다.

회의는 단순히 의사소통의 자리일 뿐 아니라 참석 구성원이 각각의 의견을 발표하는 과정에서 새로운 생각이나 결론을 만들어 내게 하는 힘을 발휘하도록 촉구하는 자리이며, 참석 구성원의 감정이나 심리적 태도를 교환하는 자리 또는 정신적 대립을 해소시키는 자리가 되기도 한다. 이러한 회의를 통하여 얻을 수 있는 효과는 다음과 같다.

- 정보나 지시를 철저하게 이해시킬 수 있다.
- 의견의 교환능력을 통하여 집단의 지식이나 경험을 통합할 수가 있다.
- 실행의욕이 높아진다.
- 많은 사람의 지식이나 경험에서 나온 의견에 따라 좋은 계획수립과 문제해결을 기할 수 있다.
- 많은 사람을 참여시킴으로써 사기를 높이고 귀속의식을 강화할 수 있다.
- 자기계발, 상호계발의 기회가 된다.

1.2. 회의의 규칙

일반적으로 회의규칙이라 함은 조직에서 의사결정을 하는 방법과 절차에 관한 규정을 의미한다. 다시 말하면, 회의규칙이란 회의에서 적용하고 따라야 될 제반 원칙과 방침을 말한다. 조직의 규모에 관계없이 회의규칙을 통하여 의사결정이 이루어진다.

회의가 능률적이고 원활하게 진행되기 위해서는 회의규칙과 절차 그리고 회의 예절이 지켜져야만 한다. 모든 회의 참석자는 회의에 참여하기 전에 이를 위한 사전 준비에 만전을 기해야만 한다. 이러한 기본적 구성요건을 제대로 갖추었을 때에만 회의는 다양한 의견들이 창출되고 참여자들은 바라는 바의 목적을 달성할 수 있게 될 것이다.

이러한 회의규칙의 올바른 정립과 반복훈련을 통하여 회의규칙이 정착될 수 있도록 하는 것은 조직운영에 있어서 필수적이다. 특히 조직의 임원은 회의규칙에 의거하여 회의진행을 함으로써 민주적인 의사결정과 효율적인 회의진행이 이루어질 수 있도록 노력하여야 한다.

회의규칙을 준수함으로써 얻을 수 있는 장점은 다음과 같다.

- 정보와 지식(토론을 통해 폭넓은 정보와 지식을 얻음)
- 표현력(제한된 시간에 자기의 생각을 남에게 이해시키고 설득시킬 수 있는 능력의 훈련)
- 판단력(찬・반토론 및 표결에서의 결과에 따라 보편적 판단력에 대한 다각적 훈련이 가능)
- 결단력(표결의 과정에서 재빠른 결정으로 어느 쪽이든 참여해야 함으로 인

한 결단력 훈련)

－사업추진력(다양한 의안의 심의를 통해 일을 추진에 따른 세부업무의 준비가 가능)

－회의진행의 훈련(다양한 의견을 빠른 시간 내에 하나의 방향으로 결론짓는 기술습득)

1.3. 회의의 3요소

(1) 의제

의제는 회의의 주요한 구성요소이다. 의제는 어떠한 것이어야 하는가? 회의의 의제에 적합하기 위해서는 다음의 물음에 답을 할 수 있어야 한다. 그러나 리더는 아직 상황이 충분히 무르익지 않는 의제, 문제의식·목표가 공유되어 있지 않은 의제는 시기를 기다려야 한다는 것을 잊어서는 안 된다.

－회의에 반드시 상정해야 될 성질의 것인가?

－회의에 내걸기에 적합한 것인가?

－회의에 상정할 만한 이유를 가지고 있는가?

－문제의 해결에 기여할 수 있는 의제인가?

(2) 구성원

구성원은 회의에 참석하는 사람으로서 회의의 주요한 구성요소이다. 회의의 구성원은 다음에 해당하는 사람이어야 한다.

－의제에 관하여 직접적인 권한・책임을 가지고 있는 사람

－의제에 관하여 관련된 지식・경험을 가지고 있는 사람

－의제의 결과에 관하여 실시와 관계가 있는 사람

－의제에 흥미와 관심을 갖고 있는 사람

(3) 회의의 리더

회의 리더는 회의를 이끌어 가는 사회자이자 의장이다. 회의의 리더가 어떠한 역할을 하느냐에 따라 회의의 결과는 달라진다. 회의 리더는 다음의 역할을 할 수 있는 사람이어야 한다. 회의 리더의 임무와 자질은 <표 4－1>과 같다.

－리더는 제시된 의제에 대해 식견을 가지고 회의에 임해야 한다.

－리더는 참가자의 생각을 존중하고 신뢰감을 존중한다.

－리더는 참여와 이해의 분위기를 조성한다.

－리더는 질문에 의하여 전원에게 동기부여나 격려를 한다.

－리더는 결론을 정리하고 결정하는 역할을 한다.

〈표 4－1〉 회의 리더의 임무와 자질

리더의 임무	리더의 자질
－ 참가자 전원에게 골고루 발언의 기회를 준다. － 발언의 질을 향상시켜 토의를 원활하게 이끈다. － 토의가 의제에서 이탈되지 않게 항상 유의한다. － 토론은 되도록 구체적이며 실제적인 것으로 한다. － 적당한 중간요약을 실시한다. － 의제에 충실한 토의가 진행되도록 한다. － 최종의 결론을 명확히 한다.	－ Head(지혜)　－ Hand(기능) － Heart(태도)　－ Health(건강) － Honor(명예)　－ Humor(유머) － Humanity(인간성) － Humbleness(겸손)

2. 회의의 원칙

2.1. 회의의 용어와 권리

(1) 회의의 용어

- 개회(회의의 시작)
- 폐회(회의의 종료)
- 휴게(회의 도중 잠깐 쉬는 것)
- 정회(휴게하기 위한 회의의 일시 정지)
- 속개(정회를 끝내고 다시 개의하는 것)
- 유회(회의가 공식적으로 성립하지 못하는 것)
- 동의(자기의 의견을 어떤 일정한 형식에 의거하여 회의에 제의하는 것)
- 재청(동의의 제안자 의외의 또 다른 찬성자)
- 부의(동의를 검토 · 수정 · 보완하여 의안으로 채택하는 것)
- 의안(회의에서 심의되어야 할 안건)
- 의사통칙(그때그때의 운영에 관해 의결로서 정해 놓은 회의 규칙)

(2) 회의 구성원의 권리

- 동의 제출권(동의를 제출할 수 있는 권리)
- 토론 발언권(안건에 대해 의견을 발언할 수 있는 권리)
- 결정 참여권(의사결정을 위한 표결에 참여할 수 있는 권리)

2.2. 회의에서 지켜야 할 원칙

(1) 발언자유의 원칙

회의의 구성원은 누구나 자유롭게 발언할 수 있다. 민주주의는 비판 토론 반대의 자유를 가지며, 발언의 횟수와 시간은 제한을 받으며 의장의 발언허가가 있어야 한다. 발언권은 찬・반 의견이 교대로 발표되도록 부여되어야 하며, 회의의 리더는 발언하고자 하는 구성원에게 찬・반 중 어느 편인가를 물어, 직전 발언내용에 반대되는 내용의 발언 신청자에게 발언권을 부여한다.

(2) 정족수의 원칙

회의가 공식적으로 성립되고 의결하기 위해서는 반드시 일정 수가 참석해야 한다. 여기에는 의사정족수와 의결정족수가 있다. 의사정족수는 회의 개회(성립)에 필요한 최소의 참여 수로서, 의장은 표결에 들어가기 전에 반드시 의사정족수를 확인하고 이를 참석자들에게 주지시켜야 한다.

그리고 의결정족수는 공식적인 의결을 하는 데 필요한 최소의 참여 수를 말한다. 의결정족수에 미달인 경우, 정족수 미달을 확인하기 이전의 의결은 합법적인 것으로 인정되며, 이후부터는 정족수 미달인 경우에도 다룰 수 있는 사항만을 다루어야 한다. 정족수 미달인 경우에도 의결이 가능한 사항은 폐회의 결정, 휴게(정회)의 결정, 차기 회의의 일시와 장소 결정 등이다.

(3) 일사부재의의 원칙

회의의 규칙과 올바른 절차에 따라 정당하게 결정된 문제는 절차상의 과오가 없는 한 그 회의 중에 다시 의제로 상정하지 않는다는 원칙이다.

(4) 회의 불계속의 원칙

의사일정에 올라 있었지만 시간이 없거나 어떤 부득이한 사정으로 회의를 중도에서 폐회함으로써 미처 심의하지 못한 의안들은 어떤 특별한 조치를 취하지 않는 한 이 회의의 폐회와 함께 모두 폐기된다는 원칙이다.

(5) 한 번에 한 사람씩 발언하는 원칙

회의에서는 타인의 발언하고 있는 중이라면 발언할 수 없으며, 부득이 발언하여야 할 경우 기존의 발언자는 중단하고 앉아야 한다는 원칙이다.

(6) 의장은 공정해야 한다는 원칙

의장은 회의를 진행시키는 책임자로서 편파적이어서는 안 된다. 예를 들어, 회의의 리더인 의장은 회의 참가자의 사고를 지배하려 해서는 안 되며, 자기 혼자만이 너무 많이 발언해서도 안 되며, 논쟁에 개입해서도 안 되며, 신뢰를 잃는 언동을 하여서도 안 되며, 보기에 흉한 버릇을 보여서도 안 된다.

(7) 평등보장의 원칙

회의에서는 누구나 똑같은 권리와 의무를 가진다. 모든 구성원은 1인 1표의 표결권과 기타 모든 권리를 똑같이 향유한다는 원칙이다.

(8) 소수인의 의견을 존중하는 원칙

소수파의 의견을 공정한 입장에서 존중함으로써 다수결의 원칙이 보다 합리적일 수 있도록 해야 한다는 원칙이다.

(9) 인격존중의 원칙

회의에서는 어떠한 경우라도 타인에 대한 폭력, 욕설, 비방, 인신공격 등은 인정되지 않는다는 원칙이다.

2.3. 회의의 준비와 진행

(1) 회의의 준비

① 회의 개최의 준비를 누구와 함께하는가?
－자기 혼자 처리할 수 있는가?
－상사와의 상담이 필요한가?
－참모(스태프)들과 상담할 필요는 없는가?
－부하에게 맡길 수는 없는가?

－같은 부문의 다른 사람들이나 다른 부문의 사람들과의 연락은 필요한가?

② 회의의 준비

－회의리더는 필요한 자료와 데이터를 정비하여 구성원에게 통지한다.

－설명을 위해 필요한 자료, 실물, 사진, 그림 등의 데이터를 충분히 갖추어 둔다.

－각자에게 배포할 자료를 인원수에 따라 충분히 준비하고 가능하다면 미리 배포하여 읽어 두도록 당부해 둔다.

－참석자들에게는 미리 개최일, 시각, 장소 등을 연락하고 철저히 주지시켜 둔다.

－필요에 따라 자료, 노트, 필기도구 등을 지참하도록 전달해 둔다.

－의제에 대해 사전에 생각해 보고 참석하도록 주지시켜 둔다.

③ 회의장의 준비

회의를 회의장의 환경에 따라 많은 영향을 받게 되므로 아래 사항에 유의하여 회의장을 마련하는 것이 필요하다.

－장소: 참석자 수에 마련하는 것이 필요하다.

－좌석의 배치: 가능한 한 회의장에 집중식으로 배치한다.

－채광과 환기상태: 실내온도, 공기유통 등을 고려한다.

－회의 설비의 준비와 배치: 의사봉, 의사일정, 필기도구, 회의자료 등

－전원이 대화하기 쉽고 듣고 보기 쉽고 침착하게 토의에 집중할 수 있도록 한다.

－출입이나 기타 실내 동작이 토의를 방해하지 않도록 레이아웃에 둔다. 의

자, 테이블, 음향기기, 환경 등을 정비해 둔다.

(2) 회의의 진행순서

① 개회의 선언

의장은 개회 전에 미리 회의장에 나와 개최 예정 시각에 의사정족수가 되면 곧 개회를 선언한다. 그러나 구성원이 의사정족수에 미달될 경우에는 개회를 연기하고, 이것이 장시간 지속되는 경우에는 유회를 선언한다. 의사정족수는 회의가 성립하기 위한 최소한의 참석회원 수로서, 통상 회원의 과반수를 지칭한다.

한편, 의사진행에서 의결이 되기 위해서는 의결정족수를 충족해야 한다. 의결정족수는 회의의 의결이 유효하기 위한, 즉 가결되기 위한 최소한의 참석 회원수를 지칭한다. 의결정족수에는 일반정족수와 특별정족수가 있다.

일반정족수는 재적 회원 과반수의 출석과 출석회원 과반수의 찬성으로 의결한다. 가부동수인 경우는 통상 부결된 것으로 본다. 그리고 특별정족수는 재적 회원 과반수의 출석과 출석회원 3분의 2 이상의(또는 3/4 이상 등) 찬성으로 의결한다. 또는 총 회원 3분의 2 이상의 찬성으로 의결한다.

② 국민의례

③ 단체의례(강령낭독 등)

④ 의장인사

⑤ 전 회의록 승인

⑥ 사항보고

－임원보고

－재정보고

－상임위원회보고

－특별위원회보고

－특별일정보고

⑦ 의안제출 및 심의

－의안제출

－제안이유 설명

－토론

－의결

⑧ 폐회선언

3. 의사진행

3.1. 의사진행의 과정

(1) 의사일정

의사일정이란 개회의 일시와 회의의 안건 및 순서를 말한다. 의장은 의사일정을 미리 정하여 회원에게 통지하는 것이 바람직하다. 구성원은 의장에게 예고하지 않은 의안도 회의 중에 동의로써 제출할 수 있다.

의사일정대로 회의가 진행하고 있지 않으면, 참석자가 발언 중이더라도 의사일정에 '이의'·'동의'를 제출하여 의사일정대로 회의가 진행되도록 하여야 한다. 그리고 의사일정을 변경하여 회의를 진행하고자 한다면, 의사일정 변경동의를 제출하여 참석자 3분의 2 이상의 찬성으로 가결되어야 한다.

(2) 의사진행의 과정

의사진행의 과정은 의제의 도입, 의견의 전개, 결론의 유도, 총괄 및 조합 등으로 이루어진다.

① 의제의 도입

－회의장의 분위기를 부드럽고 친숙하게 하도록 한다.

－회의의 목적을 이해시키고 진행방향을 제시한다.

－의안을 제출하여 의제를 채택하고 제안이유에 대해 설명을 듣는다.

-의제에 대한 여러 가지 사정을 설명하고 그에 따른 정보를 전달한다.
-의제에 대한 질문을 받는다.

② 의견의 전개
-회의의 목적에 맞는 토론(의제에 대한 의견의 발표와 질문)을 진행시킨다.
-토론내용을 구체적으로 정리하여 제시한다.
-회의의 주제를 벗어나거나 개인적인 의견을 고집하여서는 안 된다.
-참석자 전원이 주제를 중심으로 토론될 수 있도록 노력한다.

③ 결론의 유도
도입된 의제에 대하여 충분한 의견의 전개가 있은 후 결론을 유도한다.

④ 총괄 및 종합
-의사진행의 전 과정을 정리하고 결정된 방향을 참석자 모두에게 확인시켜 준다.
-결정된 사항을 실행하기 위하여 실행책임자 및 실행계획을 결정한다.
-해결되지 못한 부분에 대해서는 그 처리방법을 정리해 둔다.
-참가자 전원에게 감사의 인사를 나눈다.

(3) 의사진행의 기본수칙

① 의사진행의 기본수칙
-소수의견을 존중한다.

– 자신의 의견을 지나치게 강조하지 않는다.
– 질문을 존중한다.
– 의장의 진행에 따른다.
– 시간을 엄수한다.
– 표결은 부드럽게 한다.

② 회의의 금구사항(禁句事項)

회의에서는 다음과 같은 발언은 삼가야만 원만한 회의를 이룰 수 있다.
– "잘 모르겠으니 적당히 결정하십시오."
– "그런 것도 모르십니까?"
– "결정사항을 납득할 수 없으니 나름대로 하겠습니다."
– "A씨, 어떻게 생각해?"
– "그건 틀렸어요."
– "알아서 그냥 하십시오."

3.2. 의장의 역할

의장은 회의의 사회자로서, 회의를 질서정연하게 주재해야 할 책임이 있다. 이를 위해서 의장은 회의를 소집하고 안건을 선포하며, 회원에게 발언권을 허락하고, 회의의 장애요소(무례, 소란, 인신공격 등)를 제거하며, 동의와 재청에 따라 의견을 표결에 붙여 그 결과를 발표하고, 의사록의 정확성과 바른 기재를 확인한다.

(1) 의장의 임무

- 예정된 시간에 개회를 선언한다.
- 회의의 질서를 유지한다.
- 순서 있게 의사를 진행하도록 한다.
- 적절한 시기에 표결하도록 한다.
- 표결결과도 큰 소리로 분명히 발표한다.

(2) 의장의 태도

- 의장으로서의 품위를 유지한다.
- 성실하게 직무를 수행한다.
- 회원들의 인격을 존중해야 한다.
- 인내심을 가지고 온화하게 회의를 진행해야 한다.
- 공정심을 가지고 절대적인 회원들의 신임을 획득해야 한다.
- 적당한 유머로 긴장된 분위기를 조절하고 상호 간의 화합을 도모해야 한다.
- 친절한 태도로 회원들을 격려하여 적극적으로 토론에 참여하도록 유도한다.

(3) 의장의 역할

- 개회의 선언
- 정족수 확인
- 발언의 질서유지
- 발언 내용의 조정(요약, 보충, 결말)

-제청 유무의 확인

-질의와 반대 의견의 구분, 제지

-발언의 권유

-불편부당한 위치

-의제 초점의 파악

-가부동수의 결정권

-폐회의 선언

(4) 의장의 직권

의장의 직권으로 부당한 제안의 거부, 발언의 중지, 방해자의 퇴장 등 3가지가 있다.

① 부당한 제안의 거부

회의의 목적에 반하거나, 정관이나 국법에 위배되는 의견에 대해서는 거부할 수 없다.

② 발언의 중지

의안에 벗어난 발언의 경우나 질서를 어지럽히는 발언, 발언권 없이 하는 발언은 이를 중지시킬 권한이 있으며, 또한 질서가 어지러운 경우에는 이를 다시 바로 잡을 때까지 발언을 중단시킬 수 있다.

③ 방해자의 퇴장

회의 진행에 현저한 방해 활동을 하는 자는 다른 참석자의 원만한 회의 진행을 하기 위해 퇴장시킬 수 있다.

4. 의사진행의 방법

4.1. 발언

(1) 의견과 발언

의장에 개회를 선언하고 의안에 대하여 구성원이 동의를 하면, 그 의안은 의제로 채택이 되고, 토론을 하게 된다. 의제의 토론에서 구성원의 의견을 듣고 그들은 발언을 하게 된다. 의견을 듣는 방법으로는 다음의 4가지가 있다.

- 진지하게 듣는다.
- 요약해서 듣는다.
- 메모하면서 듣는다.
- 단점에 대한 대책도 제시한다.

한편, 구성원들은 그들의 의견을 말하기 위해 발언을 한다. 구성원들은 자신이 생각하는 의견을 내도록 하며, 반대를 위한 반대의 의견은 금물이다. 또한 그 발언이 찬성인지 반대인지를 확실히 하며, 반대의견은 반대의 이유를 분명히 하여야 한다. 그리고 구성원의 자아도취적인 의견 또한 금물이다.

(2) 발언의 신청요령

- 발언하고 싶은 회원은 "의장!" 하고 발언을 신청한다.
- 의장은 특별한 사정이 없는 한 발언희망자에게 "A회원, 발언해 주십시오." 라고 발언을 허가한다.

- 발언권을 얻은 사람은 일어서서 자기가 발표하고자 하는 의견을 발표한다.
- 발언자가 발언을 마치면 다음 희망자가 같은 방법으로 다시 발언을 신청해야만 한다. 그러나 앞의 발언자의 발언이 채 끝내지 않았는데도 손을 들거나 일어서서 발언하는 행위는 삼가야만 한다.

(3) 발언에 대한 의장의 역할

- 발언권을 얻지 않고 발언하려는 사람보다, 비록 발언신청은 늦게 했더라도 발언 희망자가 정식으로 요구를 하였다면 그 사람에게 발언권을 주어야 한다.
- 앞의 발언이 끝나지 않았는데도 손을 들고 일어서서 발언하는 사람에게는 발언권을 주지 않아도 무방하다.
- 두 사람 이상의 발언 요구자가 동시에 요구할 때에는 보다 적게 발언을 한 사람에게 먼저 발언권을 준다.
- 찬성 발언이 계속되고 있을 때에는 반대발언을 하려는 사람에게, 그리고 반대발언이 계속되고 있을 때에는 찬성발언을 하려는 사람에게 먼저 발언권을 준다.
- 발언 중인 사람에게 발언을 방해하는 사람이 있으면, "발언 중"이라고 하여 그 사람을 제지하여야 한다.
- 의장은 의사진행상 필요하다고 인정할 때에는 발언 도중이라도 발언에 대한 주의를 주거나 발언을 중지시킬 수 있다.

(4) 발언 시 주의사항

- 자신의 주장을 정확히 전달한다.

- 증거를 제시하고, 요지를 정리한다.
- 효과를 표시한다.
- 단점에 대한 대책도 제시한다.
- 예상되는 반론에 대해서도 언급해 둔다.
- 회의의 주제에서 벗어나지 않도록 한다.
- 서투른 발언이 되지 않도록 한다. 특히 목소리가 너무 작지 않거나, 발언이 시종일관하지 못한 경우, 그리고 혼자만의 익살을 부리거나 추상적인 표현은 삼가야만 한다.
- 언어를 사용할 때 주의한다. 특히 어휘선택에 주의하며, 상대방을 곤궁에 빠뜨리는 말은 피한다. 또한 끝말은 좋게 하며, 가끔 유머를 섞는 것이 좋다.

4.2. 동의

동의는 회의에서 예정되어 있던 의안 이외의 사항을 의제로 하기 위해 회원들로부터 제출되는 발의(發議)를 지칭한다. 이는 곧 회의의 목적을 명확히 하고 회의의 절차를 완수하기 위해 회원들로부터 제출되는 제안(提案)을 의미한다. 그런 점에서 동의는 잡다한 의견 중에서 하나의 방향을 명시하는 것으로서, 어떠한 행동을 취할 것을 스스로 구상하여 다른 사람에게 이에 따르도록 권유하려는 주장을 말한다.

회의는 시작부터 끝날 때까지 무수히 많은 동의를 통하여 진행된다. 그러므로 "회의는 동의로써 움직인다."라고 말해도 지나친 말은 아니다. 회의에서 동의는 그만큼 중요하다. 회의의 구성원들이 적당한 동의를 제출하지 않는다면, 회의의 진행은 순탄하게 진행될 수가 없다. 이처럼 동의는 회의의 목적을 부여하고 회의의 교통정리의 구실을 완수하며, 개인이나 부재자 또는 다수자의 권리를 보고하고 나아가 회의 자체를 보호하는 역할을 담당한다.

(1) 동의의 분류

① 본동의(원안)

어떤 문제를 제출하는 가장 근본이 되는 동의이다. 이 동의는 제일 우선성이 없는 동의로서 수정될 수 있으며, 그에 따라 보조동의나 임시동의가 나오게 된다.

② 보조동의(수정동의)

본동의가 상정되어 있을 때 그 동의에 관해서 수정 및 새로운 조치를 취하기 위해 제출되는 동의이다. 보조동의는 본동의보다 우선적으로 처리하여야 한다.

③ 임시동의(부대동의)

의제의 순서와 절차에 관한 것으로서 회의 중 다른 동의가 존재하고 있을 때, 우연히 일어난 사항에서 발생하는 동의이다. 임시동의가 제출되면 다른 의제는 진행시키지 말고 즉시 처리하여야 한다.

④ 우선동의(긴급동의)

다른 동의에 구애받지 아니하고 독립적으로 제출할 수 있는 참가자의 권리에 관한 동의이다. 일반적으로 회의가 의사규칙에 위반되고 있는 것을 지적하는 의사진행에 관한 동의가 많으며, 특히 긴급을 요하는 의제를 제안하는 경우에 사용된다.

⑤ 잡동의

위의 4종류의 동의에 속하지 않는 동의로서 일단 가결된 의안을 재심의하자는 번안 동의가 이에 속한다.

(2) 동의의 성립과 결정

① 동의의 제출

의장으로부터 발언권을 얻은 발언자는 "나는 ~할 것을 동의합니다."라고 동의를 제출한다. 동의는 오해와 혼란을 막기 위하여 반드시 긍정형으로 하여야 한다.

② 동의의 성립

의장은 동의를 받아 "지금 ~과 같은 동의가 제출되었습니다. 이 동의에 찬성·지지(재청)하시는 분, 계십니까?"라고 묻는다. 참가자 중에 1명 이상이 "찬성(재청) 있습니다."라고 하면 동의가 성립한다. 그러나 아무런 응답이 없으면 동의는 즉시 취소되어 성립하지 못한다.

③ 동의의 철회

동의의 제안자가 동의 중 취하(취소)하고자 할 때에는 "~에 대한 동의를 철회하고자 하니 허가해 주시기 바랍니다."라고 하고 의장은 재청자의 의견을 물어 재청, 토론 없이 동의를 철회한다. 만약 반대의견이 있으면 과반수로 결정한다.

④ 동의의 성립(결정)

동의가 제출되고 찬성 지지자가 있으면 동의가 성립되었지만 아직 동의사항이 결정된 것은 아니므로 반드시 토의를 거친 후에 가결되어야만 결정이 이뤄진다.

(3) 동의의 종류

① 다음 회의의 의결동의

다음 번 회의의 개최 여부 및 일시와 장소를 결정하는 동의이다. 의장은 폐회하기 전에 직권으로 또는 제출을 받아 참석자들에게 다음 번 회의의 개최 여부를 물을 수 있다. 이 동의는 재청이 필요하며 과반수의 찬성으로 결정하나 정족수가 되지 아니하여도 결의할 수 있다.

② 폐회(휴회)의 동의

폐회의 동의는 회의를 끝내자는 동의이고, 휴회(정회)의 동의는 회의를 일시 중지하자는 동의이다. 이 동의는 재청이 필요하며 과반수의 찬성으로 결정하지만, 정족수가 되지 않아도 결의할 수 있다. 특히 식사를 위해 또는 투표결과를 기다리는 동안과 같은 단시간의 휴회의 동의는 긴급동의로 제안하여야 한다. 휴회의 시간이 끝나면 의장은 회의의 속개를 선언하고 휴회 전에 처리하지 않은 의제를 재개해야 한다.

③ 수정동의

수정동의는 원동의에 대해 수정을 하자는 동의이다. 수정동의는 원동의가 토론 중이어야 하고 원동의와 같은 문제에 대한 것이어야 한다. 원동의와 같은 성질의 것인지 여부는 의장이 판단한다. 수정의 방법으로는 일부의 삭제, 일부의 추가, 일부의 변경이 있을 수 있다. 수정동의는 재청이 필요하며 토론의 대상이 되고 과반수의 찬성으로 결정한다.

④ 긴급동의

회의에서 일어나는 긴급한 문제를 처리하기 위하여 제출되는 동의이다. 회의장 혼란 시의 질서회복, 문서의 부정변경, 의사진행 규칙위반 등 회의의 명예, 권위, 안전에 영향을 미치는 긴급문제를 최우선적으로 처리하기 위한 동의이다. 긴급동의는 재청이나 토론을 거칠 필요가 없으며, 의장은 그 권한으로서 이를 표결에 부칠 수 있다.

⑤ 의사일정의 변경동의

의사일정의 변경동의는 의사일정을 바꾸어 회의를 진행시키자고 할 때 제출되는 동의이다. 의사일정의 변경동의는 다른 참석자의 발언 중에도 제출할 수 있으나 참석자 3분의 2 이상의 찬성을 얻어야 한다.

⑥ 의사진행의 이의동의

의사진행의 의의동의는 의사진행이 규칙대로 되지 아니하거나 또는 그릇된 조치를 취한 경우에 그것을 바로잡기 위하여 제출되는 동의이다. 참석자가 "의사진행에 이의 있습니다." 또는 "의장, 규칙입니다."라고 발언하면, 의장은 우선적으로 그 발언자에게 "이의를 말씀해 주십시오." 또는 "규칙을 말씀해 주십시오."라고 발언을 허락하는 것이 일반적이다. 이때 의장은 그 이의가 정당한지를 결정할 권한이 있다.

⑦ 의장결정의 이의동의

의장결정의 이의동의는 참석자가 승인하지 않은 것을 의장이 독단적으로 결정한 데 대하여 이의를 제기하는 동의이다. 의장은 표결에 부쳐서 가결되면 결정된 것이고 부결되면 폐기된 것으로 처리하여야 한다. 의장은 표결에 참석할 수 없으며 가부동수인 경우, 이는 가결된 것으로 본다. 이 동의는 다른 참석자의 발언 중에도 제출할 수 있다.

⑧ 심의반대의 동의

심의반대의 동의는 원동의 및 긴급동의가 토의에 들어가기 전에 심의를 반대하는 동의이다. 참석자 2/3 이상의 찬성을 필요로 하며, 다른 참석자의 발언 중에도 제출할 수 있다.

⑨ 심의연기(재상정)의 동의

심의연기의 동의는 지금 심의되고 있는 원동의에 대하여 좀 더 충분히 생각해 볼 시간을 부여하기 위하여 일정한 일시까지 또는 무기한으로 심의를 연기하자는 동의이다.

⑩ 토론 종결(제한)의 동의

토론 종결의 동의는 지금 심의되고 있는 동의에 대한 토론을 종결하고 곧 표결에 부치자고 요구하는 동의이고, 토론 제한의 동의는 토론의 시간이나 발언자의 인원수 등에 대하여 제한을 가하자는 동의이다. 이러한 동의는 재청을 필요로 하나 토론과 수정을 하지 못하며 참석자 2/3 이상의 찬성이 있어야 가결된다.

⑪ 인준의 동의

인준동의는 회장 등이 회(會)의 이름으로 권한 이외의 일을 하였을 때 총회가 그 일을 추후에 승인해 주는 동의이다.

4.3. 질문

질문은 토론의 실마리가 풀리지 않아 동기유발이 필요할 때에 의장이 참석자에게 주의를 환기시키기 위해 사용하는 회의의 기술이다. 특히 회의를 결론으로 이끌어 갈 때 참가자 전원이 참여할 수 있도록 질문을 활용하지 않으면 안 된다. 이 경우 토의를 결론으로 원만하게 이끌어 가려면, 회의 구성원들로 하여금 문제의 핵심에 눈을 돌리게 하기 위하여 질문을 하게 된다.

질문은 토론의 서두나 종결 시에 함이 좋다. 질문은 "이러한 의견에 대해 어떻게 생각하십니까?" 등의 질문으로 참석자들로 하여금 토론의 방향을 의제 중심이 되도록 유도할 필요가 있을 때에 사용하는 것이 좋다.

(1) 질문을 할 때의 유의사항

- 한 번에 한 가지 질문만 하여야 하며, 동시에 두 가지 이상의 질문을 하지 않는다.

- 질문은 간단하고 명료하게 해야 하며, '왜', '어떻게'를 물어 상대방의 사고를 촉진시키는 것이 효과적이다.
- 같은 질문을 두 번 이상 반복하지 아니한다.
- 시간을 놓치지 않는다.
- 방향을 정확히 하며, 유도심문을 하지 않는다.
- 회의의 주제에서 벗어나지 않는다.
- 상대방의 기분을 상하지 않도록, 감정적인 질문은 피한다.

(2) 의장의 질문

의장의 질문은 질문의 내용과 대상자에 따라 다음과 같이 분류될 수 있다. 먼저 질문은 질문의 내용에 따라 사실질문, 의견질문(사고촉진질문), 회답강요질문(유도질문) 그리고 과제지향질문 등으로 분류된다. 한편 질문을 질문의 대상자에 따라 분류하면 다음과 같다.

① 전반질문

전반질문은 의장이 다음과 같이 참석자 전원에게 던지는 질문이다.
"~에 대하여 여러분의 의견은 어떠하십니까?" "~에 대하여 의견이 있으신 분은 말씀해 주십시오." "지금 제의하신 의견과 다른 의견을 가지신 분은 없으십니까?"

② 지명질문

지명질문은 답할 사람을 지명하여 그에게 던지는 질문이다. 이는 자기의 의견을 잘 말하지 않는 회원, 사안에 대해 전문적 지식이나 경험을 가진 회원에게 의견이나 정보를 발표할 수 있도록 하는 데 효과적이다.

③ 릴레이 질문

의장이 토의 분위기를 조성하기 위해 어느 회원에게서 나온 의견을 다른 참석자에게 릴레이식으로 던지는 질문이다.

④ 반전질문(反戰質問)

의장이 구성원으로부터 질문을 받았을 때 그에 답하는 대신에 그 문제를 반대로 질문자에게 되짚어 던지는 경우이다. 특히 의장을 난처하게 만드는 질문에 대한 답변방식으로서 "역시 좋은 질문입니다. 그렇다면 질문자께서는 그 문제에 대해 어떻게 생각하십니까?"라고 질문으로 답변하는 그것이 바로 이 방법이다.

4.4. 토론

(1) 토론의 목적

토론이란 상정된 의안을 심의, 처리하는 과정에서 타인을 설득시킬 목적으로 해당 의안에 대한 자신의 견해를 밝히는 것이다. 의장은 토론과 관계가 없는 말은 중지를 시키고, 2/3 이상이 이미 찬성하고 있을 경우는 토론 없이 표결함이 좋다. 그리고 토론이 너무 길어지지 않도록 짧게 함이 좋다. 토론의 목적은 다음과 같다.

토론의 목적
- 의안으로 상정한 이유에 대해 질의를 하게 함으로써 이해를 깊게 하고 - 회원 각자의 의견을 발표하게 하며 - 상호 간의 의견을 분석 비교하고 - 좋은 의견으로 수정, 정리, 통합하게 하여서 - 제일 좋은 의견을 전체의 의사로 결정하기 쉽게 하도록 하는 데 있다.

(2) 토론 시 발언요령

-발언권을 얻을 것

-타인의 발언 중에서 삼갈 것

-의장의 발언제안에 따를 것

-의제의 범위를 벗어나지 않도록 할 것

-발언은 의장에서 할 것

-타인의 발언 내용에 유의할 것

-메모를 이용할 것

-의제에 대해 연구할 것

-감정에 흐르지 않도록 할 것

-경어를 쓰고 타인에 대한 폭력, 욕설, 비방, 인신공격은 하지 말 것

4.5. 표결과 발표

(1) 표결의 방법

의안에 대한 토론이 끝나면 회의의 전체 의사를 결정하기 위해 표결에 들어

가게 된다. 표결은 회원이 회의의 의제에 대하여 찬성과 반대의 의사를 표시하고 그 數(수)를 집계하여 가부를 결정하는 유일한 방법이며 절차이다. 표결은 다음과 같은 방법으로 한다.

① 만장일치에 의한 표결

제출된 의안에 대해 異議(이의)가 제기되지 않을 때 의장은 이를 전반적 동의 혹은 암묵적 동의로 해석하여 의안통과를 선포할 수 있다.

② 점호에 의한 표결

참석자가 의장의 呼名(호명)에 따라 "예"라고 대답하면 찬성, "아니요."라고 대답하면 기권으로 처리된다.

③ 행동에 의한 표결

행동에 의한 표결로서 擧手(거수) 혹은 起立(기립)에 의한 방법이 있으며, 아무런 행동을 취하지 않을 경우 기권으로 처리된다.

④ 투표에 의한 표결

記名(기명) 혹은 무기명투표에 의한 방법이 있으며, 배부된 투표용지 양식에 맞추어 찬성 혹은 반대를 표시할 수 있다. 무기명투표는 비밀을 지킬 수 있는 장점이 있고 기명투표는 가부의 표결을 기록에 남겨 그 책임을 명백히 할 수 있는 장점이 있다. 투표에 참석하지 않으면 기권으로 처리되며, 정해진 기표양식에 어긋날 경우 무효표로 처리된다.

(2) 표결의 절차

한 개의 의안심의에 있어 복수의 의견이 제출되어 이를 표결 처리하고자 할 때 맨 나중에 상정된 의견부터 표결 처리한다. 찬반의 표결인 경우 찬성을 먼저 묻고 다음 반대를 묻는다. 그리고 可否同數(가부동수)인 경우 의장이 결정권을 가진다.

(3) 득표 數의 계산

의장은 표결 전에 반드시 가결에 필요한 票數(표수)를 확인하여야 한다. 회의 도중 구성원의 이탈로 참석자 수의 변동이 발생할 수 있으므로, 의장은 표결 전에 반드시 의사정족수와 의결정족수를 확인하고, 이를 참석자에게 주지시켜야 한다.

－의사정족수 확인(회의(표결) 성립의 여부)

－의결정족수 확인(표결결과 승인의 여부)

(4) 의사봉

회의의 한 단계 한 단계가 끝날 때마다, 의사봉을 두드려서 그 결정사항과 표결결과를 참석자들에게 확실하게 널리 알림으로써 회의의 원만한 진행을 도모한다. 의사봉은 개회, 폐회, 휴게, 정회, 속개, 의안의 상정, 의안의 결정 등의 시기에 사용한다. 의사봉은 일반적으로 3회를 타봉한다.

5. 성공적인 회의문화

5.1. 회의문화에 대한 반성과 개선

(1) 회의문화의 반성

국내 기업들은 회의에 많은 시간을 보낸다. 과중한 회의로 인하여 많은 스트레스와 시간낭비가 발생한다. 최근에는 회의문화를 개선하자는 움직임, 즉 생산적인 회의로 탈바꿈하자는 움직임이 있다.

어떤 기업은 회의의 시작과 마감 시간을 미리 정하기도 하며, 모래시계를 회의실에 비치하는 등 회의문화를 바꾸기 위한 기업들의 노력은 실로 다양하다. 우리 기업들의 회의문화를 개선하고자 하는 노력은 바람직하지만, 아쉽게도 회의의 외형적인 부분을 바꾸는 수준에 그치는 것이 아닌가 하는 우려도 있다.

회의문화의 개선에 대한 이러한 우려는 활발한 토론이 이루어지지 못하거나 원하는 결과물을 얻어내지 못하기 때문이다. 외형의 변화만으로는 회의의 질적 수준을 향상시키기 어렵다. 외형적으로나 질적으로도 건강하고 생산적인 회의문화를 정착하기 위한 노력이 필요하다.

(2) 회의문화의 개선

회의는 어떻게 개선되어야 할까? 회의는 결과를 도출하도록 하며, 충분한 예습을 하도록 하며, 의견의 개진에 두려움을 없애며, 모든 참석자의 참여를 이끌어 내며, 회의시간을 가능한 한 짧게 하여야 한다.

① 어떠한 것이든 결과를 도출한다

회의의 목적은 어떤 결과물을 얻기 위한 것이다. 활발한 토론을 통하여 어떤 결과를 얻어야 하는데 그렇지가 못한 실정이다. 이러한 조직의 회의문화를 바꿔 기업의 혁신에 성공한 대표적인 인물로는 잭 웰치 전 GE회장이다.

그는 "월요일에 아이디어를 지으면 적어도 금요일에는 직원 수백 명이 이를 공유하고 있어야 한다."며 회의라는 시공간을 통해 직원들이 어떤 행동을 했다면 반드시 어떤 결과로 나타나야 한다는 것을 강조했다.

그는 회의방식에서도 변화를 꾀했다. 그는 준비된 보고서를 읽는 기존의 프레젠테이션 방식의 회의를 버리고, 의견이 다른 구성원 간의 격렬한 토론을 통해 결론을 이끌어 내고 그것을 곧장 다른 직원들에게까지 전파되도록 한 것이다. 이를 통해 양질의 결론을 이끌어 내고 회의의 효과를 극대화한 것이다.

② 회의는 예습이 중요하다

회의가 피상적으로 겉돌고 결론을 맺기 힘든 이유는 회의의 주제가 어려운 것일 수도 있지만, 대개는 참가자들이 회의 주제에 대하여 예습을 충분히 하지 않았기 때문이다. 회의의 주제에 대해 미리 고민하고 회의실에 들어오기보다는 회의가 잡혀 있다니까 또는 회의를 하면 그래도 뭔가 나오지 않을까 하는 막연한 생각으로 참석하는 사람들이 적지 않을 것이다.

이렇게 되면, 회의의 시간은 길어지고 지루하게 되고, 마지막에는 "각자 고민을 더 한 후에, 언제 다시 모여서 이야기해 봅시다."라는 식으로 끝나게 되는 것이다.

③ 의견의 개진에 대한 두려움을 없앤다

회의에서 활발한 토론이 이루어지지 못하는 것은 의견의 개진을 두려워하기 때문이다. 많은 회의 참석자들이 "내 생각이 틀렸으면 어쩌나, 다른 사람이 현실적이지 못한 소리만 한다고 비웃지 않을까?" 등과 같은 두려움 때문에 자신의 의견을 공개 석상에서 말하기 꺼리는 경우가 많이 있다.

회의는 개인에게 정답을 요구하는 것이 아니다. 회의는 한두 사람의 생각으로는 답이 나오질 않는 문제에 대해 여러 사람이 머리를 맞대고 더 좋은 아이디어를 만들어 보자는 것이다. 자신의 생각을 솔직하게 그리고 가볍고 편안한 마음으로 표현하고 회의를 하는 것이 중요하다.

④ 회의 참석자들의 참여를 이끌어 낸다

회의는 참석한 여러 사람들의 의견을 토대로 결과를 얻는 것이다. 그러기 위해서는 회의에 참석한 사람들의 적극적인 참여를 이끌어 내어야 한다. 일본의 캐논 전자 사가마기 히사시 사장은 1999년 회의를 일어선 채 진행함으로써, 일본에서 회의혁명을 주도한 인물이다. 그에 의하면, 서서 회의를 하면 회의시간도 짧아지고 집중력이 높아지며, 다리에 자극을 주어 두뇌회전도 빨라진다고 한다.

그는 회의 참여도를 인사에도 반영했다. 책임감을 갖고 활발하게 의견을 말하는 사람, 남의 의견에도 귀를 기울이는 사람, 논리성 있게 의견을 요약해서 말할 줄 아는 사람이 회의에 도움이 되는 사람이며, 입을 꾹 다물고 있거나, 남이 말한 것을 종합 정리하는 등 평론가적인 발언을 하는 사람은 회의에서 배격해야 한다고 말해 적극적인 회의참여를 이끌어 내었다.

⑤ 회의시간은 가능한 한 짧게 한다

회의는 분명한 목적의식을 가지고 생산적으로 진행하여야 한다. 단순히 계획이 잡혀 있으니 명확한 주제나 안건도 없이 수동적으로 회의를 진행하면, 회의의 시간은 점점 길어지고 결과도 얻지 못하는 경우가 많다. 이런 문제점을 방지하기 위해서라도 "회의에서 내려진 결론을 언제까지 수행한다."는 기한적 개념의 도입이 필요하다.

(3) 회의문화 개선의 핵심

회의에서 중요한 것은 회의를 하는 목적과 얻고자 하는 결과(결론)이다. 어떤 목적으로 이 회의를 하며, 회의를 통해 얻어진 결론은 무엇인지를 분명히 해야 한다. 다음 회의에서는 지난 회의에서 나온 결론이 제대로 수행되고 있는지 확인하는 과정이 되어야 함은 물론이다.

회의의 명칭도 간부회의, 실무자회의 등 전통적인 방식에서 탈피하여, 생산성 10% 향상을 위한 실무자회의 등으로 회의의 목적과 성격을 분명히 할 필요가 있다.

그리고 보다 중요한 것은 회의에서 얼마나 알찬 대화와 활발한 논의가 이루어지는가 하는 점이다. 회의가 시간을 때우거나 상사에게 보고하기 위한 것이 아닌, 최상의 회의성과를 거둘 수 있는 건강한 회의문화를 이루어 나가야 한다.

5.2. 경영으로서의 회의

조직(기업)은 항상 문제를 가지고 있으며, 그 문제를 발견하거나 해결하기 위해 회의를 한다. 이를 위해 회의를 체계적으로 관리하지 않으면 안 된다. 조직에서 회의는 조직문화의 결정체다. 회의는 경영의 대상이자 기업 경쟁력의 원천이라는 인식을 가져야 한다.

회의를 통한 집단적 의사결정은 개인에 의한 의사결정보다 효율적일 수 있다. 개인보다는 집단이 더 많은 지식과 정보를 활용할 수 있으며, 문제의 발견과 해결에서도 폭넓고 깊이 있는 시각을 가질 수 있다. 특히 회의 참석자들의 활발한 커뮤니케이션은 의사결정에 관련된 다양한 정보를 수집할 수 있다.

집단적 의사결정 수단으로서의 회의는 단순히 문제해결의 질을 높인다는 측면뿐만 아니라, 구성원들의 참여를 통한 책임감 향상, 업무몰입도 향상 등 다양한 부수적 효과를 기대할 수 있다. 선도적인 기업들은 회의를 통해 다음의 다양한 효과를 얻고 있다.

- 문제해결의 장
- 커뮤니케이션의 장
- 팀워크 실천의 장
- 방향을 조율하는 곳
- 아이디어의 샘
- 변화의 용광로

5.3. 성공한 기업의 회의문화

오늘날 기업의 회의문화는 기업의 성과와 경쟁력을 좌우하는 핵심 요인으로 떠오르고 있다. 회의는 기업의 의사결정 과정에서 핵심 역할을 수행한다. 실제로 많은 기업들의 최고경영자(CEO)는 하루 일과의 절반 이상을 회의에 사용하고 있다. 정보기술(IT) 기업 CEO 6명을 대상으로 한 연구에 의하면, 이들은 하루 평균 8건의 회의에 참석하면서 하루 일과의 약 70%를 회의에 투자한다고 한다.

기업의 경쟁력 제고를 위해서는 주요 의사결정이 제대로 이루어질 수 있도록 조직문화에 맞는 생산적인 회의문화의 형성이 필요하다. 국내외 기업들의 회의의 혁신사례를 살펴보면서 이들 기업의 회의문화를 살펴보자.

(1) GE의 회의문화

GE의 대표적인 회의방식은 너무도 잘 알려진 워크아웃(work－out)이다. 130여 년의 오랜 역사를 자랑하는 GE의 회장 잭 웰치는 1981년 거대한 공룡으로 변해 버린 GE의 관료주의를 타파하고 유연한 조직으로 바꿔 놓기 위해 워크아웃을 제안했다.

'워크아웃'은 문자 그대로 '일(work)을 몰아낸다(out).'는 의미로, 불필요한 일을 줄이고 업무 처리의 비효율을 개선해 속도감 있는 조직으로 탈바꿈하는 것을 목표로 한다. 빠른 속도와 단순화, 조직원의 동기부여에 초점을 맞춘 GE 워크아웃의 성공에는 다음과 같은 요인들이 있다.

① 회의의 전문진행자인 촉진자(facilitator)가 참여한다

촉진자가 참여하고, 리더는 임무를 부과한 후 자리를 떠남으로써 솔직한 의사소통 문화 속에서 실질적인 논의를 통해 빠른 의사결정을 할 수 있었다.

② 스폰서의 역할이 명확하다

스폰서가 회의 자리에서 곧바로 의사결정을 하기 때문에 GE도 빠른 의사결정

을 내릴 수 있었다. GE의 워크아웃에서는 회의 중 나오는 제안의 75%에 대해 의사결정자가 그 자리에서 '예스'나 '노'라고 답하고, 나머지 25%에 대해서는 추후 기간을 두고 결정을 내려야만 한다.

③ 구체적인 회의 내용과 목표를 제시한다

GE는 워크아웃을 시작하기 전에 회의 참석자들에게 회의에서 다루는 사안의 구체적 내용과 달성목표를 제시하여, 효율적인 회의 진행이 되도록 방향을 정해 준다. 그리고 채택된 해결 방안에 대해서는 그 실행 과정을 정기적으로 추적할 수 있는 측정지표를 사용해 누구나 결과를 알 수 있게 하였다.

④ 조직원에게 확신을 심어 준다

확신과 신뢰가 없으면 좋은 결과도 나올 수 없다. 워크아웃은 전 직원에게 자신감을 심어 주는 것에서 시작했다. 모든 사람이 접근하기 쉬운 문제해결에서부터 시작해 직원들 스스로 업무를 조금씩 개선해 나갈 수 있도록 동기를 부여했다. 또 의지를 갖고 기업의 비전과 가치를 끊임없이 사람들에게 전파하는 CEO와 이를 행동으로 옮기는 관리자들의 리더십 및 이를 적극적으로 받아들이는 구성원들의 참여가 성공의 핵심이었다.

(2) 구글의 회의문화

구글(Google)은 회의에 대한 명확한 철학을 갖고 있었다. 즉 회의란 회사 혹은 상품 개발의 방향을 설정하는 의사결정 시간이며, 구성원들에게 동기를 부여하고 그들의 열정과 에너지를 끌어낼 수 있는 시간이다는 것이다.

따라서 참석자들에게 동기를 부여하고 존경받고 있다는 느낌을 주며, 동시에 각 팀의 업무와 전략적 방향을 명확히 하고 실행 가능한 정보를 공유하는 것이 회의의 목표다. 구글의 부사장 마리사 메이어는 성공적인 회의의 기본 원칙으로 다음 6가지를 제시하고 있다.

① 명확한 회의주제에 대한 참가자들이 명확한 회의주제(agenda)의 공유

이는 회의 참석자들에게 회의를 통해 이뤄야 할 목표를 명확히 해 주며, 얻고자 하는 것이 정확히 무엇인지, 그리고 어떻게 하면 그 목표에 도달할 수 있을지에 대해 집중하도록 도와준다.

② 회의록의 작성

구글의 회의록은 다른 회의에서와는 다른 또 하나의 기능을 가진다. 바로 커뮤니케이션의 실패를 줄여 준다는 점이다. 구글의 회의실 벽에는 각종 디스플레이가 걸려 있다. 한쪽 벽면에는 발표의 자료가, 바로 옆에는 작성 중인 회의록 화면이 떠 있다. 이를 동시에 보면서 회의를 진행한다. 잘못된 점이나 모순된 내용을 그 자리에서 바로잡기 위해서다. 또한 회의에 참석하지 못한 팀원들도 회의록을 통해 회의 내용과 결정 사항, 전략적 방향이 무엇인지 쉽게 알 수 있다.

③ 자투리 시간의 활용

자투리 시간을 활용하는 '마이크로 미팅(micro-meeting)'이라는 이름으로 회의를 진행하고 있다. 구글은 꼭 회의할 문제로서 오래 걸리지 않는 작은 주제 혹은 큰 주제를 세부 주제로 나누어 진행할 때는 자투리 시간을 활용하면 주제에 따라 5~10분 혹은 업무 중간의 짧은 시간 동안 소규모 미팅을 할 수 있다. 회의의 대

기시간을 줄이면서 업무의 흐름이 끊기거나 시간이 낭비되는 것을 막을 수 있다.

④ 오피스 아워의 운영

오피스 아워의 운영 메이어 부사장은 매일 오후 4시부터 90분간 '오피스 아워(office hours)'를 갖고, 먼저 찾아오는 순서대로 회의를 진행한다. 이 시간 동안 최대 15건의 회의(1건당 약 6분 소요)를 할 수 있다.

⑤ 데이터에 의한 의사결정

여러 대안 가운데 하나를 선택하는 회의에서는 개인적인 호불호 혹은 사내의 정치구도가 아닌 철저히 데이터에 의한 판단(의사결정)을 중시하였다. 예를 들어 디자인을 결정하는 회의에서는 디자인의 장점과 성능을 평가할 수 있도록 명확히 정의된 매트릭스를 활용한다. 이렇게 함으로써 단순히 '느낌이 좋다' 식의 판단이 아니라, '10% 성능 개선 가능' 등의 명확한 근거로 디자인을 결정한다.

⑥ 타이머의 비치

시간을 준수하는 큼직한(4feet tall) 타이머를 비치하였다. 회의가 시작되면 회의실 벽면의 대형 화면에는 타이머가 카운트다운 되면서 남은 시간을 분 단위로 보여 준다. 이 타이머는 회의를 정시에 끝내라는 미묘한 압박으로 작용한다. 그만큼 타이트한 회의로 집중력을 높이고, 참석자들도 각자의 스케줄을 지킬 수 있다.

(3) 삼성의 회의문화

미국의 경제주간지 포브스(2004년 7월 26일자)는 삼성이 세계 초일류 기업으로 성공할 수 있었던 것은 바로 '속도경영' 때문이라고 분석하였다. 속도경영의 성공 요소 중 하나는 효율성으로 대표되는 회의문화에서 찾을 수 있다. 삼성의 회의문화는 간단히 '337 원칙'으로 정리할 수 있다. 회의에 필요한 3가지 사고(3 ways of thinking), 3가지 원칙(3 principles), 7가지 지침(7 rules)을 뜻한다.

① 3가지 사고

3가지 사고는 계획된 회의를 위한 준비 단계다. 회의를 잘하기 위해서는 준비를 잘하여야 한다는 것이다. 즉흥적인 회의를 하면 참가자들은 영문도 모르고 들어와 시간을 낭비할 수 있다. 회의를 잘하기 위한 3가지 사고는 다음과 같다.

- 꼭 필요한 회의인지 점검한다.
  (꼭 필요한 회의인지, 스스로 결정해도 되는 것은 아닌지, 회의 외에 더 좋은 수단은 없는지 등)
- 회의가 꼭 필요하다면 가급적 간략히 하도록 노력한다.
  (참석자를 줄일 수는 없는지, 빈도, 시간, 배포자료를 줄일 수는 없는지, 보다 원활하게 운영할 수는 없는지 등)
- 일단 회의를 하기로 했다면 다른 회의와 통합하거나 위임할 수 있는 방법을 모색한다.
  (다른 회의와 겸할 수는 없는지, 권한위임으로 해결할 수는 없는지, 다른 회의에서 해도 좋은 내용은 아닌지 등)

② 3가지 원칙

다음 3가지 원칙을 잘 활용하면 회의의 비생산성과 폐해를 막을 수 있다.

－회의 없는 날을 운영한다.
－회의 시간은 한 시간을 원칙으로 하고, 최대 한 시간 반을 넘지 않도록 한다.
－회의 기록은 한 장으로 정리한다.

③ 7가지 지침

7가지 지침은 앞의 3가지 사고와 3가지 원칙을 뒷받침하는 구체적인 회의 방법론이다.

－시간을 엄수한다. (정시에 회의에 참석하고, 끝나는 시간을 정해 시간 낭비를 최소화해야 한다).
－모든 회의에는 기회비용이 지출됨을 기억하고 인지한다.
－회의에는 꼭 필요한 적임자나 담당자만 들어오도록 해 참석자를 최소화한다.
－쓸데없는 토론이 되지 않도록 사전에 의사결정, 정보 공유 등 회의 목적을 명확히 한다.
－회의 자료를 미리 나눠줘 참석 전에 의제를 검토하도록 한다.
－참석자 전원이 발언하고, 발표된 의견은 서로 존중한다.
－결정 사항은 반드시 최대한 요약해 기록한다.

(4) 한국도로공사의 회의문화

일반적으로 공공부문의 변화와 혁신은 사기업보다 훨씬 더디고 힘들다. 회의에서도 마찬가지다. 공공 부문에 민간 기업의 효율성을 도입하기 위하여, 한국도로공사는 GE의 워크아웃－타운미팅을 공사의 특성에 맞게 수정한 이노미팅을 개발하였다.

이노미팅은 성과를 창출하는 혁신이 일어나는 만남(innovation＋meeting)이라는 뜻으로, 현장의 문제 해결을 위한 회의의 한 방식으로 출발했다. 현재는 일상적인 회의나 워크숍 외에도 학습조직(community of practice) 운영, 교육 프로그램 등에서 다양하게 활용하고 있다.

이노미팅이 GE의 타운미팅과 다른 점은 2가지다. 하나는 스폰서의 의사결정 과정이 회의의 과정과 분리돼 별도로 운영된다는 점이고, 다른 하나는 사내 촉진자(이노미팅에서는 '이노코디'로 칭한다)가 회의를 이끈다는 점이다.

한국도로공사는 공기업의 혁신에는 '전문가'와 '도구' 그리고 '활동의 장(場)'이 필요하다는 요구에 따라서, 도구(문제해결의 방법론)를 만들고, 전문가(이노코디)를 육성했으며, 혁신활동의 장을 제공했다. 한국도로공사에서 성공적으로 운영하고 있는 이노미팅의 원칙은 다음과 같다.

－모든 사람이 참여하고 함께 책임지는 협력적 회의를 한다.
－누구나 쉽게 프로세스와 도구를 배워 참여하도록 한다.
－회의의 결과물은 학습조직을 통해 바로 실행할 수 있도록 한다.
－일방적인 지시가 아닌 도전과 창의의 가치를 전파하는 장으로 회의를 활용한다.

(5) 바람직한 회의문화

이상에서 살펴본 바와 같이, 이들의 회의문화는 각 조직의 문화를 반영하면서도 공통적으로 갖고 있는 개념이 있다. 그것은 바로 회의의 프로세스다. 다시 말하면, 회의를 위한 준비와 효과적인 회의진행 그리고 결과에 대한 공유 및 현장의 실행과 리뷰를 통한 성과창출이다.

① 회의를 위한 사전준비이다

이는 회의 진행을 위한 계획이나 예산 등의 좁은 의미뿐 아니라, 넓게는 회의에 대한 회사의 철학을 공유하고 회의에 대해 새롭게 인식함으로써 효율적이고 합리적인 회의문화를 정착시키기 위해 구성원들이 합의하는 단계를 의미한다.

② 실질적인 회의의 진행단계이다

이 단계에서 필요한 요소를 키워드로 정리하면 회의의 목표 의식, 자유로운 의사표현, 명확한 커뮤니케이션, 회의시간의 준수, 적절한 의사결정을 들 수 있다. 회의 진행 단계에서 가장 중요한 것은 리더의 역할이다.

리더는 일관된 생각을 갖고 구성원들이 느끼는 불안에 대해 저항과 두려움을 없애 줌으로써 자유로운 커뮤니케이션 문화를 만들어야 한다. GE의 경우처럼, 리더가 실제 회의에서 빠지고 외부의 전문 진행자(facilitator)가 참여하는 것은 바로 이것 때문이다.

<그림 4-1>과 <그림 4-2>에서처럼 참여자의 역할을 명확히 하는 것이다.

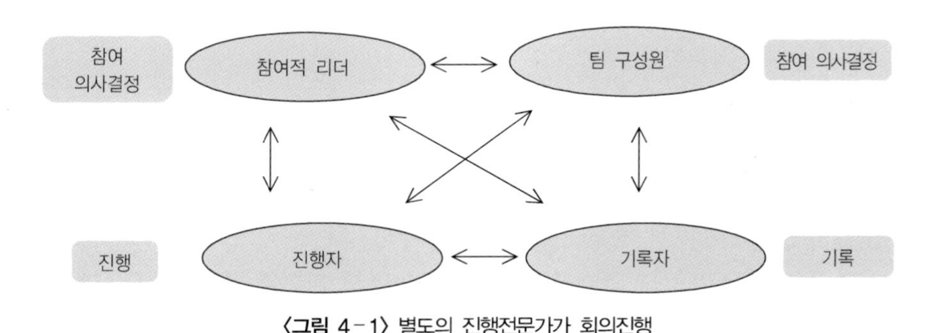

〈그림 4-1〉 별도의 진행전문가가 회의진행

<그림 4-1>에서처럼 별도의 진행자가 참여하는 경우에, 진행자는 회의의 진행만 담당하지만 리더는 회의에 참여하면서 의사결정도 한다. 하지만 <그림 4-2>에서는 조직의 리더가 회의를 진행하면서, 리더가 회의를 진행하면서 회의에 참여하고 의사결정을 한다.

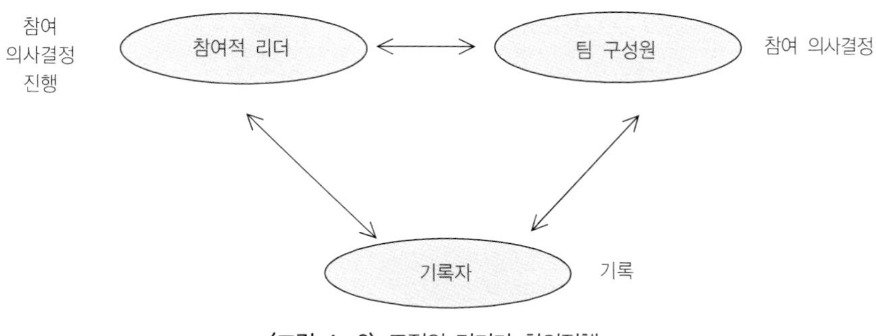

〈그림 4-2〉 조직의 리더가 회의진행

그림에서 보는 것처럼, 참여적 리더와 진행자는 회의가 원활히 진행될 수 있도록 끊임없이 참여자들을 독려(facilitative behavior)해야 한다. 이들은 모든 문제는 풀 수 있다는 긍정적인 마인드를 회의 참석자 모두에게 심어 주고, 특히 회의의 회의론자(懷疑論者)들에게 집단의 의사결정은 개인의 의사결정보다 우수하다는 기본적 전제 아래 서로가 시너지 효과를 낼 수 있다는 믿음을 심어 줘야 한다.

그리고 회의의 구성원들은 회의의 목적과 내용을 잘 알고 참여해야 하며, 이를 위해서는 사전준비 단계에서 회의의 목적과 의제에 대해 제대로 확인하고 준비해 둬야 한다.

인텔의 회의실 슬로건은 참여하는 팀 구성원의 역할을 다음과 같이 명확히 제시하고 있다.

－당신은 회의 목적을 알고 있습니까?

－회의의 안건이 있습니까?

－당신의 역할을 알고 있습니까?

③ 회의결과의 정리 및 공유, 현장의 실행과 리뷰를 통한 성과창출이다

많은 기업에서 회의는 회의 그 자체로서 마무리되는 경우가 많은데, 선도기업들은 회의를 성과창출의 수단으로 활용하고 있다. 회의에서 결정된 사항은 실행으로 옮겨져 성과로 연결되어야 한다. 회의의 결과를 정리할 때는 다음의 3가지 요소를 명확히 이해하고 실행할 수 있어야 한다.

－우리가 만난 목적은 무엇인가?

－우리는 목적을 달성했는가?

－다음에 우리는 무엇을 할 것인가?

5.4. 최고경영자와 회의

(1) 경영자의 덕목

오늘날 회의에 대한 최고경영자(CEO)의 시간적 투자가 높아지고 있는 만큼, CEO가 회의를 잘하는 것도 기업 경쟁력을 높이는 중요한 요건이 되고 있다. 피터 드러커(Peter Drucker)는 다음과 같이 말했다 “유능한 경영자가 갖춰야 할 중요한 덕목 중 하나는 회의를 생산적으로 하는 것이다. 경영자는 회의 목적을 명

확히 알아야 하며 회의가 쓸모없는 시간 낭비가 되지 않도록 해야 한다."

이는 회의를 효과적으로 잘 이끌어 가야 성공하는 CEO가 될 수 있다는 의미다. 실제로 회의를 잘함으로써 성공한 대표적인 경영자로 IBM의 전임회장인 루이스 거스너(Louis V. Gerstner)를 들 수 있다. 그가 강조하는 것은 바로 회의문화의 개혁이었다. 그가 몰락해 가던 IBM에 부임한 이후 가장 먼저 개혁의 칼을 댄 것이 바로 비효율적 회의문화였고, 이는 IBM 부활의 밑거름이 될 수 있었다.

그러나 안타깝게도 대부분의 CEO들은 회의에 대해 그리 만족하지 못하고 있는 듯하다. 경영학자 폴 라이스(Paul L. Rice)가 600명의 CEO를 대상으로 한 연구에 의하면, 약 33%의 CEO는 투자한 시간 대비 회의가 비효율적이라고 응답했다. 또한 73%의 CEO는 사전 계획 부족, 안건의 부적절성 등으로 생산적 회의가 이루어지지 못한다고 응답했다.

(2) 탁월한 CEO들의 회의비결

기업의 경쟁력 제고를 위해서는 주요 의사결정이 제대로 이루어질 수 있도록 올바른 회의문화의 형성에 CEO가 각별한 노력을 기울여야 한다. 회의의 성공 여부는 CEO가 어떤 스타일로 회의를 운영하고 회의석상에서 어떤 말과 행동을 하는가에 달려 있기 때문이다. CEO가 염두에 두어야 할 몇 가지 회의의 비결을 탁월한 CEO들의 회의방법을 통해 살펴보면 다음과 같다.

① 듣기를 즐긴다

회의는 많은 사람들이 한 장소에 모여서 논의하는 것이다. 그래서 회의는 CEO의 생각이나 회사 정책의 일방적 지시/전달이 아닌, 회의 참석자들이 다양한 의견을 개진하며 더 나은 해법을 찾기 위해 논의할 수 있어야 한다.

그러나 CEO가 참석하는 회의를 보면, 회의 참석자들이 자신의 의견을 말하지 못하고 CEO의 말을 묵묵히 듣기만 하는 경우를 흔히 볼 수 있다. CEO라는 존재 그 자체만으로도 회의석상에서 위축되기 때문이다. 실제로 캐슬린 란(Kathleen D. Ryan)과 다니엘 오스트리치(Daniel K. Oestreich)는 미국의 관리자 260여 명을 대상으로 한 연구에서, 약 70%의 관리자들은 회사의 문제나 이슈를 상급자에게 솔직히 이야기하는 것을 두려워하는 것으로 나타났다.

활발한 토론과 논의를 위해서는 회의 시에 CEO가 때로는 입을 닫을 필요가 있다. 회의에서 가장 중요한 것은 사람들이 말하지 않는 것까지도 들으려 노력하는 것이다.

우리가 다른 사람의 이야기를 듣다 보면, 자신의 머릿속에는 의사결정의 답이나 아이디어가 떠오르는 경우가 있다. 그때는 내가 생각하는 답을 말하지 않고 조용히 들어야 한다. 회의 참석자들이 스스로 정답을 찾도록 그냥 놔두는 것이 CEO의 자세이다. 때로는 말하지 않고 그냥 듣는 것이 더 효과적일 수 있다.

GM의 전(前) 회장, 알프레드 슬로안(Alfred Sloan)은 중요한 전략 사안 등을 논의하는 회의에 참석하여 회의안건을 소개하는 것 외에는 자신의 의견을 말하는 경우가 극히 드물었다고 한다.

그리고 3M의 CEO였던 디시몬(DeSimone L. D)은 참석하고 싶은 사람들은 누구라도 자유롭게 참여할 수 있도록 하였으며, 사전에 특별히 정하지 않고 자유롭게 이야기하고 토의하는 회의방식을 취하였는데, 그는 발언을 가급적 자제하고 오직 듣기만 하였다고 한다.

② 토론을 이끈다

진실은 사람들 간의 논쟁을 통해 나온다. 이는 격의 없는 대화의 중요성을 강조하고 있다. 회의의 성공은 활발한 토론에 달려 있다. 이때 CEO의 역할이 중요하다. 사람들에게 그저 "활발하게 토론합시다."라는 식으로 말한다고 해서 활발한 토론이 이루어지는 것은 아니다. 필요하다면 CEO가 적극적으로 개입하여 토론을 이끌어 내어야 한다.

미국 코닝(Corning Incorporated)의 전임 CEO인 제이미 휴턴(Jamie Houghton)은 "리더가 해야 할 중요한 역할 중 하나는 질문을 던지고 이를 통해 활발한 의견 교환이 이루어지게 하는 것"이라고 말하였다. 그는 카우보이모자를 쓰고 참석자들이 CEO와 다른 의견을 마음껏 개진할 수 있도록 하였다

심지어, 어떤 경영자는 논쟁을 이끌어 내기 위해 황당하거나 비논리적인 질문을 던지기까지 한다. 이는 상대방의 아이디어가 마음에 들었다 하더라도, 의도적으로 반대하는 질문을 던짐으로써 자신과 격론을 펼치도록 유도하기도 한다.

그리고 인텔(Intel)의 전임 CEO인 앤디 그로브(Andy Grove)는 독특한 방식으로 토론 중심의 회의를 유도하였다. 활발한 토론이 없이 회의가 일찍 끝날 기미가 보이면, 그는 의도적으로 '토론광'을 회의에 불러들여, 논쟁 없이 합의되어 가던 회의를 다시 원점으로 돌려 토론을 이끌어 내기도 하였다.

③ 보고서가 아닌 자신의 생각으로 말한다

CEO가 참석하는 회의를 보면, 발표자는 CEO 앞에서 빔 프로젝터를 켜고 슬라이드 내용을 읽거나 파워포인트에 의존하여 발표하는 것을 흔히 볼 수 있다. 사전에 만들어 온 수십 페이지의 보고서를 회의석상에서 그대로 소리 내어 읽는 소위 '앵

무새'식 발표가 아닌, 발표자가 자신의 생각을 직접 말하도록 하는 것이 토론 중심의 회의이다.

모토로라(Motorola)의 CEO 에드워드 잰더(Edward Zander)는 한 임원으로부터 전략에 대한 보고를 받던 중, 언제까지 슬라이드에 적혀 있는 내용을 그대로 읽기만 할 것인가 하며 발표를 중단시켰다. 그는 발표자로 하여금 현재 우리 회사 전략의 문제와 해결방안에 대한 당신의 생각을 직접 말하라고 하였다.

그리고 P&G의 CEO 알랜 래플리(Alan G. Lafley)도 파워포인트 슬라이드를 넘기면서 앵무새처럼 읽는 비효율적 회의방식을 개혁하기로 하였다. 이를 위해, 먼저 그는 각 사업부장들에게 발표할 자료는 보고 전에 자신에게 먼저 제출하도록 하였다. 그래서 궁금한 사항이나 잘못된 점은 직접 적어서 피드백해 주었다. 둘째, 실제 회의에서는 3장짜리 보고서로만 발표하게 하였다. 그는 두꺼운 보고서보다는 자신의 생각이 담긴 간결한 보고서를 요구하였다. 셋째, 전략회의는 단순한 의견 교환이 아닌, 어느 사업(시장)에서 경쟁할 것이며, 어떻게 경쟁에서 이길 것인가라는 중요한 2가지 이슈에 대해 상호 토론과 논쟁을 하도록 유도하였다.

④ 회의장소에 대한 고정관념을 버린다

회의 장소는 사무실이어야 한다는 고정 관념을 버리는 것도 생산적 회의를 위한 포인트이다. 현장과 단절된 사무실에서 회의를 하기보다는 고객이 있는 현장에서 의사결정을 하는 것이 더 효과적일 수 있다. 특히 사무실 중심의 회의를 하다 보면, 현장의 문제를 고민하고 해결하는 데에 투자하는 시간보다도 CEO에 대한 보고서 작성에 더 많은 시간을 할애하는 문화가 싹틀 수 있다.

도요타(Toyota)의 조 후지오(張富士夫) 회장은 문제가 생기면 어디까지나 현장에서 부딪히고 해결하기 위해 현장에서의 회의를 강조하였으며, 월마트(Wal-Mart)의 창립자인 샘 월튼(Sam Walton) 역시 보고서에 적힌 글보다는 현장의 말에 더욱 귀 기울이는 것이 중요하다고 말하였다.

화이자(Pfizer)의 전임 CEO인 존 맥킨(John McKeen)은 사무실 밖에서 구성원과 직접 만나서 대화하며 회사의 경영 현황이나 문제를 파악하는 활동을 즐겼다. 그는 사내의 엘리베이터를 탈 때마다, 옆에 있는 구성원에게 "어떤 일을 하고 있지요? 잘되 갑니까? 문제는 없습니까?"라고 질문하곤 하였다.

또한 스타벅스(Starbucks)의 CEO 짐 도날드(Jim Donald)는 업무시간의 약 45% 이상을 스타벅스 매장 방문이나 직원들과의 만남에 사용하고 있다. 보통 일주일에 20개의 매장을 방문하여 직원들을 만나 이야기하면서 고객의 니즈를 경청하고 있다.

⑤ 회의시간을 소중히 여긴다

최고경영자는 회의시간을 소중하게 여겨야 한다. 만일 회의를 시작할 시간이 한참 지났는데도 가장 중요한 참석자인 CEO가 자리에 없다면 회의는 어떻게 될까? 다른 회의 참석자들은 이 회의가 정말 중요한 회의인가 하는 의구심을 갖게 되거나, 기다리다가 지쳐 버릴 것이다.

생산적인 회의를 위해서는 CEO 자신부터 회의를 소중히 여기는 모습을 보여야 한다. 그러나 현실적으로 보면 CEO들이 회의를 진정으로 소중히 여기는가에 대해서는 의구심이 든다.

회의 시간의 지각은 CEO들에게 나타나는 만성적 문제일지 모른다. 미국의 한

컨설팅 회사는 2,700여 명의 CEO를 대상으로 한 조사에서, CEO들은 10번 중 6번은 회의에 지각하는 것으로 나타났다. 물론 바쁜 CEO이기 때문에 회의에 늦을 수는 있을 것이다.

그러나 CEO의 만성적인 지각으로 인해 버려진 시간들은 그 원인이 무엇이든 회사 차원에서 상당한 손실이 아닐 수 없다. 씨티그룹(Citigroup)의 전임 CEO 샌포드 웨일(Sanford Weill)은 4명의 경영진과 회의 시에, 자신이 15분 늦으면 4천2백여 달러가 손실이라며 회의의 정시도착을 매우 중시 여기고 있다.

그리고 인텔의 전임 CEO인 앤디 그로브는 1970년대에 생산적 회의를 위한 지침을 마련하였다. 인텔의 모든 회의는 반드시 시작 시간을 사전에 정해 놓아야 한다는 것이다. 그래서 회의에 늦게 도착한 사람은 절대로 참석하지 못하게 만들었다고 한다.

이처럼, 오늘날 하루 시간의 절반 이상을 차지하는 회의는 이제 CEO의 일상과 떼어 놓을 수 없는 관계가 되어 버렸다. 특히 기업의 주요 의사결정이 바로 이 회의에서 결정된다는 점에서, 회의문화는 조직(기업)의 경쟁력을 가늠하는 중요한 잣대가 될 수 있을 것이다. 생산적인 회의, 고품질의 의사결정이 이루어지도록 CEO가 회의를 성공적으로 이끄는 데에 보다 많은 노력을 기울여야 할 것이다.

제 3 부

문제해결의 기법

제 5 장 액션러닝

1. 액션러닝의 개념
2. 액션러닝과 기존 교육방법의 비교
3. 액션러닝의 프로세스
4. 액션러닝 프로그램의 설계
5. 액션러닝의 함정

1. 액션러닝의 개념

1.1. 액션러닝의 정의

액션러닝(Action learning: AL, 실천학습)은 경영의 현장에서 성과와 직결되는 과제를 정해진 시점까지 해결하고, 이를 통해 개인과 조직의 역량을 향상시키는 행동지향적 학습기법이다. 이러한 액션러닝에 대해 학자들은 다음과 같이 정의하고 있다.

잉글리스(Inglis, 1994)는 "액션러닝을 문제에 대한 해결책을 마련하기 위해 구성원이 함께 모여서 개인과 조직의 개발을 함께 도모하는 과정"이라고 하였다. 그리고 맥길과 비티(McGill and Beaty, 1995)는 "목표의식을 가지고 구성원의 지원을 토대로 이루어지는 학습과 성찰의 지속적인 과정"이라고 정의하였다. 한편 마쿼어트(Marquardt, 1999)는 "액션러닝이란 소규모로 구성된 한 집단이 기업이 직면하고 있는 실질적인 문제를 해결하는 고정에서 학습이 이루어지며, 그 학습을 통해 각 그룹의 구성원은 물론 조직 전체에 혜택이 돌아가도록 하는 일련의 과정이자 효과적인 프로그램"으로 정의하고 있다.

이러한 여러 학자들의 정의를 토대로 액션러닝에 대한 정의를 종합적으로 내리면 다음과 같다. "액션러닝이란 소규모로 구성된 한 집단이 조직, 그룹 또는 개인이 직면하고 있는 실질적인 경영상의 이슈와 원인을 규명하고, 일을 해결하기 위한 실행계획을 수립하여 현장에 적용하고, 그 실천과정에 대한 성찰을 통한 학습, 즉 현장적응과 성찰을 통한 학습의 반복적이고 순환적인 과정을 통해 학습하는 방법이며, 이를 통해 그룹 구성원 개개인과 그룹은 물론 조직 전체의 요구를 충족하는 적시형 학습형태이다."

다시 말하면, 액션러닝은 교육훈련의 한 방법으로 학습자들이 팀을 구성하여 각자 또는 팀 전체가 정해진 과제를 일정 시점까지 해결하는 동시에 지식습득, 질문, Feedback 및 성찰을 통하여 과제의 내용 측면과 과제해결 과정을 학습하는 프로세스를 말한다. 액션러닝의 정의를 구체적으로 설명하면 다음과 같다.

- 개인, 부서 또는 전사적 차원에서 꼭 해결해야 할 중대하고 난해한 과제
- 4~7명으로 학습 팀 구성(개인에게는 서로 다른 과제, 팀에게는 하나의 과제 부여)
- 정해진 기간 경과 후 교육과정을 통해 개발한 해결대안을 보고하고 실행 여부 결정)
- 교육 기간 중에 학습자 자신 또는 학습 팀이 해결대안을 직접 실행
- 문제해결기법, Communication Skill, Project Management, 회의운영기술, 갈등관리 기술, Presentation Skill 등에 필요한 교육프로그램 제공
- 과제의 내용 측면에 대한 다양한 학습자원을 활용하며 지식습득
- 학습 팀원, Learning Coach와의 정기회합에서 자신의 문제와 그 해결과정에 대한 토론, 질문, Feedback 및 성찰의 과정을 통해 학습
- 기존의 또는 새로 습득한 지식과 도구 등을 과제 해결 과정에서 적용함으로써 학습효과를 제고

액션러닝은 전 세계의 여러 기업에서 개인과 팀 그리고 기업의 발전을 위한 핵심적인 접근 방법으로, 가장 효과적인 경영이슈의 해결방법으로 대두되고 있다. 그리고 세계의 여러 기업에서 활발하게 적용하여 성공적인 사례들이 나오고 있다.

1.2. 액션러닝의 학습효과

액션러닝은 문제중심의 학습이다. 문제중심학습(Problem Based Learning)이란 연구프로젝트, 사례연구, 디자인프로젝트, 문제발생상황, 임상현장 등을 활용한 교육적 접근법을 의미하며, 자기 주도적이고 자기평가를 실시하는 소그룹 중심의 학습방법을 지칭한다.

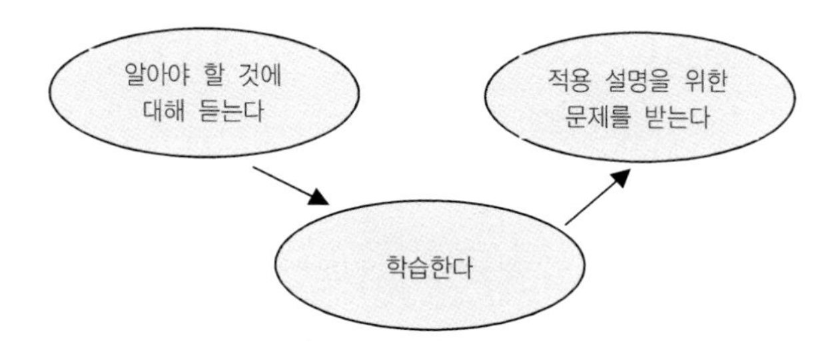

〈그림 5-1〉 주제중심학습 (Subject Based Learning)

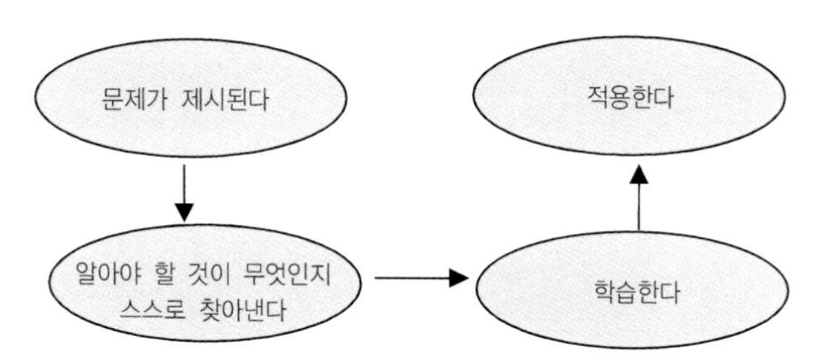

〈그림 5-2〉 문제중심학습 (Problem Based Learing)

이러한 문제 중심의 학습방법인 액션러닝의 학습효과는 다음의 원리를 지닌다.

- 기존의 사전 업무 지식의 교류를 통한 학습효과를 창출한다.
- 학습자 간의 질문과정에서 문제의 원인과 대안제시 등의 문제해결 역량향상 효과를 만들 수 있다.
- 경청과 성찰을 통하여 변혁적 교육효과가 발생한다.
- 도출된 해결방안을 실행에 옮기는 과정에서 아이디어의 실용성, 개선방향, 다른 부문에의 적용 등을 배운다.

1.3. 액션러닝의 구성요소

액션러닝은 <그림 5-3>에서 보는 바와 같이, 과제, 학습 팀, 실행의지, 과제해결의 지식습득, 질문과 성찰의 피드백, 그리고 러닝 코치 등 6가지로 구성된다.

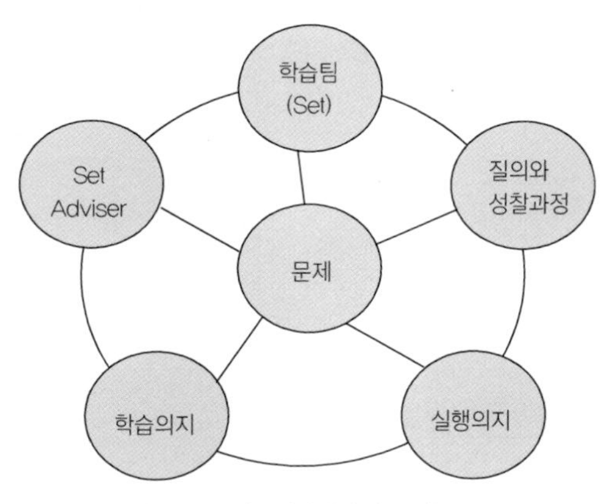

〈그림 5-3〉 액션러닝의 구성요소

(1) 과제

과제는 부서 또는 전사적 차원에서 해결하여야 할 중대하고 난해한 문제이어야 하며, 가상으로 만든 문제가 아닌 조직의 이익이나 생존에 직결되는 실제의 문제이어야 한다. Marquardt는 과제선정의 기준으로 다음의 9가지를 제시하고 있다.

- 실질적이고 반드시 해결하여야 할 과제(조직의 이익・생존과 직결된 문제)
- 실현 가능한 과제(참여자의 능력과 권한 범위 내의 과제)
- 참여자들이 진정으로 관심을 가지는 문제(해결 시 변화를 가져올 수 있는 과제)
- 참여자들의 다양한 해결방안 제시가 가능한 실존의 과제(problem, not a puzzle)
- 학습기회의 제공과 다른 부문에도 적용이 가능한 과제
- 조직 내의 여러 부서에 관련되어 있는 복잡한 문제
- 외부 전문가의 표준화된 해결방식으로 해결하기 어려운 문제
- 의사결정이 아직 내려지지 않은 문제
- 기술적이기보다는 조직적인 문제

(2) 학습 팀

팀의 구성원은 4~8명이 적당하다. 4명 미만이면, 그룹의 다양성이 떨어져 창의성을 발휘하기 힘들고 문제해결 자체가 힘들어지는 경우가 있다. 반면에 8명을 초과하게 되면 구성원 간 상호작용이 복잡해지고 개개인의 발언기회, 피드

백, 성찰 등의 단위시간이 줄어들어 효과적인 활동을 기대하기 어렵다.

팀을 구성함에 있어서는 문제해결에 대한 창의적 접근이 가능하도록 다양한 지식과 경험을 가진 사람들의 적절한 조화를 이룰 수 있는 조화로운 팀이어야 한다. Marquardt는 한두 사람이 팀의 활동을 주도하는 것을 방지하는 한편 토론과 비판이 자유롭게 이루어지도록 하기 위하여 구성원이 능력수준이 비슷하도록 팀을 구성할 필요가 있다고 한다.

학습 팀은 과제의 해결주체에 따라 2가지 형태로 구성할 수 있다. 하나는 팀이 과제의 해결주체가 되는 방식으로, 이를 single-project program이라 한다. 다른 하나는 팀원 개개인이 서로 다른 자신의 과제를 가지고 팀에 참여하는 방식으로, 각자가 과제에 대한 해결의 책임을 가지게 되는데, 이를 open-group program이라 한다.

팀 구성원의 바람직한 속성으로 Marquardt는 다음의 6가지를 들고 있다.

- 문제해결에 대한 열의
- 경청능력, 자신과 타인에 대한 질문능력
- 자신을 개방하고 다른 set member들로부터 배우려는 의지
- 타인의 가치를 존중하고 존경하는 자세
- 실행과 성취에 대한 의지
- 자신과 타인의 학습능력과 잠재능력에 대한 인식

(3) 질문, 성찰 및 피드백

액션러닝이 다른 학습과 차별화되는 특징 중의 하나는 학습이 강사에 의해 주도되기보다는 학습 팀이 스스로 문제(과제)의 본질과 효과적인 문제해결 방법

에 대하여 탐구하고, 질의하고 성찰하는 가운데 학습이 일어난다는 사실이다.

액션러닝은 강사에 의한 학습이 아니라 구성원 스스로가 문제를 해결하는 과정에서 학습을 하게 되며, 그 학습은 질문과 성찰, 피드백을 통해 학습이 실체적으로 일어난다는 것이다. 이러한 의미에서 액션러닝을 등식(L=P+Q+R)으로 표현하고 있다.

여기에서 L=Learning(학습), P=Programmed Knowledged(정형화된 지식), Q=Question(질의), R=Reflection(성찰)을 의미한다.

현명한 질문은 팀원들의 기본가정을 흔들어 놓음으로써, 사물 또는 현상 간의 새로운 연결관계를 형성해 줌으로써, 그리고 학습자가 사물의 존재와 바람직한 존재양식에 대한 새로운 사고모형을 개발하도록 도와줌으로써 창의적 사고를 촉진하게 된다.

학습 팀의 문제와 문제해결을 위한 일련의 행동, 그리고 학습 팀의 주의 깊은 성찰(reflection)을 통해 참여자들은 통찰력을 얻게 되며, 다음에 할 일을 모르는 상황(무지와 위험과 혼란의 상태)에서 신선한 질문을 던질 수 있는 능력을 개발하게 된다.

게다가 일상의 문제와 생각의 굴레에서 벗어나 사물에 대한 공통된 시각에 도달할 수 있으며, 서로의 경험으로부터 학습하는 방법을 배우고 긴밀한 유대관계를 구축하게 된다(Marquardt, 2000).

(4) 실행의지

액션러닝의 가장 큰 특징은 경영상의 궁극적이고 실질적인 문제의 해결을 전제로 하고 있다. 이러한 문제의 해결에는 실천, 즉 도출된 문제해결의 대안에 대한 실행의지가 매우 중요하다. 다시 말하면, 문제해결의 대안 혹은 그 과정이 실질적으로 실행이 가능한가 하는 것이다.

왜냐하면, 다른 사람이 실행에 옮길 제안서나 보고서를 작성하도록 하면 그것은 학습 팀의 의지와 효율성, 그리고 학습효과를 현저히 저하시키기 때문이다. 과제의 해결자가 그들의 아이디어를 실행에 옮겼을 때, 참여자들은 자신의 아이디어가 효과적이고 실용적인지, 그 결과 어떤 문제가 야기되었으며 향후 어떻게 개선할 것인지 그리고 아이디어가 조직의 다른 부문에 또는 참여자 각자 인생의 다른 부문에 어떻게 적용될 수 있을지를 정확히 판단할 수 있기 때문이다.

이러한 맥락에서, 액션러닝의 공식을 L=P+Q+R에서 'I'의 개념을 추가하여 다음과 같이 확장하여 표시하고 있다. 여기에서, I=Implementation(실행) 등을 의미한다.

$$L=P+Q+R+I$$

(5) 과제해결 과정에 대한 지식의 습득

팀의 구성원이 아무리 강한 실행의지를 가지고 있어도 과제해결에 필요한 지식을 습득하지 않으면 안 된다. 과제해결에 필요한 지식습득의 의지를 학습의지라고 한다. 학습의지가 강해야 실행의지가 빛을 발하게 된다.

지식의 종류에는 과제의 내용과 관련된 지식과 과제해결의 프로세스와 관련된 지식이 있다. 먼저, 과제의 내용과 관련된 지식은 과제의 성격이나 내용에 따라 다양하다. 그리고 과제해결의 프로세스와 관련된 지식에는 문제해결 프로세스, 팀 리더십, 커뮤니케이션 스킬, 갈등관리, 프레젠테이션 스킬, 회의운영 기술 등이 포함된다.

Marquardt(2000)는 다음의 상황에서 학습효과가 극대화될 것이라고 가정한다.

- 학습자들이 질문을 받았을 때나 스스로 질문을 해 볼 때
- 문제해결의 과정과 의사결정의 결과를 성찰할 때
- 문제해결의 절박함과 시간상의 제약이 존재할 때
- 행동의 결과를 직접 확인해 볼 수 있을 때
- 실패의 위험을 감수하는 것이 허용될 때
- 다른 사람으로부터 자신의 행동에 대한 정확한 피드백을 받을 수 있을 때
- 문제해결에 대한 궁극적인(실질적인) 책임이 있을 때

(6) Set Advisor

액션러닝의 구성요소 중에서 핵심은 Set Advisor이다. Set Advisor는 학습 팀을 지원하는 촉진자(Facilitator)를 지원하는 사람이다. 다시 말하면, Set Advisor는 학습 팀이 다루는 과제와 관련된 내용전문가가 아닌, 팀이 문제해결을 해 가는 과정에서 회의운영기술, 문제해결기법, 프로젝트 관리와 관련된 각종 도구들을 지원하고 체계적 성찰이 이루어질 수 있도록 지원하는 역할을 한다.

Set Advisor는 팀의 효과성을 증진할 목적으로 모든 팀 구성원으로부터 받아들여지고 중립적인 입장을 취한다. Set Advisor는 의사결정의 권한은 가지고 있지 않으며 해당 팀이 문제의 인식방법과 해결방법, 의사결정 방법 등의 개선을 돕기 위한 목적으로 개입한다.

Set Advisor는 <그림 5-4>에서 보는 바와 같이, 6가지의 역할-코디네이터, 촉진자, 관찰자, 분위기 조성자, 대화 촉진자, 학습코치-을 수행한다.

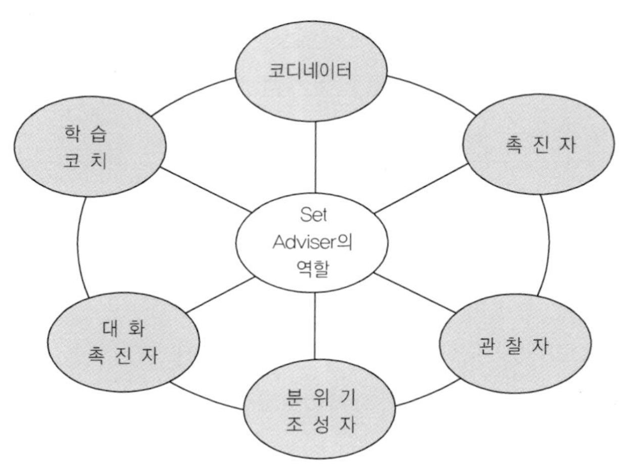

〈그림 5-4〉 Set Advisor의 역할

경험이 많은 촉진자들을 대상으로 한 조사에서, 그들에게 가장 중요한 Set Advisor의 역량(5점 만점)을 소개하면 다음과 같다(Rothwell, 1999).

- 적극적으로 경청하기(4.94)
- 질문을 기술적으로 사용하기(4.74)
- 학습 팀 내의 집단역학 관찰하기(4.45)
- 학습 팀의 통찰력 자극하기(4.43)
- 학습 팀의 주의 환기시키기(4.42)
- 토론의 내용 중에서 부분 부분을 다른 언어로 표현해 주기(4.34)
- 참여자들의 보디랭귀지를 관찰하기(4.21)
- 토론의 내용 중에서 장황한 부분을 요약해 주기(4.19) 등

이러한 조사결과는 Set Advisor의 역할이 학습 팀의 과제와 관련된 내용을 가르치는 것이 아닌, 구성원들이 서로에게 무엇을 배울 수 있는 환경을 조성하고,

자신감을 기르고 성찰하는 방법 등을 찾도록 돕는 것임을 알 수 있다.

한편, Set Advisor는 문제해결의 과정에서 학습과 관련된 코치의 역할을 주로 수행하기 때문에, 주로 학습코치(Learning Coach)라고 불린다. 학습코치는 학습 팀에서 다루는 토의 주제에 대해서는 중립을 취하며, 의사결정을 할 수 있는 공식적인 역할이 부여되지 않은 조직 내부 또는 외부의 프로세스 전문가를 말한다.

다시 말하면, 학습코치는 학습 팀원들이 그들의 문제해결 프로세스, 의사결정 프로세스, 의사소통 프로세스 및 갈등관리 프로세스를 개선하고, 과제해결의 全 과정에 대하여 체계적인 질문, Feedback, 그리고 성찰을 실시하여 과제의 내용 측면과 과제 해결 프로세스 측면을 학습하도록 도와 주는 역할을 하는 사람을 말한다.

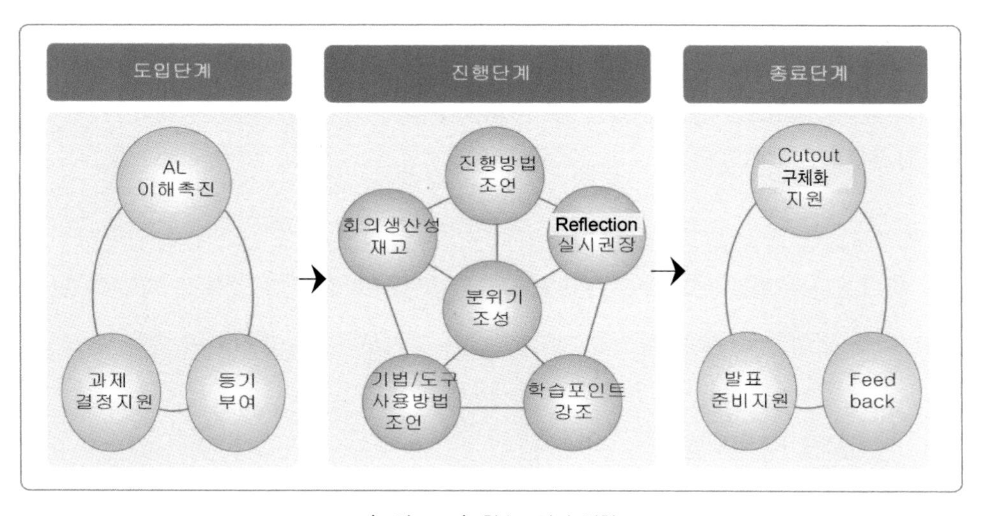

〈그림 5-5〉 학습코치의 역할

학습코치의 역할을 세부적으로 살펴보면, <그림 5-5>처럼 도입단계, 진행단계, 종료단계로 나누어 볼 수 있다. 액션러닝의 도입단계에서는 액션러닝의 이해를 촉진시키며, 팀원들을 동기부여 하고 과제를 결정하도록 지원한다. 액션러닝의 진행단계에서는 회의의 생산성을 제고시키고 성찰을 권장하며, 분위기를 조성하는 등의 역할을 수행한다. 그리고 액션러닝의 종료단계에서는 발표준비를 지원하고 피드백을 하며 결과물(산출)을 구체화하도록 지원하는 역할을 수행한다.

1.4. 액션러닝의 특성

액션러닝의 정의를 통하여 액션러닝의 특성을 도출할 수 있다. 액션러닝의 특성을 열거하면 다음과 같다.

(1) 자기 주도적 학습

액션러닝은 학습 팀의 구성원에 의해 자발적이고 주도적인 형태로 이루어진다. 액션러닝은 학습자의 능동적인 학습활동을 강조하므로, 학습자가 자신의 교육목적을 결정하고 계획하는 등 자기 주도적 학습과정을 중시한다.

(2) 경영상의 문제해결

액션러닝은 무엇보다도 경영상의 심각하고 긴급한 문제를 해결하는 기법이다. 액션러닝은 경영상의 이슈를 과제(주제)로 선정하여 이에 대한 해결책을 발견하는 데 목적이 있다.

(3) 인적자원개발

액션러닝은 경영상의 문제를 과제로 선정하고, 그것을 해결하는 과정에서 구성원 개개인은 자신의 역량을 개발할 수 있다. 액션러닝은 실제 업무에 도움이 되는 도전적 과제를 부여하고 학습과제의 선정 및 실행상의 권한을 부여함으로써 도전적이고 핵심기술을 보유한 인재를 육성하는 효과적인 학습방법이라 할 수 있다.

실제로, 미국의 금융서비스 회사 PGF(Principal Financial Group)은 개인적 차원에서의 경력개발과 성장니즈 충족, 조직 차원에서의 전략적 이슈 해결 및 향후 회사를 이끌 미래의 리더양성을 목적으로 액션러닝 팀을 활용하고 있다.

(4) 성과지향적 학습

액션러닝은 경영상의 과제를 해결함으로써 성과를 창출하게 한다. 소집단의 학습 팀을 구성하여 자율학습의욕과 실행의지로서 질문과 성찰과정을 거쳐 문제해결을 하기 때문에, 반드시 성과를 창출하게 된다(<그림 5-6> 참조). 최근에는 액션러닝은 대표적인 성과지향형 학습방법으로 주목받고 있다.

이러한 조직의 성과창출은 개인의 리더십 개발과 조직혁신으로 나타난다(<그림 5-7>참조). 개인의 리더십 개발을 통해 문제해결 능력의 강화, 혁신 리더십 역량의 강화, 조직혁신의 선도적 역할 수행 등이 이루어진다. 이런 효과는 조직혁신으로 이어진다. 조직혁신을 통해 전략적 과제의 해결, 혁신 리더의 확보, 가시적인 혁신 성과의 창출 등으로 나타난다.

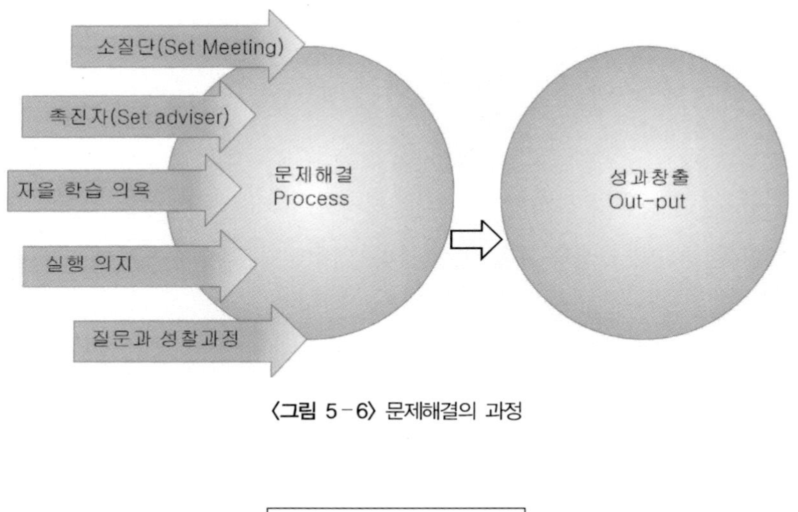

〈그림 5-6〉 문제해결의 과정

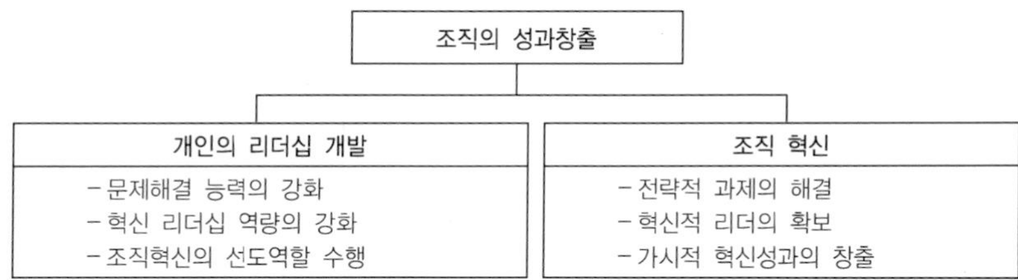

〈그림 5-7〉 액션러닝의 기대효과

(5) 체험학습의 강조

액션러닝은 기업의 성과와 직결되는 과제를 해결하며, 그 해결방안은 실행으로 이어지게 된다. 그 실행은 개인의 단순한 체험을 넘어서 그것이 기업에 미치는 영향을 평가함으로써 실질적으로 체험을 하게 한다. 액션러닝은 체험이 없는 학습이 아닌 실질적으로 체험을 하게 함으로써 학습한다는 원칙을 강조한다고 할 수 있다.

2. 액션러닝과 기존 교육방법의 비교

액션러닝은 여러 가지 측면에서 기존의 교육방법과는 다르다. 기존의 집합식 교육과도 다르며, 태스크포스, 품질분임조 등과 다르며 전통적인 교육과도 다르다.

2.1. 기존의 집합식 교육프로그램과의 차이

액션러닝은 기존의 집합식 교육과도 다르다. 액션러닝은 교육목표, 교육대상, 참여주체 등에 있어서도 기존의 집합식 교육과 비교되는 특성들을 가지고 있다. 이들 특성들을 제시하면 <표 5-1>과 같다.

〈표 5-1〉 액션러닝과 집합식 교육과의 비교

범주	액션러닝	집합식 교육
교육의 목표	현장문제의 해결, 참여자 간 유대강화, 학습조직의 구축, 참여자들의 리더십 향상, 전문성 강화 등 개인과 조직의 개발을 돕는 여러 가지 교육목표를 추구한다	일방향의 특정한 구체적인 교육목표를 추구함
교육의 목적	경영 이슈의 실제적 해결을 통한 학습	지식/테도/행동의 변화
교육의 기간	기간이 비교적 3-4주 이상에서 2년여에 이르기까지 길다	대개의 경우 3~4일에서 일주일로 그 기간이 짧다
교육의 대상	조직 내의 핵심인력만을 대상	계층별/부문별 교육
참여 주체	팀 구성원, set advisor, CEO를 포함한 현업부서장	학습자, 교수자
교육의 방법	set meeting을 통한 학습과정	집합식/대면식 교육
교육의 비용	set meeting 운영비용 set advisor선임비용 현업부서장 참여비용 등 프로그램 운영비용 외 추가비용	프로그램 운영비용
교육운영절차	오리엔테이션, 셀 미팅, 계획, 실행 및 적용, 성찰프로세스의 복잡한 운영절차	교육 프로그램 운영/비교적 간단한 절차

2.2. 태스크포스, 품질분임조 등과의 비교

액션러닝 프로그램은 태스크포스(task force), 품질분임조(quality circles), 시뮬레이션(simulation), 문제해결학습(problem－based learning) 등과 개념이 유사하지만, 차이점이 있다. 물론 이러한 팀 내에서도 현장 중심의 행동학습이 이루어지지만, 특정 문제나 과업의 현상분석에만 초점을 두고 있지는 않다.

반면 액션러닝 프로그램은 문제의 근본적인 원인파악은 물론 대응방안의 모색, 그리고 변화로 인해 야기되는 전반적인 파급효과 등과 같이 기업 전반에 걸친 환경적 · 시스템적 측면까지도 학습의 대상으로 삼고 있다. 로스웰(1999)은 액션러닝은 태스크포스 등과 다른 접근방법과 차이점을 구체적으로 <표 5－2>와 같이 제시하고 있다.

〈표 5－2〉 액션러닝과 태스크포스, 품질분임조 등과의 비교

	목적	학습방법	기타
태스크포스 (task force)	실제상황에서의 특정 과업/문제에 초점을 둠	우연적 학습	해결책을 실행할 권한이 상급자에게 있음
품질분임조 (quality circles)	실제 상황에서의 품질향상과제/문제에 초점을 둠	우연적 학습	해결책을 실행할 권한이 상급자에게 있음
시뮬레이션 (simulatiom)	가상의 사례를 다룸	의도적 학습	해결책에 대한 결과 및 책임이 따르지 않는다. 해결책의 타당성을 검증한 기회가 없음
문제해결학습 (problem－based learning)	실제 및 가상의 문제를 다룸	의도적 학습	해결책에 대한 결과 및 책임이 따르지 않는다. 해결책의 타당성을 검증한 기회가 없음
액션러닝 (action learning)	실제 직면한 경영이슈의 발견과 이의 해결을 통한 환경적 시스템적 요소에 초점을 둠	학습자의 주도적 학습과 의도적 학습	해결책의 실제적용을 통한 결과의 확인 및 이에 대한 성찰을 통해 학습이 이루어진다. 개인개발과 조직개발에 초점을 둔다.

2.3. 전통적인 교육방법과의 비교

기존의 학습방법들은 이론 및 사례 연구, 역할 연기, 시뮬레이션 등 주로 강의 위주의 간접적 학습방식으로 구성되어 있었기 때문에 현장 단위에서 발생하는 근본적인 문제를 다루지 못한다는 한계를 가지고 있다.

하지만 액션러닝 프로그램은 기업이 당면하고 있는 핵심 현안 및 현장 중심의 이슈를 중심으로 문제를 선정하고, 이를 해결할 수 있는 구체적인 대안을 실제 행동을 통해 제시한다는 면에서 기존 방법과 차이가 있다.

그리고 기존의 학습방법에서는 학습자가 제시한 결정 사항이나 해결 대안이 실제로 실행되는 경우가 드물다. 그러나 액션러닝 프로그램은 기업성과와 직결되는 사안들로 문제를 구성하기 때문에 프로그램을 통해 얻어진 결과는 거의 대부분 실행되는 경우가 많다. 즉 액션러닝 참가자들의 학습 동기를 높일 수 있다는 점에서 의의가 있는 것이다.

마지막으로 기존의 학습이 구성원들의 업무와 관련하여 문제점을 파악하고 제품이나 생산 과정을 개선하는 것에 머물렀다면, 액션러닝은 기술적으로 충분히 해결할 수 있는 문제가 아니라 익숙하지 않으면서도 도전적인 과제를 다룸으로써 보다 폭넓은 시야를 가질 수 있다는 장점이 있다.

액션러닝은 이처럼 기존의 교육프로그램과도 기본과정 및 패러다임을 달리하고 있다. 유명만(1995)은 액션러닝과 기존의 전통적인 교육방법과의 차이점을 <표 5-3>과 같이 제시하고 있다.

〈표 5-3〉 액션러닝과 전통적인 교육방법과의 비교

	전통적 교육방법	액션러닝
패러다임	공급자 중심의 교수 (강사의 상대적 우월성)	수요자 중심의 학습 (학습활동의 중요성)
철학	문제상황에 대한 전문적 지식을 가지고 있는 소수의 외부전문가	문제상황에 직면하고 있는 내부 구성원 모두가 전문가
이론과 실천의 관계	이론과 실천의 분리	이론과 실천의 통합
교수-학습의 전략	주입식	참여식
적합한 영역	전문적 지식 및 기술의 집중적인 단기간 훈련	일반적 경영관리 능력개발
교육생의 역할	수동적 지식의 흡수자	적극적 참여자
강조점	현장과 관련성이 적은 전통적인 내용중시	현장중시의 비구조적 문제 또는 기회의 해결 및 발견
교육과 경영의 관계	교육을 위한 교육 교육전략≠경영전략	경영성과 기여도의 극대화 교육전략=경영전략

3. 액션러닝의 프로세스

3.1. 일반적인 프로세스

일반적인 액션러닝은 학습 팀의 구성, 과제부여, 과제해결을 위한 팀 미팅, 해결방안 개발, 소속 부서장/최고경영층에 보고, 해결방안의 실행, 평가 등으로 이루어지는 일련의 프로세스를 갖는다(<그림 5-8> 참조).

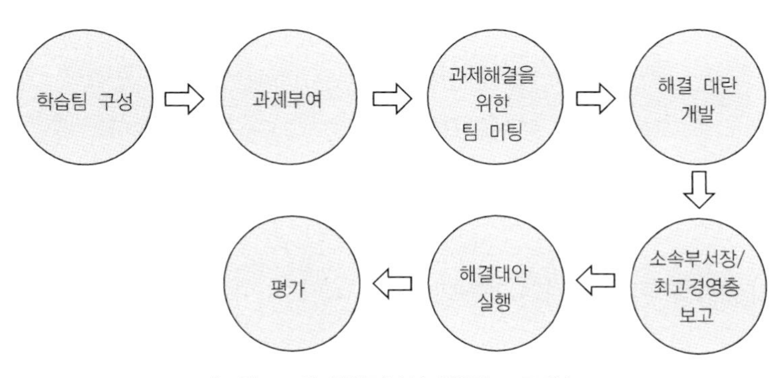

〈그림 5-8〉 액션러닝의 일반적 프로세스

(1) 팀의 구성과 과제부여

액션러닝 프로그램에 참여하는 학습 팀은 조화로운 팀을 구성해야 한다. 팀은 4~7명으로 구성된다. 문제와 문제해결에 대한 창의적 접근이 가능하도록 다양한 시각과 경험을 가진 직원들로 학습 팀을 구성하는 것이 바람직하다.

액션러닝 프로그램에 참여하는 팀들은 사안을 정리하기 위해 해당 부문을 연구하고, 사안을 검토하기 위한 해결할 과제와 관련된 시장, 고객, 재무정보를 수집한다. 최종적으로 해당부문의 임원이나 최고경영자가 액션러닝 프로젝트를 결정하게 된다.

경영진은 액션러닝 팀의 지원역할을 담당하며, 기업이 직면하고 있는 도전적 과제를 팀에 부여하는 역할을 한다. 팀은 과제기술서와 운영원칙을 정립하고, 이를 경영진에 승인받는다. 경영진과 팀 구성원들은 첫 번째 미팅에 참여하여 명확한 팀 미션을 세우게 된다.

팀에게는 부서 또는 전사적 차원에서 해결하기 난해하거나 중대한 과제를 부여한다. 팀 구성원 각자에게는 서로 다른 개별과제(open－group program)를 부과하며, 팀에게는 하나의 공통과제(single－project program)를 부과한다. 학습 팀의 각 구성원에게 개별과제를 부여함으로써 참여도를 높일 수 있다. 이는 전적으로 팀 리더의 권한으로 하여 상황에 맞게 하도록 한다.

(2) 과제해결을 위한 미팅과 해결방안의 모색

정해진 기간 동안 정기적인 미팅 외에도 수시로 미팅을 가진다. 이를 통해 해결방안을 모색한다. 효과성을 증진하기 위해서는 다양한 분야의 지식을 가진 구성원이 필요하다. 즉 팀의 구성단계에서 다기능 팀을 구성하는 것 또한 방법이다.

정해진 기간 동안 여러 번의 팀 미팅을 통하여 팀의 효과성을 증진시키기 위해 학습코치가 팀 미팅에 참석한다. 학습코치(촉진자)와 함께 문제해결의 기법, 커뮤니케이션 스킬, 프로젝트 관리, 회의운영 기술 등 다양하고 강력한 기술 등을 이용하여 과제에 대해 토론하고 성찰함으로써 해결방안의 개발과 동시에 학습이 일어나도록 해야 한다.

(3) 해결방안의 실행과 평가

팀에서 미팅을 통해 해결방안이 도출되면, 그것을 실행에 옮기게 된다. 정해진 기간의 경과 후 교육과정을 통해 개발한 해결방안을 소속 부서장이나 최고경영자에게 보고하고 실행 여부를 결정한다. 교육 기간 중에 학습자 자신이나 학습 팀이 해결방안을 직접 실행한다. 평가는 재무적인 부분, 참신성, 실현 가능성, 비용절감 효과, 생산성 증대효과(경영성과 향상 기여도) 등을 기준으로 하여 평가한다.

3.2. 체계적인 프로세스

체계적인 액션러닝은 문제상황의 제시, 문제인식, 문제의 명료화, 가능한 해결책 제시, 우선순위의 결정, 액션플랜 작성, 현장적용, 성찰 등 일련의 프로세스를 갖는다(<그림 5-9> 참조).

〈그림 5-9〉 액션러닝의 체계적 프로세스

(1) 문제상황의 제시

액션러닝은 실제적 문제, 즉 팀에서 직접 경험하는 문제의 상황을 제시하는 것에서 시작된다. 촉진자는 요구조사를 통해 분석된 문제와 학습자료를 팀에게 제시하고, 팀 구성원들이 숙지하도록 한다. 제시된 문제가 현재 팀이 직면하는 가장 시급하고 중요한 문제라는 것을 인식하고, 그 문제에 집중할 수 있도록 간단히 의견을 물어본다.

팀원은 요구조사에서 가장 시급하고 중요하다고 응답했던 문제와 현재 촉진자가 제시하는 문제에서 우선순위의 차이가 있다면, 왜 이 문제가 더 중요한지를 생각해 보고, 의견을 개진하면서 제시된 문제에 대한 생각을 공유할 수 있는 기회를 가지도록 한다.

또한 제시된 학습자료를 검토하고 학습함으로써, 프로젝트를 수행하는 데 사용되는 새로운 지식기반을 구축한다. 이 단계에서 팀에 제공되는 지원요소는 본 단계에서 학습해야 할 학습자료와 촉진자 활동지침이다.

(2) 문제의 인식

문제의 해결은 어떤 상황을 해결해야 한다고 인식함에서 시작한다. 이 단계에서는 팀 토론을 통하여 제시된 실제적 문제를 다각적으로 인식한다. 다시 말하면, 제시된 문제와 관련된 모든 가능한 내용을 모두 살펴보는 것으로서, 팀원의 개방된 마음에서 나오는 모든 의견을 경청한다.

촉진자는 학습자료를 팀에게 제시하고 학습할 수 있도록 한 다음에, 제시된 문제의 특성과 원인을 분석할 수 있도록 관련 기법을 제시하여 기법의 개념과 활용 시기 그리고 활용절차를 자세하게 설명한다.

또한 촉진자는 촉발질문을 하여 팀이 자유롭게 많은 문제를 생각해 낼 수 있도록 유도하며, 소수의견과 다른 관점 그리고 독특한 의견도 제시할 수 있도록 하는 환경을 조성하여야 한다.

그리고 촉진자는 팀에서 활발한 의사소통이 이루어질 수 있도록 하고, 팀원이 인식하는 문제가 공유될 수 있도록 하여야 한다. 마지막으로 촉진자는 피드백을 통하여 문제가 팀 내에서 제대로 인식이 되었는지 확인하여야 한다.

팀원은 촉진자가 제시하는 학습자료와 분석기법을 이용하여 문제의 특성과 원인을 분석한다. 이를 위해 팀원들은 다양하고 많은 의견의 제시와 활발한 커뮤니케이션, 문제의 인식과 공유 그리고 타인에 대해 포용하는 마음을 가지도록 한다.

제시된 문제가 실제상황에서 팀이 당면하는 문제인지 문제의 인식을 공유하고, 실제로 이 문제들이 가지는 특성과 원인을 촉진자가 제시하는 질문과 확산적 사고기법들을 사용하여 찾아내게 된다. 이 단계에서 팀에 제공되는 지원요소는 학습자료, 촉진자 활동지침, 확산적 사고를 유도하는 기법들이다.

(3) 문제의 명료화

문제의 명확화는 팀원이 해결해야 할 문제를 명확히 하는 단계이다. 문제의 명료화는 문제해결과 의사결정을 하는 동안에 초점을 두게 되는 명확한 기준점을 제시하는 것이라 할 수 있다. 팀원들은 문제의 명료화를 거침으로써 제시된 문제를 자신의 문제로 받아들이게 된다.

팀원은 촉진자가 제시하는 학습자료와 관련 기법을 학습하고, 문제의 인식단계에서 창출된 지식을 팀에서 공유한다. 그리고 명확한 문제도출을 위해 수렴적 사고기법을 사용하여 우선순위를 선정하고 명료화한다.

문제의 우선순위 선정은 팀원의 합의를 거치도록 하며, 다루기 쉽고 해결이 된다면 큰 효과를 발휘할 수 있는 문제를 중점적으로 분석하도록 한다. 이 단계에서 팀에 제공되는 지원요소는 학습자료, 촉진자의 활동지침, 수렴적 사고를 유도하는 기법들이다.

(4) 가능한 해결책의 제시

가능한 해결책의 제시는 제시된 문제를 해결하기 위한 다양한 접근방법을 모색하는 단계이다. 문제가 명료화되면, 팀의 토론을 통하여 문제를 해결할 수 있는 다양한 해결책에 대한 아이디어를 도출하게 된다.

이때 촉진자는 촉발질문을 함으로써 팀원이 다양한 아이디어를 제시하도록 하고, 창의적 기법을 제공함으로써 혁신적이고 새로운 해결책이 도출될 수 있도록 촉진하여야 한다. 촉진자는 기존의 해결책과 비교함으로써 실제 조직에서 적용할 수 있는지 적용 가능성을 탐색할 수 있어야 한다.

이 단계에서는 확산적 사고가 필요한 단계로서, 팀은 기존의 해결전략, 새로운 해결전략, 창의적인 해결전략을 다른 팀원에 구애받지 않고 자유롭게 제시하여야 한다. 다만 일정한 법칙을 가지고 정형화된 해결책은 참고만 하고, 이용하거나 실제로 해결책으로 선정하지는 않는다.

(5) 우선순위의 결정

우선순위의 결정은 팀의 토론을 통해 도출된 가능한 해결책들 중에서 시급성, 경제성, 실현 가능성 등을 고려하여 제시된 실제적 문제의 해결방안 중에서 우선순위를 결정하는 것이다.

이때 촉진자는 학습자료의 제시와 함께 이전의 가능한 해결책의 도출단계에서 산출된 해결책 목록을 팀에 제시하며, 팀이 화합을 유자하며 격렬한 비판적 사고를 하도록 유도한다. 그리고 외부전문가의 견해를 팀에 제시하여 기존에 알려진 위험은 제거할 수 있도록 도와줄 필요가 있다.

해결책의 우선순위는 시간, 비용, 긴급성, 중요성, 효과성 등과 같은 기준을 고려하고, 각각 현재에 필요한 기준을 중심으로 우선순위 목록을 정한다. 우선순위를 선정할 때는 모든 대안을 토론하도록 요구하고, 초기의 대중적인 선택에 집중하는 경향을 피하도록 하는 것이 바람직하다. 마지막으로 팀이 피드백을 통해 우선순위에 합의하도록 한다.

(6) 액션플랜 작성

우선순위가 높은 해결책들이 선정되면, 액션플랜 단계에서는 팀 토론을 통해 조직에서 해결책들을 어떻게 구체적으로 실행할 것인가에 대한 계획을 수립한다. 팀 토론을 통해 각 팀별로 구체적인 실행계획인 액션플랜을 작성하는 것이다.

촉진자는 본 단계의 학습자료를 제시하여 팀이 학습할 수 있도록 한다. 그 후에 액션플랜의 작성지침과 이전 단계에서 산출된 해결책의 우선순위 목록을 팀에 제시하고, 액션플랜 작성에 필요한 기법의 개념, 활용 시기, 활용절차 등을 설명한다.

촉진자는 액션플랜이 팀 초기의 목표와 부합하는지, 해결전략을 충분히 반영할 수 있는지를 생각할 수 있도록 도와준다. 액션플랜의 강점과 약점, 수행의 촉진요소와 제한 요소 등 결과물에 영향을 미칠 수 있는 요소들을 인터뷰, 설문지, 파일럿 테스트를 통해 미리 도출해 내고, 집중적으로 검토하여 팀이 액션플랜에 반영하도록 도와주는 것도 필요하다.

마지막으로 촉진자는 피드백을 통해 팀과 조직의 환경, 외부요소들이 팀이 액션플랜을 수행하는 데 도움이 되는 방향으로 정렬되어 있는지 최종적으로 점검하고, 팀에서 액션플랜을 합의할 수 있도록 시간을 제공한다.

팀원은 촉진자가 제시하는 학습자료, 관련 기법, 액션플랜 작성지침을 학습하고, 이전단계에서 창출된 지식을 공유한다. 팀은 초기목표, 수행이 촉진·제한요소, 해결해야 할 문제, 프로세스상의 팀 위치, 팀원의 사기, 조직의 지원 등을 최종적으로 점검하고, 이를 바탕으로 우선순위에 따라 선정된 해결전략을 액션플랜을 충분히 반영할 수 있도록 계획을 세운다.

2순위까지 해결전략을 다각도로 수립하여, 실제 적용이 가능한지 여부를 판단한다. 액션플랜의 작성지침에서 강조해야 할 부분은 액션플랜이 수행순서에 따라 절차적으로 작성되었는지, 액션 시에 일어날 수 있는 모든 가능한 촉진·방해요소들이 조사되었는지를 예측하여 액션플랜에 명시하도록 하는 것이다. 마지막으로 피드백을 통해 액션플랜의 모든 요소들을 팀이 공유하고 검토하여, 실제 수행에서 발생할 수 있는 문제를 최소화한다.

(7) 현장적용

현장적용에서는 팀 토론을 통해 작성된 액션플랜을 각 팀원은 자신이 소속된 조직에서 직접 수행하게 된다. 먼저 촉진자는 본 단계의 학습자료를 제시하고 팀이 학습하도록 한다. 그 후 이전단계에서 수립한 액션플랜과 현장기록서를 팀에 제시한다. 현장기록서에는 현장적용의 단계에서 일어날 수 있는 긍정적이고 지지적인 요소, 부정적인 요소 및 의견을 기록할 수 있도록 만들어져 있어야 하며, 촉진자는 팀이 현장기록서를 자세하게 작성할 수 있도록 설명한다.

그리고 팀원은 촉진자가 제시하는 학습자료, 관련 기법, 액션플랜 작성지침을 학습하고, 이전단계에서 창출된 지식을 공유한다. 팀은 액션플랜에 따라 현장적용하고, 현장기록서를 자세하게 작성한다. 액션플랜의 현장적용 시 간단한 파일럿 테스트를 먼저 수행하는 것이 좋다.

(8) 성찰

성찰 단계에서는 팀 토론을 통해 나온 액션플랜을 적용하는 과정에 대하여 팀원들은 각자 개별적인 성찰의 시간을 가지게 되고, 이러한 개별 성찰의 내용을 팀원들이 함께 나누는 성찰미팅의 단계를 가지면서 전체적인 학습의 과정 및 효과에 대한 성찰을 통해 자신의 문제점 및 산업현장의 문제점을 다시 한 번 고찰하여 개선할 수 있게 된다.

촉진자는 이전의 액션플랜 단계에서 산출된 현장기록서 평가를 위한 체크리스트를 팀, 조직, 이해관계자 등에 제시하고 설명한다. 체크리스트가 포함하고 있는 평가의 세부내역을 자세하게 설명해서 평가 및 성찰이 효과적이 되도록 한다.

본 단계에서 나타난 문제점들이 치명적이라면, 문제명료화 단계로 돌아가서 수정/보완하고, 각 단계를 반복해서 수행하도록 한다. 팀은 현장기록서와 평가지를 근거로 액션플랜의 전 프로세스를 성찰하고, 필요시 이전단계로 돌아간다.

4. 액션러닝 프로그램의 설계

4.1. 인재육성의 첨병

많은 기업들이 인재육성의 중요성을 강조하고 있다. 하지만 기존의 학습 시스템만으로 인재육성과 기업 성과를 동시에 달성하기는 어렵다. 선진 기업의 사례를 통해서 볼 때, 효과적인 인재육성의 방안으로 액션러닝이 부각되고 있다.

기업의 경영에서 끊임없이 제기되는 화두가 '사람이 경쟁력의 원천'이라는 것이다. 80년대까지만 해도 가장 중요한 핵심가치로 '성장'을 추구하던 GE는 최근 '인재'를 가장 중요한 자원이자 경쟁력의 원천으로 삼고 있다.

이러한 풍조는 비단 GE뿐 아니라 많은 기업들이 유능한 인재 발굴 및 육성을 최우선적인 핵심 경영 과제로 선정하고 있다. 인재육성을 위한 방법에는 여러 가지가 있는데, 그중 하나가 바로 액션러닝(Action Learning)이다.

90년대부터 해외 선진기업들을 중심으로 조직의 당면문제 해결, 국제적 감각을 지닌 리더 육성, 조직의 경쟁우위 확보 및 학습조직으로 거듭나기 위한 일환으로 액션러닝이 적극 활용되고 있다.

액션러닝은 실제 경영현장에서 성과와 직결되는 이슈 혹은 과제를 정해진 시점까지 해결하고, 이를 통해 개인과 조직의 역량을 동시에 향상시키는 행동지향적 학습기법이다. 이러한 액션러닝의 핵심 포인트는 개인, 팀, 그리고 조직이 변화에 보다 효과적이고 유연하게 대응할 수 있는 학습역량을 기르는 데 있다.

4.2. 맞춤형 액션러닝의 설계

최근 급격한 경영환경의 변화와 함께 인적 자원개발에도 패러다임의 변화가 일어나고 있다. 급변하는 외부환경의 변화에 신속한 대처로 경쟁우위를 확보하기 위해서는, 과거 어느 때보다도 '지속적인 학습'의 요구가 증가되고 있다.

이와 관련하여 최근 적시형 학습(just in time learning)과 맞춤형 학습(on demand learning)이 등장하였으며, 이를 구현할 수 있는 구체적인 학습방법이 액션러닝(action learning)이다.

액션러닝 프로그램은 문제해결 능력을 극대화시키고 질적으로 우수한 학습과 개발이 가능하도록 하기 위해 다양한 형식과 형태를 취할 수 있다. 액션러닝 프로그램은 조직 및 액션러닝 그룹에 참여하는 개인의 목적, 한계 및 자원 등에 알맞게 변화를 주거나 조정할 수 있다.

여기서 주의해야 할 점은 우리 기업(조직)에게 가장 알맞은 액션러닝 프로그램을 만들어 내기 위해 조직이나 개인이 다음의 요소를 취사 · 선택을 하는 과정에서 액션러닝의 6가지 핵심요소가 제거되거나 간과되어서는 안 된다는 것이다. 조직을 위한 맞춤형 액션러닝 프로그램의 설계에서 고려할 요소는 다음과 같다.

(1) 프로그램의 유형

액션러닝 프로그램은 기업의 문제를 해결하거나(단일 프로젝트 프로그램) 또는 각 집단 구성원이 안고 있는 문제를 해결하기 위해(오픈 그룹 프로그램) 구성될 수 있다.

① 단일 프로젝트 프로그램

단일 프로젝트 프로그램을 사용하는 조직은 여러 집단이 조직 내의 동일한 조직의 문제를 다룰 수도 있고, 각 집단이 서로 다른 문제를 다룰 수도 있다. 여러 집단이 동일 문제를 다룰 경우, 여러 가지 대안이 해결책으로 제시될 수 있는데 이는 조직의 문제 해결에 큰 도움이 된다.

반면에 동일한 문제를 여러 집단이 함께 다룰 경우에 나타날 수 있는 단점은, 실행에 옮겨질 해결책(제안)이 단지 한 집단의 노력만을 반영하는 것이 될 수 있으며, 행동에 대한 성찰을 통해 얻을 수 있는 학습도 한 집단에게만 제한될 수 있다는 것이다.

그리고 조직의 여러 집단이 서로 다른 문제를 다룰 경우에는 보다 많은 문제가 해결될 수 있다. 또한 각 집단은 자신의 해결책에 기초한 행동으로부터 무언가 학습할 수 있게 되며, 보다 깊이 있는 학습이 가능하다.

② 오픈 그룹 프로그램

오픈 그룹 프로그램에서는 조직의 여러 집단이 저마다 안고 있는 서로 다른 문제들을 다룬다. 전 구성원이 각 집단의 발표자가 된다. 구성원들은 정해진 기간 동안 서로의 협력자이자 지원자가 된다. 그들은 서로 다른 조직의 구성원 또는 동일 조직의 다른 부서 구성원들로 구성될 수 있다.

(2) 프로그램의 구조

프로그램의 구조는 조직의 각 집단 구성원이 프로그램에 참여하는 형태, 프로그램의 길이, 회의의 길이, 회의의 빈도 등을 말한다.

① 프로그램의 구조

프로그램의 구조는 조직의 각 집단 구성원이 프로그램에 참여하는 형태, 즉 풀타임으로 참여하느냐 또는 파트타임으로 참여하느냐에 따라 달라진다.

풀타임 액션러닝 프로그램은 집단의 구성원들이 기존 업무에서 벗어나 프로그램에 전적으로 참여할 것을 요구한다. 풀타임으로 진행될 경우, 1~12개월 정도의 일정으로 조직의 경영 성과와 직결되는 과제를 수행(해결)하게 된다. 예를 들어, 미국 GE의 중역개발 프로그램에서는 풀타임 액션러닝이 매우 효과적인 전략임이 입증되었다.

반면, 파트타임 프로그램에서는 기존 업무를 계속하면서 프로그램에 참여한다. 파트타임의 프로그램은 1개월에서 혹은 수개월간 하루, 일주일 또는 한 달에 두세 시간씩 진행된다. 조직에서 시간을 따로 내어서 학습하기가 불가능한 현실을 감안한다면, 파트타임 프로그램은 매우 유용한 접근방법이다.

② 프로그램의 길이

프로그램의 길이는 액션러닝 프로그램을 수행하기 위한 일정의 길이를 말한다. 주말에 한 번 모여서 해결할 수 있는 문제인지 아니면 몇 개월 정도가 필요한 문제인지? 한 번 모일 때마다 몇 시간씩 할애하면 되는가 혹은 하루 종일 모임을 가져야 하는가 등이다. 일반적으로 액션러닝 프로그램을 수행하기 위해서는 어느 정도의 일정이 확보되어야 조직이나 집단의 구성원들에게 도움이 된다.

현실적으로, 많은 기업이나 개인이 빠지기 쉬운 위험은 액션러닝 집단이 활동을 하는 데 맡은 임무를 수행하기에는 턱없이 부족한 시간만을 할애하는 점이다. 만약 액션러닝 집단에 충분한 시간이 주어지지 않으면 문제를 충분히 연구하고 재구성하거나 또는 시스템 관점에서 문제가 놓인 상황을 검토하지 못할 수도 있다.

③ 회의의 길이

오픈 그룹에서 중요한 점은 매 회의마다 각 구성원이 자신의 문제나 사안에 대해 이야기할 수 있는 시간이 적어도 20분에서 30분 정도는 주어져야 한다는 것이다. 가령, 5~6명으로 구성된 집단은 적어도 3시간 내지 4시간 정도가 필요하게 된다. 필요한 시간보다 적게 주어질 경우 액션러닝 그룹 또는 액션러닝 과정에 대한 실망이 생기거나, 열정이 식어 가게 된다.

만일, 한 구성원에게 더 많은 시간이 필요하다고 그룹 전체가 생각한다면, 이를 위해 일정을 변경할 수 있으며, 구성원은 자기에게 주어진 시간을 다른 사람에게 양보할 수도 있다. 그리고 단일 프로젝트 집단이라 하더라도 3~4시간을 넘지 않도록 하여, 최고의 생산성, 에너지 및 만족감을 이끌어 낼 수 있어야 한다.

④ 회의의 빈도

액션러닝 회의는 액션러닝 그룹이 해체될 때까지 전 과정에 걸쳐 매일·매주·매월 단위로 열릴 수 있다. 액션러닝 전문가들에 따르면 문제의 재구성, 시험 방법 및 실행한 행동에 대한 보고 등에 관한 지속성과 초심을 유지하기 위해서는 회의의 간격이 한 달 이상이 되어서 안 된다고 한다.

만약 회의 사이의 기간이 너무 길어질 경우, 참가자들은 매일매일 나타나는 징후 및 긴박한 사태를 해결하느라 조직 전반에 영향을 미치는 핵심적인 문제를 간과할 수도 있다는 것이다.

기업이 액션러닝에 부여하는 우선순위 및 중요도는 액션러닝 그룹의 회의를 위해 기업이 얼마나 많은 시간을 할애했는가에 의해 종종 결정된다. 불행히도 어떤 기업들은 액션러닝 프로그램을 업무 외 시간에 수행하도록 요구한다. 분명히 이런 식의 시간 조정은 직원들에게 액션러닝이 중요하지 않다는 결론을 내리게 한다.

한 번의 회기로 액션러닝 프로그램을 마칠 수도 있지만, 회의 중에 행동을 실행하고, 진행 사항을 알리며(특히 오픈 그룹 프로그램에서), 성찰하고, 외부 지식을 얻을 수 있는 기회를 비롯한 여유 시간을 가지게 되면 여러 이점을 얻을 수 있다.

마지막으로 회의의 주기 및 빈도와 관련하여 주기적인 점검이 필요한데, 초기에 결정된 사항을 계속 유지해도 무리가 없는지 확인하고, 진척 정도와 성취도를 평가하며, 좀 더 빈번한 액션러닝 회의가 필요한 것은 아닌지 등을 결정해야 하기 때문이다.

(3) 집단의 구성

액션러닝 집단의 구성원은 내부인 또는 외부인, 지원자 또는 선발자, 촉진자와 발표자의 인선(임명), 집단의 규모 등에 따라 달라진다.

① 내부인 vs 외부인

조직의 내부에서 진행되는 액션러닝 프로그램(이하 내부 프로그램)은 조직의 문제를 해결하고 발전을 가져오는 데 주로 초점이 맞추어진다. 이 프로그램을 통해 조직의 변화 및 조직 내 학습문화 및 학습조직을 생성할 수 있는 강력한 수단을 얻게 된다. 내부 프로그램에서는 학습이 지속적으로 이루어질 수 있기 때문에 액션러닝 프로그램의 길이는 크게 문제가 되지 않는다.

한편, 직원들을 조직 외부의 액션러닝 프로그램에 참여시키는 경우도 발생한다. 이 경우에도 몇 가지 장점을 얻을 수 있다. 이러한 외부 프로그램은 다양한 배경을 지닌 사람들이 한데 모이기 때문에 기존의 조직 중심의 편협하고 고루한 사고에 참신한 아이디어를 수혈할 수 있다. 또한 참가자들은 자신이 안고 있는 내적 문제에 착수하거나, 이를 해결하는 데 필요한 도움을 얻을 수도 있다.

② 지원자 vs 선발자

액션러닝의 집단은 특정한 문제를 해결하기 위하여 자신의 의지로 참여하는 사람들로 구성될 수 있고, 조직이 요구하는 사람으로 구성할 수도 있다. 먼저 자신의 의지로 참여하는 액션러닝의 집단에 참여하는 이유는 다음과 같다.

- 문제나 집단의 구성원에 대해 진정 어린 염려
- 주제와 관련된 분야에 대한 지식이나 흥미
- 사안과 업무(생활)와의 연관성

한편, 조직이 요구하는 사람으로 액션러닝 집단을 구성하기도 하는데 다음의 경우에 주로 하게 된다.구성원의 선발(지정)하는 기준은 다음과 같다.

- 조직적 필요로 따라 특정 부서나 부문의 사람들을 모아야 하는 경우
- 집단의 구성과 관련해 경험이 있는 사람이 그룹 내에 필요한 경우
- 차기 리더의 선정 기준으로 삼고자 하는 경우
- 효과적인 액션러닝 프로그램을 구성하는 데 필요한 참신한 관점 또는 다양성 확보 등

단일 프로젝트 액션러닝 프로그램의 그룹 구성은 종종 조직에 의해 이루어지는 반면 오픈 그룹 액션러닝 프로그램의 구성은 일반적으로 관심이 있는 사람들로 이루어진다. 즉 그룹의 일원이 되기 위해 자발적으로 지원한 사람들로 구성된다.

③ 촉진자(내부자 vs 외부자)

촉진은 액션러닝의 핵심 구성 요소로서 실행하는 행동 및 습득하는 배움의 질을 최적화시킨다. 촉진자의 역할을 담당할 사람이 조직 내에서 임명되거나(내부 촉진), 조직의 외부에서 초빙되기도 하며(외부 촉진), 그룹 구성원들이 돌아가며 담당하기도 한다.

조직의 집단 내에서 촉진자를 내부인력으로 구성하느냐 아니면 외부인력으로 구성하느냐 또는 내부 구성원이 돌아가면서 하느냐의 결정은 다음의 질문에 따라 달라질 수 있다.

- 기업이 촉진자 양성을 위해 기업 내부의 직원을 훈련시킬 수 있는 역량이 있는가?
- 기업 내부의 직원을 촉진자로 임명하면 그룹 구성원들에게 방해가 되지는 않는지?
- 외부 촉진자의 활용에 따른 용역비용의 충당 또는 지원자를 구할 수 있는가?
- 촉진자가 오직 초기 단계에서만 필요하다고 생각하는가?
- 여러 액션러닝 그룹을 1~2명 또는 여러 명의 촉진자로 담당하도록 할 것인가?
- 그룹 구성원들이 돌아가면서 촉진자의 역할을 담당할 수 있는가?

④ 발표자(당사자 vs 지명자)

과제의 발표자는 문제를 안고 있는 실제 당사자가 될 수도 있으며 조직이 임명할 수도 있다. 발표자로 임명된 사람은 문제를 그룹에 소개하고, 그룹이 제시한 해결책이 확실히 실행되도록 하는 책임을 지닌다. 그리고 문제의 실제 당사자는 대부분 조직의 상위 계층에 속해 있어 문제에 관해 직접 작업할 시간을 내지 못하는 경우가 많다.

문제를 안고 있는 당사자가 발표자가 되면, 그것의 해결과정에서 참여함으로써 그룹의 문제해결을 위한 해답과 행동을 모색하는 데 필요한 그룹의 자발성을 저해할 수도 있지만, 다음의 이점도 있다. 즉 해당 문제에 대한 관심이 증가되며 해결책을 찾으려는 의지가 강화된다는 것이다. 당사자는 그룹의 제안 사항을 실행하기에 앞서 제기되는 해당 문제에 대한 그룹 동료들의 질문에 보다 적절하게 답변할 수 있다.

반면에 임명받은 발표자는 조직에서 갖는 중요성이 훨씬 큰 문제, 따라서 해결책이 시행될 경우 상당한 영향을 미칠 수 있는 문제를 제기할 수 있다. 구성원들이 조직에서 또는 업계나 전문 영역에서 자신의 명성을 높일 수 있는 기회를 가질 수 있다는 점에서 집단의 에너지가 생성될 수 있다.

⑤ 그룹의 규모

액션러닝 그룹의 최적 규모를 결정하는 데에는 2가지 요소 — 원활한 사회적 상호작용(다양한 관점 및 필요한 지원의 획득)에 필요한 인원수, 주의를 기울여야 하는 문제들을 다루는 데 필요한 시간 — 가 있다.

만일, 인원이 너무 많으면 자유롭고 편안한 분위기의 정보, 아이디어 및 도전

과제의 교환이 방해받을 수 있다. 또한 결과물이 줄어들며, 시너지 효과도 감소되고, 창의적 긴장감이나 역동성이 저하되며, 행동과 학습에 대한 피드백도 제한적으로 이루어진다.

집단의 역동성이나 문제해결의 질 등과 관련한 연구를 볼 때, 액션러닝 그룹이 능률적이고 효과적이 되기 위해서는 4~8명 정도로 구성되는 것이 가장 바람직하다고 한다. 10명 이상인 학습그룹이 성공한 예는 거의 없다.

(4) 문제의 선정

문제를 익숙한 문제로 하느냐 낯선 문제로 하느냐, 낯선 환경에서 하느냐 익숙한 환경에서 하느냐, 문제의 선정 주체를 누구로 하느냐, 문제의 유형이 무엇이냐 등에 따라 액션러닝 프로그램이 달라진다.

① 익숙한 문제 vs 낯선 문제

그룹의 구성원들이 자신들에게 익숙한 문제, 예를 들어 자신의 업무와 관련된 문제 등을 다룰 경우에는 업무성과를 향상시킬 수 있으며, 해당 업무와 관련한 시스템 및 여러 가지 부수 사항들을 더욱 심도 깊게 이해할 수도 있다. 상황에 대해 보다 잘 알고 있는 사람에게서 나타나는 자연스러운 반응이기는 하지만, 익숙한 문제를 다룰 때 발표자는 '네, 그렇지만' 게임을 하듯 대답하려는 경향을 피하는 것이 매우 중요하다.

하지만, 그룹의 구성원들이 낯선 문제를 다루기는 좀 어렵다. 낯선 문제를 다룰 수 있다면, 놀라운 창의력을 발휘할 수 있으며 그룹 구성원의 관점을 향상시키고 확대할 수도 있다.

낯선 문제를 다룰 경우 외부 전문가가 필요할 때도 있다. 다른 사람의 문제를 다룰 경우 위험한 점 중 하나는 문제의 중요성 또는 긴박성을 제대로 인식하지 못할 수도 있다는 것이다. 액션러닝은 이런 문제를 해결하는 과정에서 내재적으로 흥미와 헌신을 수반한다.

② 낯선 환경 vs 익숙한 환경

익숙한 환경이란 조직의 구성원 모두가 한 조직이나 지역사회에서 모인 경우이다. 모두가 환경에 익숙할 경우 얻을 수 있는 이점 중 하나는 문제가 발생한 상황이나 환경을 설명하거나 묘사할 필요가 적다는 것이다. 그리고 가장 심각한 단점은 적어도 초기에는 사고방식이 유사해서 참신한 관점의 도출이 부족하게 된다는 것이다.

낯선 환경은 그룹의 구성원이 다른 조직이나 배경 또는 경험을 가진 사람들로 이루어졌거나 또는 배경은 같지만 개인적인 문제로 고민하는 마케팅 부서 사람이나 학문적인 문제를 안고 있는 사업가 등 전혀 다른 문제를 안고 있는 사람들로 그룹이 구성된 경우를 말한다.

③ 문제선정의 주체

문제가 선정되는 방식, 즉 문제 선정의 주체가 누구인가는 매우 중요한 문제이다. 당연히 선정되는 문제는 실제로 수행하는 것이어야 하며, 주의를 기울여야 하고, 조직에서 갖는 의미가 큰 것이어야 한다. 따라서 문제의 선정 시에는 다음 방법들을 사용하면 효과적이다.

-기업의 스폰서가 문제를 선정한다.

– 액션러닝 프로그램이 시작되기 전에 스폰서 및 구성원들이 함께 문제를 결정한다.

– 최초 액션러닝의 회의 시에는 구성원들이 문제를 결정한다.

마지막 두 가지 경우는 그룹이 문제와 직접적인 연관성을 가지며, 문제에 대한 주인 의식을 가지고 있어야 한다는 액션러닝 프로그램의 핵심 원리에 잘 부합한다. 처음 경우는 스폰서가 그룹 구성원에게 해당 문제가 회사의 이익과 직결되는 주요 사안이며, 제안 사항이 이 해당 그룹에 의해, 해당 그룹과 다른 사람들과의 협력을 통해 또는 다른 그룹에 의해 반드시 실행될 것이라는 확신을 심어 줄 수 있을 때 잘 진행된다.

④ 문제의 유형

문제가 중요하고 복잡하면 할수록 해결책을 통해 얻는 결과는 더 큰 지렛대 효과를 발휘하며, 액션러닝 집단이 다루어 볼 만한 더욱 좋은 문제라고 할 수 있다. 문제에는 유일한 해결책만이 존재하는 것은 아니며, 그룹마다 다양한 방법의 해결책을 찾을 수 있다.

조직에 액션러닝을 도입할 때 조직의 여러 부서와 연관이 있으며, 전문가의 해결책으로도 해결하지 못하는, 또한 성격상 기술적이라기보다는 조직적인 문제를 선정해야 한다.

마지막으로 문제와 관련해 구체적인 일정이 수립되어야 하고, 즉 행동으로 옮겨야 할 시점이 정해져야 하며, 조직이나 그룹의 역량으로 실행 가능한 문제이고, 중요하며 해결할 만한 가치가 있는 문제여야 한다.

(5) 맞춤형 액션러닝 프로그램을 위한 변화와 선택

각 조직은 직면한 해결 과제에 대해 각각 다른 방식으로 대처한다. 따라서 조직에 가장 많은 이익을 가져올 수 있는 액션러닝 프로그램이란 회사의 목표에 알맞게 맞춤된, 모든 관련 부서에 잘 맞는 것이다. 액션러닝 프로그램의 핵심 구성 요소가 손상되지 않는 한 여러 가지 다양한 프로그램이 가능하다.

4.3. 액션러닝 프로그램의 구축(운영)

앞에서 살펴본 바와 같이, 액션러닝 프로그램은 인재육성과 조직성장을 동시에 이룰 수 있는 훌륭한 도구이다. 하지만 인재육성의 첨병으로 각광받고 있는 액션러닝은 실제 프로그램을 실행하는 데 있어서 각별한 주의를 기울여야 한다. 액션러닝 프로그램의 구축과 효과적 운영을 위한 요점을 살펴보면 다음과 같다.

(1) 적절한 과제의 선택

무엇보다도 적절한 과제를 선택하는 것이 중요하다. 액션러닝 프로그램이 실패하는 가장 결정적인 원인 중의 하나가 부적절한 문제(과제)나 사안의 선택이다. 액션러닝이 효과적이기 위해서는 무엇보다 중요한 것은 기업(조직)이 직면한 실질적이고 도전적인 이슈(Challenging Issue)를 과제로 선정하는 것이다.

중요성이 낮거나 사소한 문제, 추상적이고 복잡한 문제 혹은 그룹의 권한이나 책임소재 밖의 문제 등은 피하는 것이 좋다. 미국의 PFG는 액션러닝 프로그램의 운영에서 가장 신경을 쓴 것 중의 하나가 적절한 문제의 선정이었다.

(2) 조직 차원의 지원

액션러닝 프로그램의 성공은 조직 차원 지원의 뒷받침을 필요로 한다. 특히 최고경영층의 지원의지는 액션러닝 프로젝트의 성패를 좌우할 정도로 중요하다. 학습 팀의 토론을 통해 도출된 해결책을 실행함에 있어서 기민하고 즉각적인 경영진의 지원이 없다면 학습 참여자들의 에너지와 열정은 금방 사라지게 될 것이다. 미국 GE의 미래리더 육성을 위한 액션러닝 프로젝트의 성공비결은 바로 여기에 있다고 하여도 과언이 아니다.

(3) 시간배분의 적합성

액션러닝의 질을 높이기 위해서는 적절한 시간배분을 고려하여야 한다. 특히 팀 구성원들 간의 정보공유와 문제해결에 필요한 충분한 성찰의 시간이 확보되어야 한다. 미국의 GM은 액션러닝 팀으로 글로벌 테스트 팀을 운영하였다. 프로젝트의 중요도와 어려운 정도에 따라 적절한 프로젝트 수행 기간을 조정하였으며, 참여자들이 현업에 복귀하기에 앞서 프로젝트의 수행 기간 동안 경험한 다양한 지식을 공유하고 성찰할 수 있는 시간을 갖도록 해 주었다.

(4) 조화로운 팀의 구성

액션러닝 프로그램의 성공을 위해서는 조화로운 팀의 구성이 이루어져야 한다. 액션러닝 팀 구성의 핵심은 다양성과 중복성에 있다. 이는 여러 부문에서 선발되는 것도 중요하지만, 선발된 구성원들의 효과적 의사소통을 위해 능력 면에서 어느 정도 비슷한 수준이 유지될 수 있도록 주의를 하여야 한다. 또한 팀 구성원의 참여 및 학습의지, 촉진자의 우수성, 그리고 구체적인 행동계획의 수립이 효과적으로 이루어질 수 있도록 있어야 한다.

(5) 장기적이고 체계적인 평가

액션러닝의 프로젝트가 효과적으로 운영되기 위해서는 정기적이고 체계적인 평가시스템이 갖추어져야 한다. <표 5-4>에서 보는 것처럼, 그룹차원 또는 조직차원의 평가가 지속적으로 이루어져야 한다. 이는 액션러닝 프로그램의 효과 자체를 검토하는 것뿐만 아니라 인재육성을 위한 첨병으로서의 역할을 위해서도 필수적이다.

학습이란 그것이 행동으로 연결될 때 진정한 가치가 있다. 액션러닝의 가장 큰 가치는 구성원들이 조직이 직면한 문제해결 과정에 직접 참여함으로써 효과적인 학습을 이룰 수 있다는 점에 있는 것이다.

〈표 5-4〉 액션러닝 프로그램의 평가

평가 수준	평가내용	체크포인트의 예
그룹 차원의 평가	질문의 우수성	- 질문을 통해 문제를 제대로 구성해 보기 전에 성급히 해결방안을 마련하는 것은 아닌가? - 참신하고 사안을 명확히 하는 데 도움이 되는가? - 시의적절하고 도움이 되는 질문인가? - 모든 사람이 질의 과정에 참여하고 있는가?
	경청 및 성찰의 우수성	- 질문과 답변 사이에 성찰을 위한 시간을 갖고 있는가? - 새로운 행동방식에 대한 열린 태도를 갖고 있는가? - 새로운 인식을 갖게 되는가? - 제기된 당양한 질문 및 의견 사이의 연결고리를 찾아가고 있는가?
	문제의 구성 · 해결의 우수성	- 개인이나 조직에 있소 현실적이고 실질적이며 중대한 문제인가? - 해결 가능한 문제인가? - 그룹과 조직에 학습기회를 얻을 수 있는 문제인가? - 개인이나 그룹의 책임소재하에 있는 문제인가? - 해결책이 가져올 영향을 검토해 보았는가?
	실천단계 우수성	- 구체적이고 명확한 것인가? - 평가해 볼 수 있는가? - 개인과 조직에 이익이 되는가? - 행동이 가져올 영향이 검토되었는가? - 다른 방안들도 검토해 보았는가?
	촉진의 우수성	- 촉진자가 성찰의 과정에서 제대로 도움을 주는가? - 피드백이 얼마나 정확하고 적절한가? - 참가자의 학습과 발전을 위해 촉진자가 헌신하고 있는가?
	조직차원 부가 가치	- 즉각적으로 적용해 볼 수 있는가? - 투자효과가 있는가?
조직 차원의 평가	리더십 개발	- 코치, 촉진자 및 멘토의 역할이 리더의 핵심역할에 포함되어 있는가? - 긍정적인 사고와 에너지를 생성할 수 있는가?
	조직학습	- 조직 전반에 걸쳐 학습기회가 더 많이 생성되었는가? - 학습에 대한 보상이나 평가가 이루어지는가?
	문제해결 능력	- 다른 문제해결의 메커니즘보다 더욱 효과적인 문제해결 과정인가? - 생성된 해결방안은 어떤 영향을 미치는가? - 직원들의 문제 구성과 해결능력이 향상되는가?
	개인의 역량강화	- 참여자들이 자신의 장점과 한계에 대해 잘 인식하게 되었는가? - 변화 또는 기존사고에 대하여 의문을 제기하는 것에 대해 열린 자세를 가지고 있는가?

5. 액션러닝의 함정

액션러닝을 조직에서 실제로 적용할 때 많은 실수를 하거나 모르고 그냥 지나치는 상황들이 많이 발생한다. 이른바 액션러닝을 실제로 조직에 적용하면서 많은 함정에 빠지는 경우가 있다는 것이다. 이 함정들에는 학습자들이 빠지기 쉬운 함정, 촉진자들이 빠지기 쉬운 함정, 그리고 교육담당자들이 빠지기 쉬운 함정 등 3가지가 있다.

5.1. 학습자들의 함정

학습자들이 액션러닝 팀에서 잘못을 범하기 쉬운 점은 학습자 자신이 아닌 촉진자가 해결방안을 제시해 주기를 바라는 것이나 학습은 현업과 별개의 것으로 여기는 것이다.

(1) 촉진자가 해결방안을 제시

액션러닝 팀은 주기별 미팅(회합)을 통하여 그동안 수행했던 활동의 결과를 분석하고 성찰하게 된다. 전통적인 교육에 익숙해져 있는 학습자들은 전문강사가 전달해 주는 내용만을 교육이라고 여기는 경향이 많다. 이런 학습자들에게 팀 미팅에서 주고받는 얘기들은 학습이라고 여기지 않을 수가 있다.

다시 말하면, 학습자들은 그룹 미팅을 진행하는 촉진자에게 정답이나 해결방안을 제시해 주기를 바라고 있는 것이다. 그러나 그것은 학습자들이 액션러닝에서 촉진자의 역할을 모르기 때문이다.

액션러닝을 위한 그룹미팅에서 팀 구성원들은 촉진자의 역할이 내용전문가로서가 아니라 그들의 팀 활동을 생산적으로 이끌도록 도움을 주는 사람이라는 인식을 분명하게 인식하여야 한다.

만일 액션러닝 팀의 활동을 수행해 나가면서 전문지식이 필요하면, 그 분야의 전문가를 초대하면 되는 것이 바람직하다. 해결대안을 만들고 그것을 현실에서 실험 적용해 보는 것은 촉진자가 아니라, 학습자 자신과 팀 구성원들이라는 책임을 함께 공유하여야 한다.

(2) 학습과 현업은 별개

많은 학습자들은 아직도 학습이나 교육을 현업에서의 업무수행과 별개로 생각한다. 우리는 흔히 '교육받으러 간다.'는 말을 하는데, 이것은 교육이 현업과 떨어져 있다는 것을 은연중에 암시하는 말일 것이다.

그러나 액션러닝에서 이루어지는 학습 프로세스에서 중요한 개념은 현장에서의 액션과 기본가정을 벗어나게 하는 질문 그리고 현장에서의 액션경험에 대한 성찰을 통해 학습이 이루어진다는 것이다.

학습은 현업을 벗어나는 것이 아니라 업무수행을 하는 가운데 이루어지는 것임을 알아야 한다. 그런데 아직도 많은 학습자와 그의 상사, 그리고 교육의 담당자까지도 액션러닝의 프로세스를 이해하지 못하는 잘못을 저지르고 있다. 학습자와 그의 상사들에게 학습의 본질 및 액션러닝에 대한 깊은 이해가 요구된다.

업무시간 중에 매주 혹은 2주에 1번씩 주기적으로 일어나는 성찰미팅에 참석하기 위해 부하직원들이 자리를 비우는 것은 다름 아닌 학습을 하러 가는 것이다. 현업이 바빠서 교육받으러 갈 시간이 없다고 말하는 직원들이 잦은 업무시간의 공백을 메우기 위해서는 나날이 향상되어 가는 학습자 자신의 역량과 현업에서의 성과로 연결될 수 있도록 프로세스가 구축되어야 할 것이다.

5.2. 촉진자의 함정

촉진자가 빠지기 쉬운 함정은 팀 구성원들의 기대에 부응하기 위하여 촉진자 자신이 문제해결의 방안을 제시하는 경우와 촉진자로서의 가능함 모든 방법을 동원해 보지 않고 팀의 비효과성을 특정인의 탓으로 돌리는 경우이다.

(1) 촉진자 자신이 문제해결의 방안을 제시

액션러닝에서 팀 구성원들의 잘못된 생각은 촉진자가 문제해결의 방안을 제시해 주길 바라는 것이다. 성급한 촉진자들은 팀 구성원들의 그러한 기대사항을 충족시키기 위하여 그것이 촉진자의 역할이 아님에도 불구하고, 자신이 생각하는 올바른 답을 성급하게 제시하고 싶은 유혹들을 받을 수 있다. 심지어 촉진자 자신이 해답을 제공해 주지 않을 경우 자신이 하는 역할이 없다고 느끼는 경우도 있다.

숙련된 스킬을 가진 촉진자라면 이러한 유혹(잘못)들을 팀 구성원들이 스스로 생각해 볼 수 있도록 하는 질문들을 사용하여 스스로 발견해 나갈 수 있도록 하여야 한다. 팀 구성원들의 잘못된 기대사항에 부응하기보다는 그룹의 역동성을 관찰하고 적절한 개입을 함으로써 촉진자로서의 역할을 수행할 수 있어야 한다.

따라서 촉진자로서의 경험이 많은 사람을 촉진자로 활용하여야 한다. 만일,

촉진자의 경험이 많지 않은 사람을 촉진자로 활용해야 할 경우에는, 사전에 액션러닝에서의 촉진자 역할을 완벽하게 공유하고, 팀 활동을 촉진해 나가는 과정 속에서 촉진자들과의 성찰미팅을 통해서 부단하게 자신의 촉진시키는 기술을 향상시켜 나갈 수 있는 기회가 제공되어야 한다.

(2) 팀의 비효과성은 특정인의 탓

촉진자의 특별한 개입이 없어도 그룹의 역학관계가 시너지로까지 발전하는 학습 팀이 있다면 아주 이상적일 것이다. 아마도 그런 준비가 되어 있는 팀을 만나는 촉진자는 특별한 도전이 없이도 팀이 잘 진행되기 때문에 행운을 얻은 것이다.

하지만 대개는 학습 팀이 개발의 단계(forming－storming－norming－performing)를 거치면서 촉진자는 다양한 도전에 직면하게 된다. 대부분의 도전들은 촉진자와 팀의 구성원들의 노력으로 해결될 수 있지만, 촉진자를 좌절하게 만드는 경우도 발생한다.

예를 들어, 팀의 구성원들 중 특정인이 과도한 영향력으로 원래의 목적달성을 어렵게 만드는 경우가 그것이다. 촉진자로서의 가능한 모든 방법을 동원해 보지 않고 팀의 비효과성을 특정인의 탓으로 돌리게 된다. 특정인으로 인하여 팀 구성원 모두가 피해를 보게 할 수 없다고 여겼기 때문일 것이다.

5.3. 교육 담당자들의 함정

교육의 담당자들이 액션러닝을 수행하면서 빠지기 쉬운 함정은 적절하지 않은 과제를 선정하거나, 경영의 의사결정과는 관계없이 교육활동만으로 운영되거나, 성찰미팅의 중요성에 대한 커뮤니케이션이 단절되거나, 사내강사를 촉진자로 활용하는 것 등이다.

(1) 적절하지 않은 문제(과제)의 선정

액션러닝에서 팀의 구성원들이 안고 있는 문제(과제)는 조직이 안고 있는 실제 경영상의 이슈이다. 사례연구나 문제중심 학습에서 다루어지는 것처럼 가상의 이슈가 아니라 대개는 조직이 직접 직면하고 있는 이슈이다. 다시 말하면, 학습자들이 실제 손에 쥐고 있어서 해결해야만 하는 문제는 아니라는 것이다.

이러한 이유 때문에 액션러닝은 개인학습으로 끝나지 않고, 조직이 안고 있는 문제의 해결이라는 2가지 중요한 이점을 제공하고 있는 것이다. 액션러닝의 이러한 이점이 최대한 발휘되려면, 과제 자체가 조직은 물론 학습자들에게도 개발의 기회를 제공하는 해결하기 쉽지 않은 의미가 있는 것이어야 한다.

따라서 과제로 선정된 경영상의 이슈는 충분한 의미가 부여되어야, 액션러닝의 진정한 효과를 기대할 수 있다. 조직의 특성이나 액션러닝의 진행방식에 따라서, 팀의 구성원들은 그들이 당면하는 이슈를 선정하게 되더라도, 만일 장기간 동안 집중된 노력을 투자하고 또 정기적으로 성찰미팅을 갖는 것이 시간낭비라는 판단이 들게 된다면, 즉 체계적인 접근으로 해결될 수 있는 문제라면, 굳이 액션러닝으로 가져갈 필요는 없게 된다. 이때는 액션러닝으로 다루어 갈 문제인지 아닌지 판단하여야 한다.

(2) 경영과는 무관한 교육적 차원에서의 운영

경영의 의사결정과 연계되지 않고, 교육활동만으로 끝나는 프로세스를 장기적으로 운영할 때, 팀의 구성원들은 학습 팀이 의미 있는 활동을 한다고 여기기보다는 자신들이 소모되고 있다고 느낄 수 있다.

문제(이슈)에 대한 데이터 조사와 해결방안이 교육적인 차원으로만 끝나 버리고 경영진의 의사결정에 조금이라도 반영이 되지 않는다면, 그것은 액션러닝의 가치를 떨어뜨리는 것이 된다.

이처럼, 학습(교육)이 경영과 연계되지 않는다면, 경영진은 교육에 대하여 부정적으로 인식하게 될 것이고, 팀의 구성원 또한 교육에 대하여 회의를 느낄 것이다.

결과적으로 교육과 경영이 따로 움직여 갈 때, 경영진의 교육에 대한 인식 그리고 조직구성원들의 교육에 대한 인식이 결국에는 교육부서의 목을 죄는 결과를 가져올 수도 있다.

(3) 성찰미팅 참석의 중요성에 대한 커뮤니케이션의 단절

액션러닝에서 팀의 구성원들이 토로하는 어려움은 자신의 상사가 성찰미팅에 참석하기 위해 자리를 비우는 것을 용인하지 않는다는 것이다. 성찰미팅에 참석하는 사람을 둘러싸고 있는 주변 사람들에게 성찰미팅의 중요성을 홍보하고, 특히 액션러닝팀 구성원의 1차 상사와 2차 상사의 끊임없는 커뮤니케이션이 이루어져야 한다. 성찰미팅에서 논의되었던 이슈들을 기밀을 요하는 정보들은 제외하고 상사들에게 주기적으로 피드백해 주는 것이 효과적이다.

(4) 촉진자로서 사내강사의 활용

상하 간의 자유로운 커뮤니케이션이 가능하지 않고, 직급이 낮은 구성원들의 아이디어가 직급이 높은 관리자들의 권위에 의해 묵살되는 분위기를 가진 조직문화에서 사내의 리더(사내강사)들을 촉진자로 활용하는 것은 바람직하지 않다.

그동안 기업에서는 사내강사를 양성하여 조직의 많은 과정에 그들을 활용해 왔기 때문에, 그들에게 액션러닝 팀의 촉진자를 맡기고 싶어 한다. 만일 그렇게 운영이 된다면, 액션러닝 팀의 구성원들이 자유로운 토론을 하기보다는 직급이 높은 사람의 애기를 수용해 버리는 결과를 낳을 수 있다. 수평적인 조직문화가 정착되지 않은 조직이라면, 차라리 외부의 전문가들을 촉진자로 활용하는 것이 액션러닝 팀의 생산성을 높이는 방법이다.

제 6 장 학습조직

1. 학습조직의 현황

1.1. 학습조직의 개념

(1) 학습조직의 개념

학습조직은 미국의 경영학자 피터 센지(Peter Senge)가 창안한 경영혁신에 관한 개념이다. 그는 학습조직을 환경변화에 대한 조직의 적응전략으로서 생존과 성장, 그리고 발전의 원동력이라고 하였다. 이 흐름은 1998년 이후 지식경영으로 발전하게 된다.

이러한 학습조직은 기업이 환경변화에 신속히 대응해야만 살아남을 수 있다는 전제에서 출발한다. 기업이 지속적으로 성장하고 발전하려면 환경변화에 신속하게 대응하며, 나아가서 환경을 창조해 나가야 하는 것처럼 학습조직은 환경변화에 대한 조직 차원의 혁신전략이라는 점이다. 다시 말하면, 학습조직은 조직의 핵심역량과 관련된 지식이나 노하우를 창출・공유・확산하는 전략이라고 할 수 있다.

그러나 여기서는 학습조직을 문제해결의 기법으로서 살펴본다. 학습조직(Community of Practices)은 공통 관심사에 대한 직원들의 전략적・자발적 모임으로서, 연구검토, 문제해결, 아이디어 도출, 학습, 경험 및 정보의 공유를 통해 목표달성과 과제해결 등을 수행하는 기법인 것이다.

조직에서는 여러 가지 문제가 발생하며, 그것의 해결을 위한 과제가 주어진다. 주어진 과제의 해결은 개인이 해결할 수도 있고, 팀이 해결할 수도 있다. 개인이 해결할 수 있는 것은 각자의 능력에 따라서 해결하면 되지만, 개인이 해결할 수 없는 과제는 그것을 해결할 수 있는 팀을 구성해서 해결해야 한다.

이때, 개인은 개선의 제안을 통해 과제를 해결하고, 팀은 소집단, 품질분임조(QC), 태스크포스(TF), 학습조직(CoP)이나 액션러닝(AL) 등을 조직하여 과제를 해결하게 된다.

학습조직은 과제해결을 위해 조직된 하나의 학습 팀인 것이다. 학습 팀은 과제의 성격에 따라 여러 가지 기법이나 해결도구를 활용하여 과제를 수행하게 된다.

학습조직에서 말하는 학습은 단순히 공부한다는 의미가 아닌 조직의 구성원이 환경변화에 적응한다는 포괄적인 의미를 담고 있다. 환경변화에 적응하기 위해 조직의 핵심역량을 강화하여 지속적으로 경쟁우위를 확보하게 되는데, 이의 과정을 학습이라고 한다.

학습은 조직의 일상적 업무활동과 별개의 독립적인 활동, 즉 자기개발과 관련되는 활동만이 아니다. 학습은 조직과 구성원의 변화 그 자체이며, 동시에 이러한 변화의 원동력을 창출해 내는 근본적인 힘이 학습이다.

(2) 학습조직의 등장배경

학습조직이 등장하게 된 배경에는 크게 2가지 — 환경변화에의 적응, 조직변화의 한계 — 가 있다. 먼저 기업이 급변하는 환경에서 생존하는 방법은 적극적으로 적응하는 것으로, 이를 효과적으로 추진할 수 있는 방법 중의 하나가 바로 조직학습이라는 것이다. 기업의 환경이 안정적이면, 기업이 보유 습득한 기술이나 능력으로 경쟁력을 유지할 수 있다.

하지만 환경이 급변하는 不안정적이면, 기업은 새로운 기술로서 고객이 요구하는 상품을 개발할 때 경쟁력을 유지할 수 있다. 따라서 기업이 새로이 변화하는 환경에 적응할 수 있는 능력, 즉 학습능력을 얼마나 갖추었느냐가 조직의 경쟁력 내지 생존을 결정짓는다고 할 수 있다.

다음은 기존의 경영혁신기법으로서 조직 전체의 변화를 가져오는 데에는 한계가 있어, 새로운 경영혁신 기법이 필요하게 되었던 것이다.

그동안 총체적 품질경영, 고객만족경영, 시간중심 경영 등의 여러 기법들이 나왔지만, 그것으로는 조직변화를 가져오는 데 한계가 있었고, 기업이 환경변화에 신속히 적응하기 위해서는 새로운 지식이나 정보의 수집이 필요한데, 기존의 경영혁신 기법으로서는 한계가 있었고 학습조직에 의해 가능함을 알 수 있다(<표 6－1> 참조).

〈표 6－1〉 기존의 경영혁신 기법과 학습조직의 비교

조직의 요구사항	기존의 경영혁신 기법	학습조직
신속한 환경적응력과 지식 정보의 수용력	단기적 지식은 창출하지만 지적 자산의 축적은 안 됨	지식의 공유 · 축적으로 변화 대응력의 향상
미래의 대응력	당면 과제의 해결	미래 문제의 해결능력
창조적 문제발견, 환경주도력	기존 문제의 해결 중심	창조를 통한 환경주도 능력배양
항시적 혁신을 위한 기초체력	대중 요법	한방 요법 (기초 체력의 보강)
구성원의 자아성장 욕구	조직만족, 고객만족	조직만족, 직원만족, 고객만족
혁신의 주체는 구성원	상위계층 중심의 혁신	현장중심의 학습으로 혁신주도

자료: 장승권 외(1996), p.379.

학습조직이 등장하게 된 배경에는 이상의 2가지 외에도 다음의 여러 이유들이 있다. 지식 부가가치의 생산성에 대한 인식, 배우는 문화의 체질화 필요성, 그리고 급격한 기술변화로 인한 학습의 필요성 등이 학습조직이 등장하게 된 주요 배경들이다.

(3) 학습조직의 필요성

오늘날의 무한경쟁시대의 환경에서는 지식, 정보, 기술, 더 나아가서 학습능력과 같은 눈에 보이지 않는 자산이 중요한 경쟁요소가 되고 있다. 특히 학습능력의 구축은 지속적으로 경쟁우위를 창출할 수 있는 원천으로 최근 새롭게 부각되고 있다.

장기적이고 지속적인 조직에서의 학습을 통하여 조직은 학습능력을 체화하고, 습관화된 학습능력을 바탕으로 점차 학습조직으로 발전하게 된다. 즉 조직 내에서 학습조직을 발전시킴으로써 조직의 학습역량을 높일 수 있다. 조직의 학습역량이란 조직학습을 효과적으로 할 수 있는 능력을 말한다.

조직의 학습역량은 영향력 있는 아이디어를 창조하고 확산할 수 있는 능력을 말한다. 여기에서 아이디어의 창조는 아이디어의 획득, 발견, 발명을 의미한다. 그리고 아이디어의 확산은 조직 내의 여러 경계에 걸쳐서 아이디어를 공유하는 것을 말한다.

학습역량을 바탕으로 지속적인 변화를 추구하는 대표적인 기업으로 3M이 있다. 3M의 창조적이고 혁신적인 기업문화는 수십 년에 걸쳐 조직 내에 정착된 차별화된 학습역량이다. 3M의 학습역량을 강화시킨 첫 번째 요인은 모험을 장려하는 기업의 가치관에 있다. 실패를 용인하는 기업문화, 이것이 구성원들을 지속적으로 학습하도록 하는 주요한 원천이 되고 있다.

3M의 학습역량을 강화시킨 두 번째 요인은 이러한 리더의 비전을 구체적이고 실행 가능하도록 지원해 주는 일관성 있는 제도적 장치이다. 그중의 하나가 '30%의 규칙'이다. 이는 각 사업 부문별로 1년 매출의 30%는 최근 5년 내에 개발된 제품에 의해 이루어져야 한다는 것이다. 3M의 전사적인 경영전략은 이 원

칙에 근거하고 있다.

3M의 학습역량을 강화시킨 세 번째 요인은 이와 같이 축적된 지식이나 아이디어의 독특한 공유방식에 있다. 3M은 소규모의 팀으로 운영되는데, 각 팀에서 개발된 기술의 전사적 전파 및 공유는 다른 어느 기업보다도 잘 이루어진다. 그것은 자신이 개발한 기술일지라도 이는 자신의 것이 아닌 회사의 자산이라는 강한 공유의식이 있기 때문이다.

이처럼, 조직학습이 필요한 이유는 조직학습이 급변하는 환경 속에서 지속적 경쟁우위를 점할 수 있는 유일한 대안이며, 기업은 학습조직을 발전시킴으로써 어떠한 환경의 변화 속에서도 유연하게 적응할 수 있는 준비를 갖출 수 있기 때문이다.

1.2. 학습조직의 구성과 활동

(1) 학습조직의 특징

학습조직의 특징을 한마디로 규정하기는 매우 어렵다. 여러 학자들이 정의한 학습조직의 특징들을 종합적으로 살펴보면 다음의 7가지로 요약할 수 있다.

① 지식의 창출 · 공유 · 활용이 뛰어난 조직

조직의 내 · 외부 환경에서 오는 당면의 문제들을 해결하기 위해서는 지식을 창출하여 간련된 사람들과 그것을 공유하고 활용하는데, 학습조직은 여기에 뛰어난 조직이다. 학습조직은 지식을 활용하여 조직의 문제를 해결하고 조직을 창조적으로 변화시킨다.

② 창조적인 변화능력을 촉진하는 조직

학습조직은 조직 내의 창조적인 변화능력을 확대하고 심화하는 학습을 유발하고 촉진하여 효율적으로 문제해결을 이끌어 가는 조직이다. 학습조직은 이러한 창조적 변화가 이루어질 수 있도록 전략을 구상하고 그것을 실현하는 조직이다. 조직이 현실적으로 적응하고 생존하기 위한 학습도 중요하지만, 그러한 적응과 생존학습은 창조적 학습과 결합되어야 하고, 그것이 가능하도록 촉진하는 것이 학습조직이다.

③ 탈관료제를 지향하는 조직

학습조직은 여러 가지 면에서 탈관료제 지향적 성격을 지닌다. 히트(Hitt, 1995)는 조직은 관료제 조직에서 성과위주의 조직, 즉 학습조직으로 발전한다고 하면서, 두 조직의 비교를 통해 그 특징을 <표 6-2>와 같이 제시하고 있다.

〈표 6-2〉 전통적 조직과 학습조직의 특성 비교

	전통적 조직	학습조직
비전의 공유	유효성과 능률	조직의 변화, 탁월성
리더십 유형	통제자	촉진자
팀	작업집단	시너지 팀
전략	안내지도(road map)	학습지도(learning map)
구조	계층적 구조	역동적 네트워크
스텝	알고 있는 집단(people who know)	학습하는 집단(people who learn)
기술	적응학습	생성학습
측 정 기 계	재정보고	균형 잡힌 성과표

학습조직은 전통적 조직인 관료제 조직과는 달리 계층적 권위에 의한 의사결정 구조가 아닌 구성원의 참여와 자율성을 토대로 하는 역동적 네트워크를 형성한다. 그리고 학습조직은 조직의 유효성과 능률만을 추구하는 것이 아니라, 구성원이 함께 조직의 변화를 추구해 나가는 조직임을 알 수 있다.

④ 현실을 이해하고 변화방법을 탐색하는 조직

조직은 하나의 현실로서 개인과 집단들로 구성된 유동적이고 복잡한 환경 속에 존재한다. 효율적인 조직은 여러 당면문제가 처한 현실을 정확히 지각하고 이해하고서 변화를 추구해야 한다. 학습조직은 학습활동을 통하여 조직의 현실을 바르게 지각하고 이해하며 현실의 변화방법을 설계하고 선택하며 실행하는 중심체이다.

⑤ 학습자의 주체성 자발성 참여성이 존중되는 조직

학습조직은 학습자의 주체성·자발성·참여성이 존중되는 조직이다. 최고경영자나 관리자의 독단적·강제적·하향적 결정에 수동적으로 참여하는 학습조직이 아니라, 학습자가 스스로 주체가 되어 자발적으로 참여하여 학습목표를 달성하는 조직이다. 조직의 관리자들은 조직의 개방적 학습풍토를 성하고 학습의 효과를 거둘 수 있는 인프라를 구축하고 지원하는 일을 한다.

⑥ 연속으로 학습이 이루어지는 조직

학습조직에서의 학습은 일시적인 어떤 목표를 정해 놓고 그것에 도달하면 종료되는 것이 아니라, 학습이 지속적 연속적으로 이루어진다. 학습은 마치 사람이 자신의 그림자와 함께 계속하여 진행하는 것과 같은 연속적 과정인 것이다. 어떤 학습목표가 달성되면, 새로운 목표를 새로이 설정하여 학습활동을 지속적으로 진행하여야 한다.

⑦ 조직, 직원, 고객을 만족시키는 조직

학습조직은 조직이 지향하는 새로운 가치를 창조하고 그것을 실행할 능력을 발전시키며 조직 활동의 구체적 성과를 통하여, 조직과 직원 그리고 고객 모두의 만족을 지향하는 조직이다. 다시 말하면, 학습조직은 조직의 질적 수준을 높이고 관리의 속도를 촉진하며 성과를 향상시킴으로써 조직의 만족을 달성한다.

(2) 학습조직의 구성요소

학습조직이 운영되기 위해서는 몇 가지 구성요소 — 문제(과제), 소그룹, 상호토의, 실행의지, 학습의지, 리더 — 가 충족되어야 한다.

학습조직의 구성요소
- 문제(조직이 해결해야 할 과제, 프로젝트로서 경영성과와 직결되는 과제) - 소그룹(문제해결에 적극적인 사고를 가진 3~5명의 집단) - 상호토의(모르는 것도 관심을 가져 학습과 질문을 할 수 있는 능력) - 실행의지(팀이 도출한 개선안을 실행에 옮길 수 있는 의지) - 학습의지(업무와 학습에 동일한 비중을 두어 자기개발과 조직개발이 가능하도록 학습을 할 수 있는 의지) - 리더(문제해결에 도움을 주는 사람, 과제 해결의 속도를 조절하는 사람)

(3) 학습조직의 활동

학습조직의 활동은 구성원(회원)들에게 자신의 능력을 발휘하고 그 성과를 맛

보는 성취감을 안겨다 준다. 무엇보다도 그들 자신이 조직에 영향을 주고 있다는 자부심과 그 공헌의 기쁨이 크다(<표 6-3> 참조).

〈표 6-3〉 학습조직 활동의 효과

학습조직 활동	활동의 효과
참가	업무와 학습의 조화로운 분배
달성	완결(테마선정, 목표)
책임	맡겨지는 것
능력발휘	사고, 아이디어
성장	문제의식의 향상, 테마수준의 향상
창조성	올바른 발상 · 착상, 혁신적 아이디어
인정	올바른 평가, 칭찬과 보상
공헌	성과, 경제적 효과

이처럼, 학습조직 활동이 초기에는 지식경영 기반의 지식창출 수단으로 활용되면서, 학습 및 연구과제 중심으로 거의 자발적인 모임 수준에 지나지 않는다. 그 결과 학습조직의 활동은 구성원(회원)들만의 만족을 추구하는 소극적인 성과창출의 경향이 강했다.

그러나 학습조직 활동을 보다 강화하여, 표에서 보는 것처럼 능력을 발휘하고 성장할 수 있기 때문에 이를 확대하여 점차 성과중심의 적극적인 활동으로 확산시켜야 할 것이다.

1.3. 학습조직에 대한 반성

기업(조직)에서 학습조직 활동이 제대로 되지 않은 것에는 몇 가지 이유 — 일과 학습이 별개라는 인식, 긴급성이 아닌 당위성의 과제선정, 팀장의 무관심, 과제 설계의 문제 등—가 있다.

(1) 업무와 학습이 별개라는 인식

학습조직이 과제를 선정하고 팀을 구성한 후 활동이 되지 않는 주된 이유는 학습조직 활동을 업무(일)와 별개로 진행되기 때문이다. 대부분 조직들은 학습조직을 하기 위하여 주제(과제)를 선정하고, 그 활동을 위해 모임을 갖는다.

그런데 학습조직 활동에 참여하다 보면 점차 자신의 업무가 바빠서 학습활동에 소극적인 반응을 보이고, 심지어는 참석을 하지 않는 상태로 발전하게 된다. 결국 학습조직의 활동은 유명무실한 것이 되어 버린다.

학습과 업무를 별개로 인식하게 되는 것은 조직(기관)에서 학습조직을 구축하기로 결정하면, 학습조직을 위한 팀을 의무적으로 구성해야 하고, 학습조직 활동을 위해 과제를 선정하게 된다. 이때 팀의 목표와는 관계가 없는 과제가 선정되어, 구성원은 일과 학습을 병행하여야 된다. 결국은 학습과 일을 별개로 여기게 되어, 학습조직 활동이 활성화되지 않게 되는 것이다.

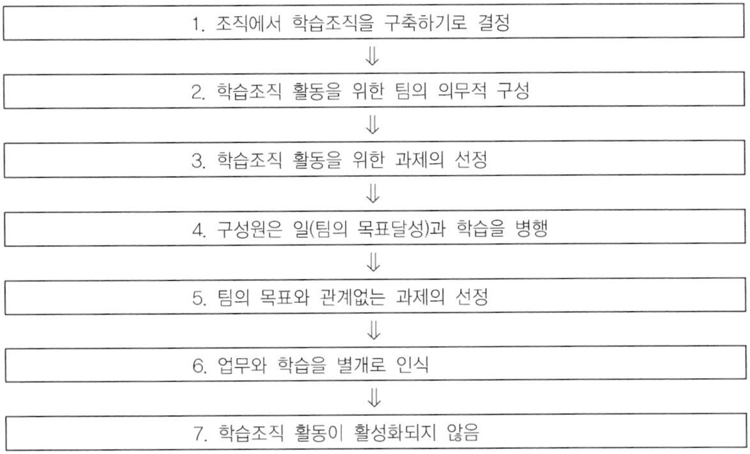

1. 조직에서 학습조직을 구축하기로 결정

⇓

2. 학습조직 활동을 위한 팀의 의무적 구성

⇓

3. 학습조직 활동을 위한 과제의 선정

⇓

4. 구성원은 일(팀의 목표달성)과 학습을 병행

⇓

5. 팀의 목표와 관계없는 과제의 선정

⇓

6. 업무와 학습을 별개로 인식

⇓

7. 학습조직 활동이 활성화되지 않음

〈그림 6-1〉

(2) 당위성 과제의 선정

많은 조직에서 학습조직 활동을 추진하기 위해 선정된 과제의 내용을 보면, 대부분이 당위성 과제를 학습주제로 선정하고 있다. 당위성 과제란 '당연히 해야 하는 과제' 또는 '꼭 했어야 하는 과제' 등으로 원래 다루어야 하는 과제인데, 여러 가지 사정으로 그렇게 하지 못한 과제를 말한다. 이런 주제로 조직들이 학습조직 활동을 하다 보면, 당위성의 과제에 익숙하게 되어 긴급성의 과제는 수행하지 않게 된다.

긴급성의 과제는 기관이나 팀의 목표와 관련된 기관장의 지시사항이나 이행과제로서, 긴급하게 수행해야 할 과제를 말한다. 팀이 긴급을 요하는 업무(일)를 하다 보면, 긴급한 과제만을 수행하게 되고 그 외의 과제에는 관심을 두지 않게 된다.

일반적으로 학습조직이 당위성 과제만을 다루게 되면, 긴급성 과제는 업무(일) 때문에 진행이 안 되게 되어 있다. 긴급성 과제를 선정하게 되면, 아무리 일이 바빠도 학습조직 활동은 하게 된다.

(3) 팀장의 무관심

학습조직의 활동이 제대로 되지 않는 조직의 특성을 보면, 대개는 팀장들이 거의 무관심을 보인다는 점이다. 조직은 주로 팀 단위로 움직이게 되는데, 팀장이 관심을 보이지 않는다는 것은 학습조직 활동에 치명적인 약점이 된다.

팀장은 왜 학습조직에 관심을 갖지 않는 것인가? 그것은 학습조직의 필요성을 충분히 이해하지 못하는 것도 있지만, 보다 결정적인 것은 학습조직이 달성해야 할 과제가 팀장에게는 관심이 없는 당위성 과제이기 때문이다.

팀장은 긴급한 것을 수행하기 위하여, 의사결정에 많은 시간을 투자하는데 당위성 과제는 의사결정의 우선순위에 밀리게 되어 있기 때문이다. 팀장이 관심을 가지는 주제를 학습조직의 과제로 삼아야 한다.

(4) 과제설계의 문제

학습조직의 과제는 그 범위가 적절해야 한다. 그런데 학습조직 과제로 선정된 주제들의 범위를 보면 너무 광범위한 경향이 많다. 주제가 광범위한 범위로 선정된 주된 이유는 당위성 과제를 선정하기 때문이다.

사실 당위성 과제는 실행보다는 왜 그동안 하지 않았나 하는 현상파악 및 원인분석 중심의 작업이 된다. 그러다 보니 주로 원론적인 수준에서 맴돌게 된다.

과제의 범위가 크면 실행하기가 매우 어려워져, 어디부터 손을 대야 할지 모르게 된다. 결국은 주제를 선정하고 그것을 해결하기 위해서 맴돌다가 학습조직 활동을 포기하게 되는 것이다.

과제의 범위가 지나치게 크면, 무엇이 문제인지 파악하기 어려워, 아무것도 결정하지 못하게 된다. 반대로 과제의 범위가 좁으면, 중요한 사항을 무시하기 쉬워 해답은 좋아도 문제에 대한 해답은 아니게 된다.

따라서 과제의 범위는 적절하여야 한다. 실행이 가능한 범위 내에서 과제의 범위를 조절하여야 한다. 실행은 하나하나씩 하는 것이지, 한꺼번에 하는 것이 아니다. 하나하나씩 실행이 가능하도록 주제를 세분화할 필요가 있다. 과제의 범위가 적절하면 중요사항을 충분히 포착할 수 있으며, 중요한 사안에 주의를 집중할 수도 있다.

2. 학습조직의 구축과 중요성

2.1. 학습조직의 구축 사례

오늘 날처럼 변화가 지속적으로 자주 일어나는 상황에서는 그 어느 때보다도 조직의 학습능력이 경쟁력의 중요한 원천이 됨을 알 수 있다. 유한킴벌리는 대표적인 학습조직의 성공사례이다.

학습조직을 성공적으로 구축하기 위해서는 근로자의 학습시간을 확보하면서 교대 조를 확대하여야 한다. 먼저 학습시간의 확보는 현재의 근무시스템을 바꾸어 일 하는 시간을 줄여야 한다. 근무시스템을 일에서 학습 위주로 바꾸어야 한다. 학습시간이나 학습조의 확보는 지식정보화 시대에 경쟁력의 확보에 꼭 필요한 일이다.

교대근무를 하지 않는 근로자의 경우에 학습시간을 확보하거나 학습조를 도입해야 한다. 학습조는 일중심의 조직 관점에서 보면 잉여인력처럼 보일 수도 있지, 그것은 잉여인력이 아닌 경쟁력 증진에 필요한 인력인 것이다.

(1) 유한킴벌리

유한킴벌리의 교대조 확대는 그 당시 대개혁이었다. 노사협의를 통하여 근무시스템을 바꾸었다. 기존이 8시간씩 3교대로 일하는 3조 3교대에서 12시간씩 2교대로 일하는 4조 2교대로 전환하였다. 4일 동안 매일 2개 조가 일하기 때문에, 나머지 2개 조는 학습에 투입된다(<그림 6-2> 참조).

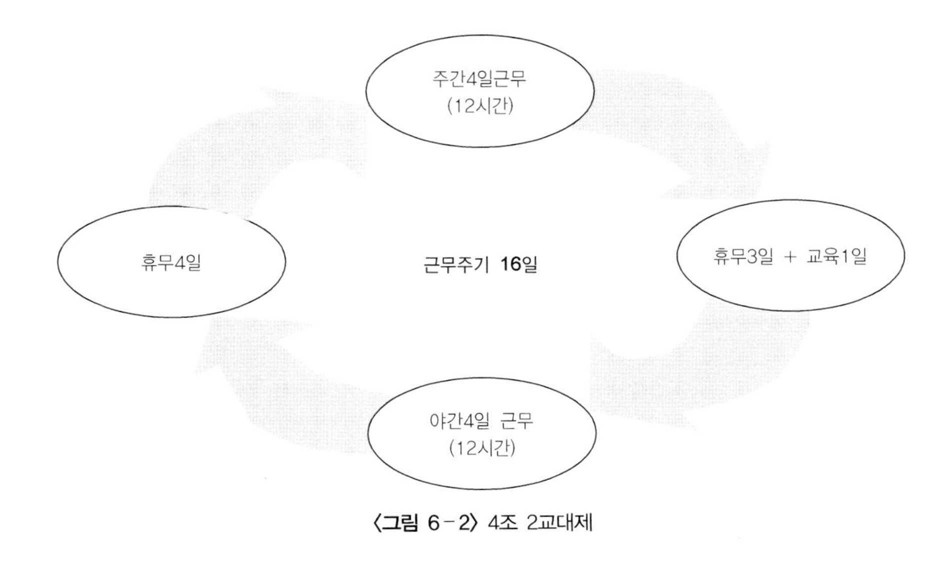

〈그림 6-2〉 4조 2교대제

교대조가 3조에서 4조로 확대되면서 인건비는 33.3% 증가하였다. 3조가 4일을 근무하면 12명(4×3)의 인원이 필요하지만, 4조가 4일을 근무하면 16명(4×4)이 필요하다. 교대조가 확대되면서 33% 증가한다. <그림 6-3>을 보면 인건비는 15%에서 20%로 증가하였음을 알 수 있다.

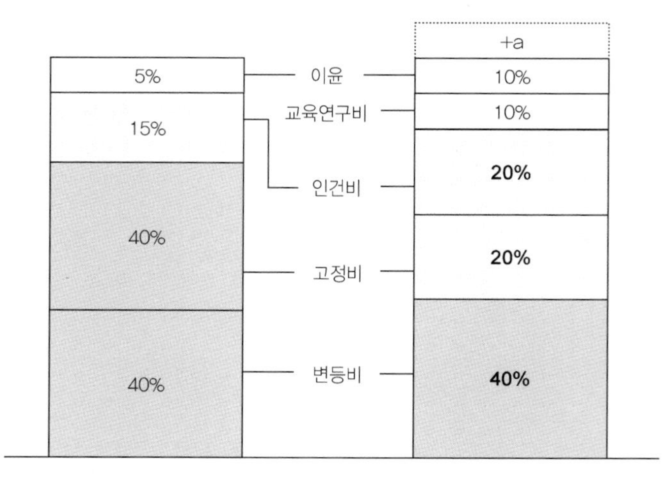

자료: 문국현 (2003). 고용창출, 인적자본 육성 및 신경쟁력 성공사례.

〈그림 6-3〉 교대조의 확대에 따른 비용의 증감

그러면 유한킴벌리는 인건비의 증대에도 불구하고 교대조를 확대한 이유는 무엇일까? 그것은 바로 그림에서 보듯이 고정비의 감소이다. 4조2교대에서는 하루 12시간씩 24시간 연속적으로 일하게 되어 1년 내내 가동할 수 있다. 그 결과 생산일수가 종전의 260이에서 350일로 90일이 증가하여, 고정비는 40%에서 20%로 낮출 수 있게 된다.

유한킴벌리의 성공에는 직장 내 학습시스템의 구축을 통한 생산성의 지속적인 향상도 큰 공헌을 하였다. 교대조가 확대되면서 학습시간이 연간 300시간으로 증가하였다. 학습내용도 직무교육에서 점차 교양교육으로 비중을 늘렸다.

유한킴벌리는 계층별 학습조직을 구성하여 계층별 핵심역량을 향상시키고 정기적인 모임을 통해 계층별 공동관심사를 공유하고 있다. 그리고 유한킴벌리는 근로자 개인학습 중심의 교육훈련은 물론 기술과 지식의 공유과정을 거쳐 조직

학습으로 발전시켜 나가는 교육시스템을 갖추고 있다.

(2) 굿모닝병원

굿모닝병원(350병상)은 2005년 유한킴벌리의 모델을 도입하여 성공한 병원이다. 다만 유한킴벌리와 다른 점은 유연근로제의 도입이다. 이는 병원 좇기의 특성에 따른 것이었다. 근무제도는 주요 조직별로 특성과 요일, 시간별로 업무량을 고려하여 설계하였다.

일반병실은 평일 아침시간대에 인력을 추가로 투입하고, 응급실은 주말 낮 시간대에 추가 투입하였다. 구체적으로 일반병실은 4조 3교대－오전(오후)근무 12일, 야간근무 4일, 교육 1일, 휴무 7일－로 구성하였다. 그리고 응급실은 오전－오후－야간 시간대별로 평일(4－4－3)과 주말(4－5－3)의 근무조를 달리 구성하였다.

그 결과 이 병원은 교육시간이 연간 47시간에서 122시간으로 증가하였다. 근무시간은 주 50시간에서 40시간으로 20% 감소하였다. 직원 수는 12.7%의 증가(313명에서 353명으로 증가)에도 불구하고, 수익성은 높아졌다.

그해 10월 현재 외래환자는 8.1%, 입원환자는 15.7% 증가하여, 이에 대한 진료수입은 외래수입이 13.4%, 입원수입이 14.3%나 증가하였다. 그리고 학습내용은 직무교육이 80%, 일반교양이 20%로 구성하였다.

(3) 삼성전자

삼성전자는 학습조직의 구축을 통하여 조직을 활성화시킨 성공사례를 보여준다. 삼성전자는 이것을 프로 삼성인의 육성프로그램이라고 하였다. 사원(직원)은 열정과 실력을 가진 프로(Pro)로서의 비전을 제시하고, 조직은 이를 바탕으로 조직혁신의 성과를 극대화하고자 하였다. 이를 위해 끊임없는 학습과 도전이 필요하다고 보았던 것이다.

삼성전자는 학습조직의 구축 및 활성화를 위하여 프로팀이라는 학습조를 운영하였다. 프로팀이란 임직원들이 자발적으로 모여 신뢰를 바탕으로 업무 중심의 자율학습시스템의 구축을 새로운 지식을 습득, 창출하여 개인과 조직을 프로로 만들어 가는 비공식적인 혁신조직이다.

프로팀의 특징은 다음과 같다. 여기에서 프로팀은 학습활동만 하고, 모든 지원은 프로 도우미가 담당하도록 하였다.

- 현업 업무와 관련하여 학습의 주제 · 내용 · 시간계획 등의 자율적 결정
- 소집형의 교육부서가 주관하는 교육에서 탈피
- 비공식적인 조직단위로 구성
- 프로 도우미의 현장방문으로 철저한 지원과 상담
- 직업능력의 개발 사업비 환급형 프로세스의 구축

한편 이러한 프로팀의 도입을 위한 프로세스는 다음의 5단계로 구성되었다.

1단계: 과제의 협의(프로 팀원/부서장/컨설턴트)

2단계: 활동의 의뢰(프로의 가꿈터 입력)

3단계: 활동계획의 등록(프로의 가꿈터 직접 입력)

4단계: 학습활동(20시간 이상의 활동내용 입력과 출력)

5단계: 프로 리포터(프로 가꿈터의 등록 · 공유)

2.2. 학습조직의 구축요인

(1) 학습 5원칙

셍에(Senge, 1990)는 기업에서 학습조직으로의 전환을 촉진시키는 5가지를 제시하고 있는데, 이를 학습원칙 또는 실천원칙이라고 한다. 학습조직을 구축하고자 하는 구성원들은 이 5가지 원리를 이해하고 일상 업무에서 이를 구체화하여야 한다.

① 비전의 공유(shared vision)

비전은 특정 개인이나 소수집단에 의하여 제시되는 것이 아니라, 전 직원 개개인의 비전과 리더의 비전 간에 끊임없는 대화를 통하여 얻어지는, 모든 구성원이 공감대를 형성할 수 있는 공동의 비전을 의미한다. 다시 말하면, 비전의 공유는 조직이 추구하는 방향이 무엇이며 왜 중요한지에 대하여 모든 구성원들이 공감대를 형성하는 것을 말한다.

비전의 설정은 설명, 설득, 검증, 자문, 공동창조 등의 일련의 단계들을 필요로 한다. 이를 위해서는 모든 구성원을 동등하게 대우하며, 그들의 의견을 수렴하고 조율할 수 있는 참여적 문화의 형성이 필요하다.

비전을 공유함으로써 지속적으로 학습활동을 전개할 수 있는 에너지의 제공이 가능해진다. 그리고 생성적 학습의 본질인 무엇인가를 창조할 수 있는 능력은 이 비전이 없이는 생겨날 수 없다.

② 정신적 모델(mental model)

정신적 모델은 학습조직의 구축을 위한 철학적 기반으로서, 세상을 바라보는 관점인 세계관을 말한다. 다시 말하면, 주변에서 일어나는 현상들을 이해하는 인식체계로서 학습조직을 위한 철학적 기반이 정신적 모델이다. 이는 곧 인식과 사고의 내면에 놓여 있는 준거의 틀이나 전제 또는 마인드 세트(mind set)를 의미한다.

정신적 모델은 개인과 조직의 사고체계와 행동양식에 직접적 영향을 미치며, 이러한 철학적 기반을 부단히 성찰(reflection)함으로써 새로운 사고의 전환을 기할 수 있게 된다. 이는 심리학의 인지이론에 바탕을 두고 있으며, 전략적 사고의 영역과 연계되어 새로운 변화관리를 주도할 수 있는 유용성을 지니고 있다.

③ 개인적 숙련(personal mastery)

개인적 숙련이란 개인이 진정으로 지향하는 근본적이면서도 본질적인 가치의 창출을 위해 개인적 역량을 지속적으로 넓혀 가고 심화시켜 가는 행위를 말한다. 다시 말하면, 개인이 자신의 비전과 현실 사이에 존재하는 간격을 메우기 위해 끊임없는 학습활동을 전개하여 삶의 전반에 걸쳐서 전문가적 수준이 되도록 하는 것이 개인적 숙련이다.

구성원이 개인적 숙련을 성숙시키기 위해서는 자기효능(self－efficacy)에 근거한 개개인의 권한 위임과 함께, 일상적 업무활동 속에서 전개되는 시행착오를 통해 축적된 노하우와 그것의 저변에 흐르는 인과법칙이나 근본원인을 지속적으로 발견하고 창출하고 개발할 수 있는 동기부여가 있어야 한다.

④ 팀 학습(lean learning)

팀 학습을 위해서는 타인의 관점이나 의견을 존중하면서 자신의 의견을 밝히는 가운데 서로의 생각들이 유연하게 교감할 수 있는 대화와 토론의 문화가 필요하다. 조직 구성원의 역량확대를 위해 그들의 지식, 관점, 의견의 상호교환이 이루어짐으로써, 학습조직의 활성화가 이루어진다.

이를 위해, 기능적 전문화에서 오는 조직의 벽을 허물고 보다 신속한 혁신의 결과들을 가져오기 위해 다기능 팀(cross0functional team)을 조성하여 학습능력을 증진시키는 동시에 대화나 토론의 장을 마련할 필요성이 증대되고 있다.

⑤ 시스템적 사고(systems thinking)

시스템 사고란 현상을 이해하고 이를 바탕으로 문제를 해결하려는 수단이다. 다시 말하면, 선형적 관계를 전제로 변수와 변수 간의 부분적 현상을 이해하거나 또는 이에 집착하는 것을 배제하는 한편, 전체를 인지하고 이에 포함된 부분들 사이의 순환적 인과관계 또는 역동적인 관계를 이해할 수 있게 하는 사고의 틀을 의미한다.

체계적 사고는 단편적 사안에 대한 수동적 대응이 아니라, 행동유형이 복잡하게 얽혀 있는 구조적 복잡성을 통찰할 수 있는 사고양식이다. 이러한 체계적 사고는 직선적인 사고논리보다는 원형적인 사고논리의 중요성을 강조한다. 이른바 전체를 볼 줄 아는 총체적 사고가 필요하다. 부분들 사이의 인과관계, 역동적 관계를 이해하면 능력이 획기적으로 향상될 수 있다는 것이다.

(2) 학습조직의 11요소

페들러 등(Pedler, Burgoyne & Boydell(1991))은 살아 숨 쉬는 동적 이미지를 위해 정적인 학습조직 대신에 학습기업(learning company)이라는 개념을 사용하였다. 조직이 추상적이고 생동감이 없는 뉘앙스를 풍긴다면, 기업은 공동목표의 달성을 위해 팀의 구성원들이 서로 협력하여 프로젝트를 추진한다는 생명력 있는 유기체로 보았던 것이다. 그들이 주장하는 학습기업의 11요소는 다음과 같다.

① 전략에 대한 학습적 접근 : 학습조직은 조직의 정책과 전략을 수립하고, 이를 실행 · 평가하며, 그 결과를 토대로 수정 · 보완하는 일련의 학습과정으로 간주하고 있다.

② 참여 지향적 정책의 형성추구 : 정책과 전략의 형성 과정에 모든 구성원들을 적극적으로 참여시켜 그들의 다양한 관점과 시각을 반영하도록 한다는 것이다.

③ 정보공유의 촉진 : 학습조직은 첨단기술을 이용하여 다양한 정보를 공유할 수 있는 메커니즘이나 경로를 구축한다는 것이다.

④ 형성적인 회계와 통제 : 학습조직은 회계, 예산 및 보고체계가 학습활동을 촉진시킬 수 있도록 재구성하며, 금융담당자로 하여금 회계 관련 컨설턴트의 역할을 수행할 수 있도록 한다.

⑤ 사내 의사소통의 촉진 : 학습조직은 구성원의 의사소통 활동을 지속적으로 촉진시켜 상호 간의 요구나 기대 또는 갈등 요인을 스스로 해결하도록 한다는 것이다.

⑥ 보상구조의 융통성 : 학습조직이 활성화되기 위해서는 구성원의 창의성과

혁신성의 실천 정도에 상응하는 다양한 보상체계를 구축하여야 한다는 것이다.

⑦ 유연한 수평적 조직구조 : 학습활동이 효과적으로 이루어지기 위해서는 신속한 의사결정과 변화에 대한 능동적 대처를 할 수 있는 수평적 조직구조로 재편되어야 한다는 것이다.

⑧ 정보채널의 구축 : 조직 내부에 새로운 정보가 계속적으로 유입되기 위해서는 외부와의 공식적 · 비공식적 정보채널이 구축되어야 한다는 것이다.

⑨ 기업 간의 학습활동 : 학습조직이 활성화되기 위해서는 상호 간에 배울 수 있는 학습기회를 지속적으로 형성해 나가야 한다는 것이다.

⑩ 학습 분위기의 조성 : 학습조직이 활성화되기 위해서는 학습 분위기를 조성해 주어야 한다는 것이다.

⑪ 자기개발 기회의 확대 : 학습조직이 활성화되고 학습활동이 효과적으로 이루어지기 위해서는 자기개발의 기회가 확대되어야 한다는 것이다.

2.3. 학습조직의 중요성

(1) 미국기업의 학습 현황

오늘날 빠르게 변화하는 경영환경의 변화에 유연하면서도 효과적으로 대응하기 위하여, 근로자들의 역량개발에 대한 관심과 중요성이 증대되고 있다. 기업 내에서의 학습(workplace learning)은 끊임없이 변화하는 대내외 환경변화에 능동적으로 대처할 수 있는 근로자들의 직무능력개발과 직결된다는 점에서 그 의의가 크다.

특히, 미국의 기업들은 조직학습이 개인의 직무능력 개발뿐만 아니라 개인 및 조직의 성과를 예측하는 중요한 요인인 근로자 몰입에도 긍정적인 영향을 보임에 따라 기업의 경영진들은 학습에 주목하고 있다.

① 학습에 대한 투자

미국기업들은 학습이 근로자들의 역량개발을 통한 기업의 성과증진에 기여하는 중요한 요인으로 인식하고, 이에 대한 투자를 확대하고 있다. 미국훈련개발협회(ASTD: American Society for Training & Development)가 발간한 <2007 State of the Industry Report>에 의하면, 근로자 1인당 평균 직접성 학습경비는 2006년에 1,040달러로 2004년도의 1,022달러에 비해 약 1.8%의 증가를 보이고 있다.

또한 근로자 임금의 퍼센티지(%)로서 평균 학습투자액은 2003년의 2.31%에서 2007년에는 2.33%로 나타나 증가세를 보였다. 근로자의 평균 학습시간과 관련해서는 2006년 한 해 동안 근로자 1인당 35.06시간의 공식 학습 시간을 가진 것으로 나타났는데, 이는 2004년도의 36.36시간보다 1시간 정도 감소한 결과이다.

② 학습과 몰입과의 관계

지난 수년 동안 종업원의 몰입(employee engagement)은 개인, 집단 그리고 기업의 생산성, 직원의 유지 · 이직, 고객서비스, 고객충성도 등 기업 전체의 성과와 관련이 있다는 점에서 경영진들에게 큰 주목을 받고 있다.

종업원 몰입은 새로운 개념은 아니지만 기존의 동기(motivation), 열정(passion), 헌신 등에 대한 새로운 용어이다. 기업리더십위원회는 종업원 몰입이 이성적 몰입과 감성적 몰입으로 구성된다고 한다.

이성적 몰입은 개인의 충분한 보상과 개발기회와 관련이 있고, 이성적 몰입은 자신의 일과 상사 또는 조직에 대한 사랑을 의미한다고 한다. 일반적으로 종업원 몰입은 보상, 일의 질, 개인의 특성 등 일과 관련된 요인으로부터 발생하는 것으로 알려져 있으며, 조직의 성공에 중요한 요인으로 인식되고 있다.

이에 따라, 많은 조직에서는 종업원 몰입에 대한 지원과 증가가 학습조직과 어떠한 관련성을 보이는지에 대하여 관심을 가지기 시작하였다. ASTD의 조사에 의하면, 학습이 종업원 몰입에 영향을 미치는 중요한 요인으로 나타났다. 특히 몰입이 높은 종업원과 낮은 종업원 모두에게서 훈련・학습기회의 질과 빈도 및 범위는 종업원 몰입에 가장 큰 영향력을 미치는 요인으로 나타났다.

③ 캐터필러 사의 사례

캐터필러 社는 세계적인 제조기업으로서 건설 및 광업 기자재, 디젤 및 천연가스 엔진, 산업용 가스터빈을 등을 만들고 있다. 이 회사는 종업원 몰입, 탤런트 매니지먼트, 승계계획을 추진하기 위하여 학습조직을 효과적으로 잘 활용하고 있다.

실제로 최고경영자인 오웬스(Jim Owens)는 학습조직이 캐트필러를 위대한 기업으로 만들었다고 역설하고 있다. 그는 또 캐터필러에서의 학습은 직무기술의 향상뿐만 아니라 장기적으로는 유능한 근로자의 확보와 유지 그리고 종업원 몰입 등에 매우 중요한 수단으로 인식하고 있다. 직원들의 역량개발에 대한 최고경영자의 의지는 매우 확고하여, 현재 교육훈련 예산이 연간 약 1억 달러에 달하는 상당한 금액을 투자하고 있다.

캐터필러는 학습이 직원의 역량개발 및 성장뿐만 아니라 몰입을 이끌어 내는 데 있어서도 중요하게 작용하고 있다고 보고 있다. 오웬스는 학습을 통해 직원들이 현재와 미래의 일을 수행하는 데 필요한 지식과 기능을 습득하고는 있지만, 그것으로는 충분하지 않다고 한다. 그는 직원들이 학습한 것은 반드시 업무현장에 적용되어야 하며, 그것은 종업원 몰입이 수반될 때 실현될 수 있다고 보고 있다.

캐터필러는 기업 내 인트라넷을 통하여, 종업원들이 기업 차원에서 배워야 하는 학습, 기업단위별 학습, 직무 역할 관련 학습, 학술회의 참여, 독서, 개인개발에 필요한 수업참여를 포함한 자유재량적인 학습 등 광범위한 영역에 걸쳐 수많은 교육과정들을 제공하고 있다.

아울러 전통적인 기존의 교실수업뿐만 아니라 전 세계에 흩어져 일하고 있는 글로벌 직원들을 지원하기 위해서 다양한 언어로 약 3,000개 이상의 웹기반 학습도 제공하고 있다. 그리고 미국에 거주하는 근로자들에게는 대학 및 대학원 학위과정을 이수하도록 독려하기 위하여 학비보조 프로그램을 운영하고 있다.

이처럼, 캐터필러의 CEO는 지식을 가치 있게 여기고 끊임없이 지식의 습득을 위해 노력하는 근로자들의 성공을 돕고, 결과적으로는 캐터필러의 지속적인 성장을 도모하고 있다.

(2) 현장에서의 학습전수의 변화

조직 내에서 광범위한 학습의 도입은 훈련의 전달에도 동일하게 극적인 효과를 미치게 된다. 이에 따라, 관리자와 트레이너의 역할이 변화하고 있다.

① 관리자의 변화

관리자에게는 일어나는 변화 중의 하나는, 일방적 지시를 통해 부하의 행위를 통제하는 명령자(commander)로서의 역할이 끝나고 있다는 것이다. 권한이양의 상황 속에서 관리자의 과제는 상대적으로 자율적인 작업집단이나 자율적 팀의 행동과 해결을 촉진(facilitate)하는 것이다.

높은 성과를 이끌어 내기 위하여 관리자는 위계적 지위(position in hierarchy)보다는 리더십(ability to lead)을 발휘하여야 한다. 관리자들은 이제 더 이상 지식의 수호자가 아니다. 이제는 지식과 정보를 조직 전체에 확산시켜 나가는 것이 관리자의 책임이다.

촉진자로서의 관리자 역할은 부하직원 훈련에서도 중요한 역할을 수행한다. 훈련은 더 이상 공식과정의 형태로 훈련부서에만 맡겨질 수 있는 것이 아니다. 현장에서 더욱더 많은 기능이 습득되기 때문에, 관리자는 코치와 멘토로서 더욱 중요한 역할을 수행하면서 부하직원의 기능을 발전시켜야 한다.

② 트레이너

전통적으로, 조직에서 관리자들은 능력개발과 관련된 일부를 제외하고는 대부분의 훈련은 전문 트레이너(훈련교육자)에게 맡겼다. 훈련과정이 설계된 뒤에는 교실이나 훈련센터 등에서 '교습'을 통해 매우 구조화된 방식으로 실행된다.

이런 방식으로 기술적 숙련을 가르치는 것은 중요하다. 그러나 고성과를 지향하는 조직에서 트레이너는 조직에서의 지식창출과 근본적 변화를 다루는 기능이 추가로 필요하다. 이런 맥락에서 학습의 원천으로서 현장이 중요하게 되고, 그것은 트레이너가 성과요구를 확인하도록 도와주는 컨설턴트가 되는 것을 의미한다.

이것들은 부서마다 다를 수 있으며 해결책은 각각 맞춤형이 되어야 한다. 이제 트레이너들은 현장 관리자와 협력하여 각 부서의 요구에 맞는 적절한 행동과정을 개발하여야 한다. 트레이너의 역할은 학습자와 현장관리자에게 학습과정의 지원과 촉진방법에 대해 자문과 지침을 제공해 주는 촉진자(facilitator)의 역할로 변모하고 있다.

3. 학습조직 활동의 전개

3.1. 학습조직 활동의 구성

학습조직의 활동은 3개의 Module과 6단계의 Activity로 구성되어 있다. Module 1은 주로 과제선정 및 목표 수립, To-be Model를 도출하는 방향성의 문제를 다루며, Module 2는 실제로 과제를 실행하는 아이디어를 도출하게 된다. 그리고 Module 3은 실행한 후 그 효과를 파악하고 결과를 보고하는 내용으로 구성이 되어 있다(<그림 6-4> 참조).

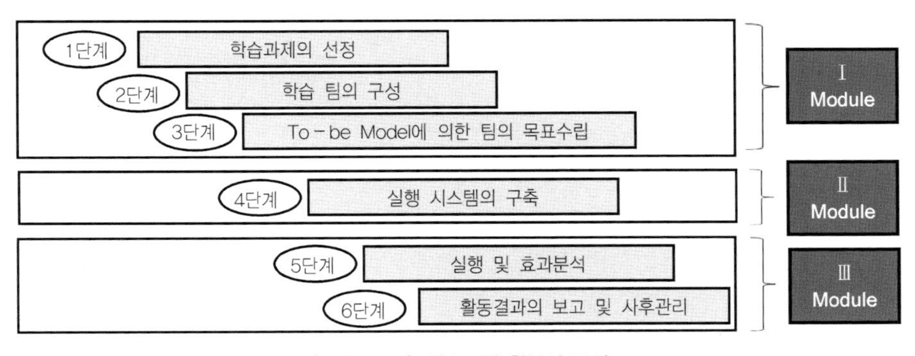

〈그림 6-4〉 학습조직 활동의 구성

따라서 학습조직(학습동아리)의 활동을 제대로 추진하기 위해서는 구성원(회원)들의 학습조직 활동을 한눈에 알 수 있도록 활동체계도를 그리는 것이 좋다. 학습조직(학습동아리)의 활동을 추진하는 체계도를 그리면 <그림 6-5>와 같다.

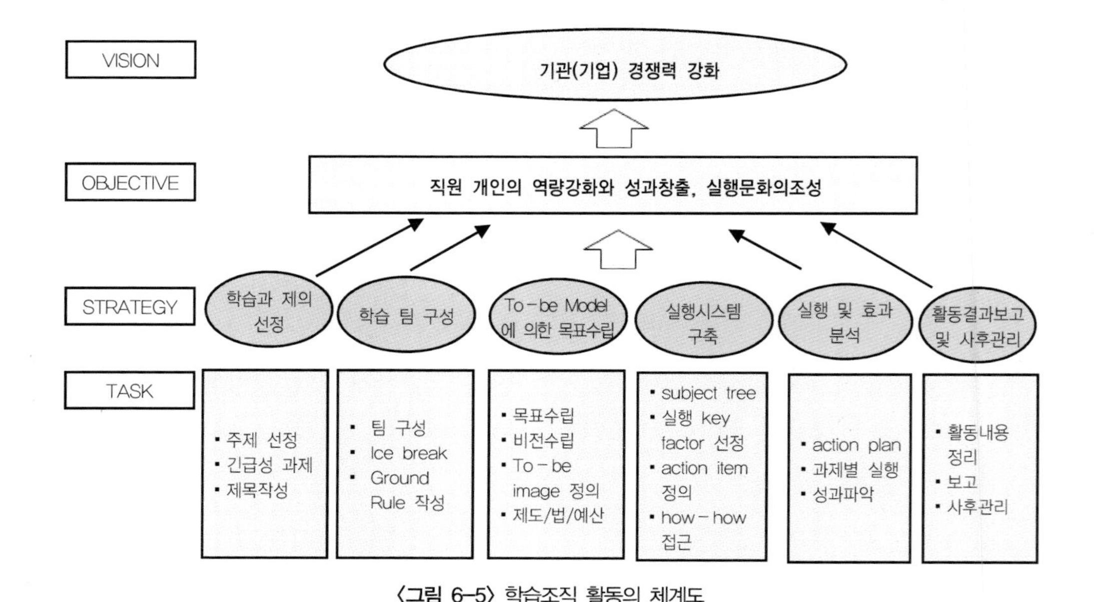

〈그림 6-5〉 학습조직 활동의 체계도

3.2. 학습조직 활동의 단계

앞에서 살펴본 바와 같이, 학습조직 활동은 6단계 — 학습과제의 선정, 학습 팀의 구성. 학습 팀의 목표 및 To－be Model, 실행체제의 구축, 실행 및 효과분석, 보고 및 사후관리 — 로 이루어진다.

(1) 학습과제의 선정

학습조직의 성공에서 학습과제의 선정은 중요하다. 학습조직의 활동은 조직(기관)의 일을 잘하기 위해서 추진한다. 조직에서 모든 일(업무)은 목표와 연관된 긴급성의 과제 중심으로 되어 있다. 결국 학습과제는 각 팀별로 정한 목표 중 혼자서 해결이 곤란한 과제를 학습 과제로 선정하여 여러 명이 문제를 해결해서 목표를 달성하도록 한다. 학습과제를 선정하는 포인트는 다음과 같다.

－당위성의 과제보다는 긴급성의 과제를 선정한다.

－팀의 목표와 관련 있는 과제를 선정한다.

－BSC 과제나 혁신과제를 선정한다.

－기관장의 긴급사항 등 긴급한 현안과제를 선정한다.

선정된 학습과제에는 제목을 붙여야 한다. 학습과제의 제목은 "－의 구축"처럼 단순하게 정하지 말고, 대상과 수단 그리고 효과가 분명하게 나타나도록 다음과 같이 작성하여야 한다.

과제의 제목＝대상＋수단＋효과

여기에서, 대상은 위치를 나타내는 것으로, "～에서, ～에, ～가, ～이, ～를, ～을" 등을 사용하여 표시한다. 수단은 방법을 나타내는 것으로, "～으로, ～를 통하여, ～에 의한, ～로써, ～하여" 등을 사용하여 표시한다. 그리고 효과는 방향을 나타내는 것으로, 무형효과와 유형효과가 있다. 무형효과는 고객만족, 업무효율화, 업무처리신속화 등을 말하며, 유형효과는 매출액 등을 말한다.

(2) 학습 팀의 구성

학습과제를 수행하기 위한 팀의 구성도 학습조직의 성공에서 중요한 역할을 한다. 무엇보다도 학습 팀은 과제를 해결하기에 가장 적합한 사람으로 구성되어야 한다. 그리고 팀원은 오너(팀장급 이상)와 리더(촉진자) 그리고 회원(팀장급 이하 일반직원)으로 구분하여 각각의 역할을 담당하도록 하여야 한다(<표 6－4>

참조). 학습조직 팀원들의 기본 자격은 다음과 같다.

- 문제해결 지향적이고 큰 그림을 그릴 줄 아는 능력의 소유자
- 일하는 새로운 방식을 구상하고 이를 구체화시키는 재능의 소유자
- 끊임없이 변화를 추구하는 성향의 소유자
- 열정적이고 낙천적인 성격의 소유자
- 대인관계, 팀워크, 의사소통 기술 등의 소유자
- 소속 부서를 초월하는 활동이 가능한 자

〈표 6-4〉 학습 팀의 구성명부

구성	이름	직급	팀	담당 역할	연락처	비고
Cop Owner						
Cop Leader						
Cop Member						

(3) To-be Model에 의한 팀의 목표수립

학습과제를 수행할 팀은 팀의 목표와 비전을 수립하여야 한다. 팀의 목표와 비전을 달성한 이후 변화되는 조직의 모습을 그려보아야 하는데, 이것이 To-be Model이다(<표 6-5> 참조). To-be Model의 핵심은 다음과 같다.

- process(work, activity)
- efficiency/effectiveness
- cycle time/cost
- input/output 등

〈표 6－5〉 To－be Model

항목	현재 모습	To－be Model	비고

학습 팀의 목표는 To－be Model에 의하여 수립한다(<표 6－5, 6> 참조). 팀의 목표는 대상목표, 수단목표, 효과목표 등으로 구분하여 설정한다. 목표를 설정하는 방법은 예시(학습 팀의 목표 : 업무처리 시간의 2일 단축)처럼 다음과 같다.

－목표는 가시적이고 측정이 가능한 것으로 한다.

－무엇을(목표항목)＋얼마만큼(목표치)＋언제까지(시한).

－방침은 목표 달성을 위한 팀원들의 행동방향을 제시한다.

－직관에 따른 의욕치를 반영한다.

〈표 6－6〉 학습조의 활동목표 계획

현재 모습		미래 모습
활동 목표	정량 목표	
	정성 목표	
활동 기간		
비전	조직	
	직원	
비고		

(4) 실행 시스템의 구축

학습조직의 활동 중에서 가장 중요한 단계가 실행이 가능한 시스템의 구축(결정), 즉 학습과제를 실행하기 위한 설계이다. 과거의 문제해결 기법은 주로 현상파악 및 원인분석으로 시작되지만 실행을 위한 시스템을 구축하지는 않았다.

하지만 학습조직에서는 문제의 원인분석을 하지 않고 주어진 과제를 어떻게 실행할 것인가에 대해서만 토의를 하고 아이디어를 도출한다. 그것의 첫 단계가 선정된 주제를 실행하기 쉽도록 쪼개는 것이다. 예를 들어, 민원만족도의 제고를 위한 실행설계는 직원의 마인드, 물리적 환경개선, 민원절차의 개선, 만족도의 평가 등 여러 부분으로 나누어 설계하는 것이다.

학습과제로 선정된 주제를 실행하기 쉽도록 나눈(boundary 설정) 후, boundary별로 구체적으로 실행할 항목을 도출하게 된다. 실행할 구체적 항목(요소)을 도출하는 요령은 다음과 같다.

－과제해결을 위한 자료수집이나 현상파악이 아닌 어떻게 실행할 것인가를 결정

－실행을 위한 주요 요소를 설정

－실행의 key factor는 대상, 수단, 효과 등으로 구분.

다음은 실행이 가능한 요소별로 구체적으로 실행할 항목(action item)을 도출한다. 실행할 항목은 추상적인 단어가 아닌 구체적인 명사형 동사의 형태로 작성하여야 한다. 실행할 항목에서는 형용사를 사용하지 않는다.

실행할 항목을 도출하는 요령은 실행의 주요 요소마다 실제로 실행할 항목을 결정하며, 왜(why) 방식이 아닌 어떻게(how) 방식으로 접근하는 것이다. 다시 말하면, 실행할 항목을 정말로 실행이 가능하도록 설계하여야 한다는 것이다.

(5) 실행 및 효과분석

실행할 항목별로 구체적인 실행계획서를 작성한다. 각 항목의 실행계획은 시스템적 사고에 입각하여 작성한다. 팀의 목표(목적), 해결의 주체(입장), 투입요소, 프로세스, 제약조건, 장애요인 등에 대하여 대안을 수립하고 명확히 하는 것이다(<표 6-7> 참조).

〈표 6-7〉 시스템적 사고의 내용

순서	내용
목표(목적)의 명확화	무엇을, 얼마만큼, 언제까지를 명확히 확인한다.
입장의 명확화	해결의 주체가 누구인지(지위, 직책 등) 명확히 한다.
투입요소의 대책	목표달성을 위한 자원의 투입 대책을 수립한다.
프로세스의 대책	프로세스에서 예상되는 장애요인과 대책을 수립한다.
제약조건의 고려	실행에 따른 제약조건(환경, 가치 등)을 고려한다.
장애요인의 대책	문제해결을 위한 장애요인의 극복방안을 수립한다.

각 항목은 실행계획서에 따라 담당자를 지정하여 실행하며, 다음 사항을 기본적 사고로 간주하면서 조심스럽게 실행한다.

- 고객의 관점을 유지한다.
- 가치지향적인 결과에 초점을 맞춘다.
- 목표지향적 사고를 견지한다.
- 이상적인(비현실적인 정도) 꿈을 가진다.
- 커다란 성과에 집중한다.
- "왜?" 또는 "어떻게?"라고 항상 생각한다.
- 작은 문제와 리스크들은 추가적인 재설계 문제로 다룬다.

-숨어 있는 가정과 전제를 파악한다.

각 항목별로 실행을 한 후에는 그것의 효과를 분석하여야 한다. 실행의 효과는 일반적으로 유형효과와 무형효과로 구분해서 도출한다. 무형효과는 고객만족, 업무효율화, 업무처리신속화 등을 말하며, 유형효과는 매출증대, 원가절감, 생산성 향상 등을 말한다.

(6) 활동결과의 보고 및 사후관리

학습조직 활동의 결과는 전체적 활동을 요약해서 작성하고 이를 경영진에 보고한다. 보고서에는 당초의 목표와 실제 완료된 내용을 비교해서 달성률도 평가하면 효과적이다(<표 6-8> 참조).

〈표 6-8〉 활동결과보고서

목표	실적	달성률(%)	근거
정량목표			
정성목표			

또한 보고서에는 흐름(보고서의 논리성)과 단절(항목별 구체성, 즉 5W 1H)을 요약하여야 한다(<표 6-9> 참조). 보고서의 작성에서 주의할 사항은 다음과 같다.

-논리적으로 체계화(서론, 본론, 결론 등)한다.

-각 절에서 아이디어를 논리적으로 진행한다.

-간결한 문장을 사용한다.

-그림과 표를 적절한 위치에 사용한다.

－명확한 목적(목표)을 제시한다.

－일정한 보고서 형식을 사용한다.

〈표 6－9〉 5W 1H의 예시

실행 항목(Action item)						담당자 (Cop)
How	What(contents)	When	Where	Why	Who	
공간확보						

학습조직의 활동결과를 경영진(경영층)에 보고하는 것은 실행의 승인을 받기 위한 것이다. 실행의 승인은 보고회를 통하여 이루어진다. 경영층에 대한 보고는 활동결과를 구체적으로 정리하여 보고하며, 그 효과도 함께 보고(해당 팀장)하도록 한다.

활동결과의 업무적용은 경영층의 결재를 득한 후에 실행하도록 한다. 활동결과의 실행은 필요시 관련 부서를 대상으로 사전 설명회를 개최할 수 있다. 실행의 승인을 받기 위한 유의사항은 다음과 같다.

－의미의 파악이 어려운 전문적인 용어는 피한다.

－프레젠테이션은 명료하게 요점만을 이야기한다.

－논리적이고 질서정연한 방법으로 프레젠테이션을 한다.

－간결하게 보고하며, 불필요한 세부사항에 대한 설명은 피한다.

－질문을 예상하고 그것에 대한 대답을 준비한다.

부록: 참고자료

참고자료 1. 학습동아리의 운영원칙.
참고자료 2. 학습동아리 10계명.
참고자료 3. 학습동아리 운영회칙 사례.
참고자료 4. 학습동아리 운영규정.
참고자료 5. 학습동아리 홍보사례.
참고자료 6. 학습동아리 소개서.
참고자료 7. 학습동아리 운영계획서.
참고자료 8. 학습동아리 활동계획서.
참고자료 9. 동아리활동 월별 보고서.
참고자료 10. 동아리활동 최종 보고서.
참고자료 11. 학습동아리 평가설문지(1).
참고자료 12. 리더에 대한 평가설문지.
참고자료 13. 액션러닝의 규범.
참고자료 14. 액션러닝의 과제기술서(1).
참고자료 15. 액션러닝의 과제기술서(2).
참고자료 16. 회의 리더의 자기평가표.
참고자료 17. 학습조직의 체크포인트.
참고자료 18. 학습조 수행계획서.
참고자료 19. 학습조 학습일지.
참고자료 20. 학습리더 수행일지.
참고자료 21. 학습조 수행보고서(조별).
참고자료 22. 학습조 최종보고서(종합).

참고자료들은 기업(조직)에서 사용하고 있는 양식(표)들을 소개한 것이다. 이것들을 토대로 우리 조직에 맞는 양식을 만드는 게 필요하다. 특히 학습동아리와 학습조직이 동일한 의미임을 고려하여, 이들을 혼합하여 적절한 양식을 만들어 사용하기 바란다.

참고자료 1. 학습동아리의 운영원칙

1. 학습동아리에서는 모든 사람이 동등하다.

2. 학습동아리에서는 승자나 패자가 없다.

3. 학습동아리는 참여자들이 협동적으로 노력하게 된다. 어느 누구도 모임을 장악할 수 없다.

4. 학습동아리에서는 참여자들이 어떤 합의에 도달하기 위한 압력을 행사함이 없이 관심주제에 대한 의견을 자유롭게 이야기할 수 있다.

5. 학습동아리는 다른 학습동아리와 연대하여 지역사회 문제 해결에 참여한다.

6. 학습동아리는 다양한 방법으로 행동화를 촉구한다.

참고자료 2. 학습동아리 10계명

1. 모든 일과는 동아리와 함께 시작하고 마감한다.
   - 근무시간 전후에 동아리에 접속한다.
   - 공동게시판에서 공장을 경영한다(정보 및 전달사항, 의견청취 글 등록).

2. 동아리 리더는 동아리를 살아 숨 쉬게 한다.
   - 질문이나 문의에는 무조건 빨리 응답한다(하루 3번 새로운 댓글을 확인한다).
   - 테마개선/이슈토론은 리더, 마이머신은 반장이 직접 등록한다.
   - 우수활동 사례를 찾아 벤치마킹한다(매주).

3. 게시판을 쉼터화한다.
   - 동료 간 대화와 나눔 그리고 배려를 통한 휴식의 공간으로 만든다.
   (봉사활동, 조직활성화, 경사 등을 공유한다)

4. 일정관리는 매일 확인한다.
   - 회원의 이벤트(생일, 휴가, 결혼기념일, 기타 등) 시 감동의 문자를 보낸다.
   - 일정은 반드시 본인이 입력하고 구체적인 정보를 제공한다.

5. 아이디어는 가능한 짧고 간결하며 이해하기 쉽게 풀어 쓴다.
   - 한 줄은 40자를 넘기지 않으며, 전체 길이는 3줄을 넘기지 않는다.
   - 의견쓰기(댓글)는 3회 이상 반복, 토론의 진수를 보여 준다.

6. 토론의 아이디어가 없으면 질문(?)을 남긴다.
- 꼬리에 꼬리를 무는 토론은 물음표(?)에서 시작된다.

7. 글 등록 시 목적을 명확히 한다.
- 답글이 필요하면 의견쓰기를 해달라고 반드시 남긴다.
- 이미지는 본문에 붙여서 토론정보를 쉽게 제공하고 필요시 첨부한다.

8. 상대방의 글에 공감하고 감동한다.
- 토론 시 회원의 이름을 직접 명기하여 인정한다(홍길동 님의 의견에 -).

9. 짧고 사소한 글이라도 놓치지 말고 낚아챈다.
- 동료의 짧은 한마디에 나의 아이디어를 덧붙인다.

10. 지식은 자산화한다.
- 테마개선, 이슈토론, 마이머신 활동물은 파워포인트로 작성한다.

참고자료들은 기업(조직)에서 사용하고 있는 양식(표)들을 소개한 것이다. 이것들을 토대로 우리 조직에 맞는 양식을 만드는 게 필요하다. 특히 학습동아리와 학습조직이 동일한 의미임을 고려하여, 이들을 혼합하여 적절한 양식을 만들어 사용하기 바란다.

참고자료 3. 학습동아리 운영회칙 사례

제1조 (목적)
이 규정은 행정환경변화에 효과적으로 대응하고 업무수행과 관련된 각종 문제를 해결하는 과정을 통하여 구성원의 학습역량과 문제해결 능력을 배양하고 구정의 역량을 강화하기 위하여 자발적 연구모임인 학습동아리의 운영 및 지원에 관한 사항을 규정함을 목적으로 한다.

제2조 (적용대상)
이 규정의 적용대상은 ○○○시 소속공무원으로 한다.

제3조 (정의)
이 규정에서 사용하는 용어의 정의는 다음 각 호와 같다.
1. '학습동아리'(이하 '동아리'라 한다)라 함은 일정 기간 동안 특정 주제에 대한 관심과 일련의 문제 및 열정을 공유하고, 지속적인 상호작용을 통해 해당 주제 영역에 대해 구성원들의 이해와 지식을 깊이 있게 만드는 활동을 하는 집단을 말한다.
2. '학습성과물'(이하 '성과물'이라 한다)이라 함은 일정 기간 동안 동아리 활동을 통하여 산출된 결과물을 말한다.

제4조 (동아리의 역할)
구동아리의 역할은 다음 각 호와 같다.
1. 학습능력과 문제해결능력 향상을 통한 구정의 역량 강화 활동
2. 수평적 · 수직적 자유로운 의사소통을 통한 열린 행정문화 구축
3. 구정과 관련한 우수혁신사례 창출
4. 기타 기관장이 지정하는 과제 연구 등

제5조 (동아리 활동지원계획 수립)

① 구청장은 매년 12월까지 다음 연도의 동아리 활동지원 계획을 수립하고 이를 공개한다.

② 동아리 활동지원 계획에는 평가, 시상 및 인센티브 제공, 예산지원규모 등이 포함되어야 한다.

제6조 (구성 및 등록)

① 구소속공무원은 동아리의 역할 범위 내에서 누구든지 자유로이 5인 이상으로 동아리를 구성할 수 있다.

② 동아리를 구성하는 자는 별지 제1호 서식에 의한 동아리 등록 신청서를 작성하여 기관장에게 통보하고, 지식관리시스템에 동아리방을 개설 · 등록하여야 한다.

제7조 (활동)

① 동아리는 고객만족, 성과창출, 일하는 방식 개선, 조직문화 및 그 밖의 업무와 관련된 분야에서 온라인 · 오프라인을 통하여 지식을 공유하고 학습하며 연구활동을 수행한다.

② 동아리는 자율적이고 주기적인 모임을 개최하여야 한다. 이 경우 별지 제2호 서식에 의한 동아리 모임보고서를 구청장에게 제출하여야 한다.

③ 구성원 모두가 고쳐야 할 것을 스스로 학습하고 고정관념이나 규정에 얽매이지 않고 현장중심의 우수한 혁신과제를 발굴하며 자발적인 토론을 통해 아이디어를 검증하고 발전시켜 나간다.

제8조 (학습성과물 제출)

동아리에서 습득한 새로운 지식이나 문제해결사례 또는 발굴된 개선과제는 별지 제3호 서식에 의한 학습결과 보고서를 작성하여 성과물과 함께 구청장에게 제출하고 지식관리시스템에 등록하여야 한다.

제9조 (등록취소)
기관장은 반기 1회 이상 성과물을 제출하지 않거나 또는 활동실적이 부진한 동아리는 등록을 취소할 수 있다.

제10조 (심사)
① 제출된 성과물은 평가위원회를 구성, 연 2회 이상 서면심사 또는 경진대회를 통해 심사하여 우수 성과물을 선정한다.
② 현업에서 실시가 가능한 우수 성과물은 혁신과제로 채택하여 해당부서로 통보하여 실시토록 한다.

제11조 (시상 및 인센티브 제공)
① 기관장은 성과물 제출 건수, 우수 성과물 의 수, 혁신마일리지 점수 등을 고려하여 연 2회 이상 우수 동아리를 선정하여 표창하고 예산의 범위 안에서 부상금을 지급할 수 있다.
② 제1항에 의한 우수 동아리로 선정된 구성원에게는 해외연수, 인사상의 혜택 등의 인센티브를 제공할 수 있다.

제12조 (활동지원)
기관장은 연구활동의 효율을 기하기 위하여 예산의 범위 안에서 제반학습 및 연구 활동비를 지원할 수 있다.

참고자료 4. 학습동아리 운영규정

제1조 (명칭)
본회는 ○○○○○에 속한 ○○○○동아리라 칭한다.

제2조 (목적)
① ○○○○라는 학습동아리를 통해 학부모와 학생에게 단순한 학습방법이 아닌 꿈을 이루기 위 한 동기부여를 하여 계획적인 학습습관 정착에 도움을 주고자 한다.
② ○○○에서 추진하고 있는 '좋은 학부모교실'의 일환으로 지역학부모의 전문적인 특성화된 평생교육 프로그램을 통해 학교와 지역사회가 서로 협력하여 학부모와 학생의 학습문화 발전으로 거듭나고자 한다.

제3조 (자격)
① ○○○○○○ 학습코칭 과정을 수료한 사람이 한다.
② 본회 회원이 특별한 사유가 없이 3개월 이상 출석하지 않거나 회비를 3개월 이상 납부하지 않을 경우 회원의 자격을 상실한다.

제4조 (의무)
회원은 본 회칙과 시간을 준수하며 회비납부 및 제반 결의사항을 실천할 의무가 있다. 불참 시에는 사전 연락을 한다.

제5조 (임원)
본회는 다음과 같은 임원을 둔다.
회장: 본회를 대표하고 업무를 총괄한다.
총무: 본회의 연락 및 재정에 대한 업무를 관리한다.
서기: 기록관리 사무에 대한 업무를 관리한다.

제6조 (회의)
본회의 회의는 주 1회로 학습한다.
기타 모임은 회원의 원에 의하여 회장이 소집할 수 있다.

제7조 (선출)
모든 임원은 정기총회에서 선출한다.
회장은 출석인원 과반수의 찬성을 얻어야 한다.
총무(서기 및 회계)는 회장이 임명한다.

제8조 (임기)
모든 임원의 임기는 1년으로 하되 회장은 연임할 수 있다.

제9조 (재정)
본회의 재정은 회비로 한다(월 회비: 10,000원).

제10조(회계연도)
당해 정기총회 일로부터 이듬해 정기 총회일까지이다.

제11조(회칙개정)
회칙의 개정은 재적 인원 1/3 이상의 발의에 의하여 정기총회 2/3 이상의 찬성에 의한다.

제12조 (미비사항)
회칙의 규정에 없는 사항은 일반 규정에 의한다.

제13조 (효력발생)
본 회칙은 통과한 날부터 그 효력을 발생한다.

2010.1.5

참고자료 5. 학습동아리(Community of Practice) 홍보사례

<table>
<tr><td>

전기화재조사동아리

1. 동아리 결성의 배경 및 목적
전체 화재 발생 건수 중 전기화재가 가장 많이 발생하여 귀중한 인명과 재산 피해를 유발시키므로 그 원인을 명확하게 규명하여 예방대책에 반영함으로써 근원적으로 전기화재를 감소시키고, 직원의 기술능력 향상과 직원 상호 간 친목을 도모하는 데 그 목적이 있음.

2. 동아리 회원
－화재조사, 감전 등 전기사고조사에 관심 있는 사람으로 회에 가입한 직원 전기화재 등 사고조사에 대한 관심과 열정을 공유하고 회원 상호 간의 정보와 자료를 공유하며, 해당 주제에 대한 이해와 지식을 깊이 있게 만드는 모임
－2005. 3. 4. 현재 회원 수 27명

3. 동아리 구성원의 주된 관심분야
－전기화재원인조사 및 조사기술개발
－전기화재관련연구 및 공동연구(경찰 · 소방 · 한국화재조사학회 등)
－외국의 화재원인조사 자료수집
－기타 본 동아리의 목적달성에 필요한 사업

4. 2005년 실행사업
－대기전력 차단하여 전기화재예방
－사무실 등 절전수칙제정
－연구발표회 및 강연회(각 1회 이상(외부강사 포함))
－경찰 및 국립과학수사연구소 현장감식 참관
－소방 본부와 공동연구

5. 회원가입 문의
화재조사회 총무: 서울지역본부 02－0000－0000

</td></tr>
</table>

참고자료 6. 학습동아리 소개서

동아리명 (소속기관)	
동아리 개요	○ 활동 분야: ○ 회원 수: ○ 대표자: ○ 모임 장소: ○ 모임 주기:
동아리 연락처	○ 주소: ○ 전화: ○ 팩스: ○ e-mail: ○ 홈페이지/카페주소:
모임의 배경	○ 모임 결성일: ○ 모임 결성계기: ○ 모임의 목적:
주요 활동	○ 학습동아리 차원에서 수강한 강좌를 중심으로 서술 (일시, 강사, 수강기관)
	○ 자발적이고 주체적인 학습 및 실천 활동에 관한 내용 서술 (일시, 장소, 기타)

참고자료 7. 학습동아리 운영계획서

1. 목적

2. 동아리 편성과 활동계획

3. 동아리의 활동방향

4. 추진 중점별 세부 실천계획

일자	활동과제	활동내용	비고

5. 기대효과

참고자료 8. 학습동아리 활동계획서

1. 학습동아리명	
2. 과 제 명	
3. 과제수행기간	

4. 활동계획

(1) 과제의 수행방법

(2) 추진일정(표 작성)

일자	주요 내용	세부 내용

(3) 정기모임 운영 계획

(4) 참여자의 책임분담 (표작성)

참여자 이름	참여자의 책임 (첨부)

5. 과제수행에 따른 기대효과

참고자료 9. 학습동아리활동 월별 보고서

1. 학습동아리명		지도자명	

2. 연구과제

일자	운영시간	학습(연구, 토론) 및 활동내용	참석인원	참여자

3. 학습결과물(첨부, 사진포함)

4. 기타(참고사항, 향후계획 등)

참고자료 10. 동아리활동 최종 보고서

1. 연구과제

2. 추진배경

3. 추진내용

4. 추진일정

일자	주요 활동	비고

5. 추진 성과

6. 향후 계획

7. 활동에 따른 기대 효과

참고자료 11. 학습동아리 평가설문지(1)

여러분은 학습동아리 활동을 어떻게 보고 계십니까? 학습동아리 활동에 참여하시면서 보고 느낀 점을 솔직하게 답변에 주시면, 향후 학습동아리의 운영에 반영이 되도록 하겠습니다.

A. 학습동아리의 전반적 평가

	질문	수	우	양	미	가
1.	참여자들의 정기적 만남이 이루어지고 있다.					
2.	학습동아리 활동을 기록하고 있다.					
3.	참여자들은 리더를 잘 따른다.					
4.	참여자들의 역할이 분담되어 있다.					
5.	참여자들이 가까워질 수 있는 공동체 프로그램이 있다.					
6.	학습동아리의 기본규칙이 있다.					
7.	수입과 지출의 기록이 잘되고 있다.					
8.	동아리의 발전방안을 수립한 적이 있다.					
	토론의 기본규칙을 가지고 있다.					

B. 학습동아리의 학습(토론) 평가

	질문	수	우	양	미	가
1.	참여자들이 지속적으로 참여하고 있다.					
2.	참여자들이 자발적으로 학습에 참여한다.					
3.	참여자들은 다양한 사람들로 구성되어 있다.					
4.	참여자들은 학습결과를 발표할 기회를 가진다.					
5.	참여자 모두가 참여한다.					
6.	학습(토론)의 횟수는 적절하다.					
7.	참여자들은 학습(토론)의 준비를 철저히 한다.					

C. 학습동아리의 학습(토론) 후 평가

	질문	수	우	양	미	가
1.	학습동아리는 참여자들 간의 친밀감을 부여한다.					
2.	참여자들이 말을 해야 한다는 압박감을 받는다.					
3.	학습동아리는 참여자들 간의 인간관계를 돈독히 한다.					
4.	학습동아리에 참여함으로써 점점 편안해진다.					
5.	다른 사람의 생각과 감정을 만날 수 있게 해 준다.					
6.	학습과 토론은 다양한 관점에서 이루어지고 있다					
7.	동아리 운영의 진단(평가)을 받은 적이 있다.					

참고자료 12. 리더에 대한 평가설문지

학습동아리의 참여자 여러분은 리더에 대하여 어떻게 생각하십니까? 학습동아리 활동에 참여하시면서 리더에 대하여 느끼신 점을 솔직하게 평가하여 주십시오.

가	양	미	우	수
전혀 그렇지 않다	그렇지않다	보통이다	그렇다	아주 그렇다

A. 리더에 대한 참여자의 평가

01. 리더가 모임의 시간과 장소를 미리 알려 준다.
02. 리더가 참여자들에게 모임의 참석 여부를 확인한다.
03. 리더는 모임에 참석 못 한 회원들에게 모임의 대화내용을 알려 준다.
04. 참여자가 장기 불참을 할 경우 그 이유를 확인한다.
05. 리더는 구성원들의 참여를 이끌어 내려고 노력한다.
06. 리더는 참여자들의 개인적 상황에 관심을 가진다.
07. 리더는 참여자들 간에 발생하는 갈등을 조정하고 해결한다.
08. 리더는 학습동아리의 비전을 제시해 준다.
09. 리더는 참여자들에게 폭넓고 다양한 관점을 갖게 해 준다.
10. 리더는 참여자들을 기쁘게 맞이한다.
11. 리더는 상황에 따라 유머를 사용한다.
12. 리더는 친밀한 분위기를 만들어 간다.
13. 리더는 참여자들의 의견을 잘 듣는다.
14. 리더는 참여자 모두에게 발언의 기회를 충분히 부여한다.
15. 특정 사람이 발언을 독점할 경우 제지를 한다.
16. 리더는 토론의 과정에 간섭한다.
17. 리더는 말을 많이 하는 편이다.
18. 리더는 학습(토론)의 내용을 요약해 준다.
19. 리더는 참여자들 스스로 요약하도록 한다.

20. 리더는 자신의 가치판단을 표현한다.
21. 리더는 조용한 참여자들이 발언하도록 유도한다.
22. 리더는 참여자들의 의견(생각)을 묻는다.
23. 리더는 모임의 전후에 참여자들과 이야기를 나눈다.
24. 리더는 참여자들이 학습주제에 가까이 다가가도록 돕는다.
25. 리더는 토론의 불분명한 부분을 명확하게 정리해 준다.
26. 리더는 토론이나 학습을 잘 이끌어 간다.
27. 리더는 토론의 중요한 아이디어를 요약해 준다.

B. 리더의 행동에서 가장 인상적인 부분은 무엇입니까?

C. 리더의 행동에서 실망을 안겨 준 부분은 무엇입니까?

D. 학습동아리의 개선할 사항

참고자료 13. 액션러닝의 규범

조직 또는 구성원들은 액션러닝의 그룹을 위한 절차적 규범을 정할 수 있다. 규범을 수립하는 절차는 액션러닝 그룹에서 특히 중요한데, 그것은 임명된 리더가 존재하지 않기 때문이다. 규범은 그룹 활동이 진행되는 과정에서 변경될 수도 있지만, 일차 회의 시 분명하게 수립되고 명시되어야 한다. 액션러닝 그룹에서 사용했던 규범의 한 예시를 들면 다음과 같다.

1. 회의는 모든 구성원이 참석할 수 있을 때만 열린다.

2. 논쟁은 진지해야 하지만, 다른 사람을 공격해서는 안 된다.

3. 모든 구성원들은 자신의 책임을 다해야 한다.

4. 구성원들은 다른 사람의 의견을 경청하고 존중해야 한다.

5. 구성원들은 그룹의 내부 비밀 보장 원칙을 준수해야 한다.

참고자료 14. 액션러닝의 과제기술서(1)

<table>
<tr><td>과제의 명칭</td><td colspan="2"></td></tr>
<tr><td>과제의 선정배경</td><td colspan="2"></td></tr>
<tr><td>과제해결을 통해
학습자가 얻어야 할
구체적 결과</td><td colspan="2"></td></tr>
<tr><td rowspan="3">과제해결의
여부(정도)를
평가할 측정지표</td><td>해결대안 제출 직후</td><td></td></tr>
<tr><td>6개월 경과 후</td><td></td></tr>
<tr><td>1년 경과 후</td><td></td></tr>
</table>

참고자료 15. 액션러닝의 과제기술서(2)

과제의 명칭		
과제의 선정배경	현안의 문제점	
	경쟁기업과의 차이	
	과제달성에 필요한사항	
과제해결을 통해 학습자가 얻어야 할 구체적 결과		
과제해결의 여부(정도)를 평가할 측정지표	해결대안 제출 직후	
	6개월 경과 후	
	1년 경과 후	

참고자료 16. 회의 리더의 자기평가표

01. 회의진행상 필요한 모든 준비를 하였다.	수	우	미	양	가
02. 정시에 회의를 시작했다.					
03. 모든 참가자에게 의견을 구하고 방관하는 사람이 하나도 없도록 회의를 잘 진행시켰다.					
04. 참가자를 자연스럽게 토론에 유도했으며 결코 무리하게 이끌지 않았다.					
05. 회의를 언제나 테마에서 벗어남이 없이 순조롭게 진행시켜 목표에 한 걸음 한 걸음 접근해 갈 수 있었다.					
06. 회의 도중에 개인적인 의견이나 훈계적 설교 또는 강요하는 말을 하지 않았다.					
07. 어디까지나 공평한 입장에 섰으며 결코 사람을 차별하지 않았다.					
08. 참가자로부터 질문이 나오면 그에 대한 대책을 즉시 말하지 않고 모든 사람이 생각할 수 있도록 마음을 썼다.					
09. 쉬운 말로 되도록 간결하게 말을 이어 갔다.					
10. 중간 중간 토의를 정리하는 데 마음을 썼다.					
11. 칠판이나 도표 등을 효과적으로 이용했다.					
12. 사전에 세운 예정대로 중요 사항에 관해 또 그 적용에 관해 충분하게 연구를 진행시켰다.					
13. 회의결과의 총정리를 모두 함께하면서 회의를 끝냈다.					
14. 예정한 시간 내에 회의를 끝마쳤다.					

참고자료 17. 학습조직의 체크포인트

학습조직의 활동이 효과적으로 진행되도록 하기 위한 체크포인트 8가지.

1. 학습조직을 추진하고자 하는 배경 또는 목적을 분명히 한다.
   (학습주제에 대한 현황과 바람직한 모습을 상호 토의하여 공감대를 형성한다.)

2. 학습조직의 주제는 현안과제, 사회적 이슈, 업무수행 등에서 당면하는 일과 관련하여 선정하고, 목표는 해당 업무의 중단기 목표와 연계하여 추진한다.

3. 학습조직의 회원은 해당 목표를 달성할 수 있도록 사내외 관심그룹과 이해관계자들의 지식네트워크를 구성하도록 한다.
   (외부의 학습조직 전문가의 도움을 받거나, 참여회원들의 관심과 경험 또는 역량에 따라 1인 1역할을 부여한다.)

4. 활동 기간은 당해 연도에 마칠 수 있도록 계획을 잡는다.
   (학습주제가 몇 년이 소요되는 경우에는 전체 일정을 수립하고 당해 연도의 업무 범위를 정한다.)

5. 어떤 절차와 방법으로 테마를 해결할 것인지 시나리오를 설계한다.
   (시나리오는 5W 1H에 의해 구체적으로 토의한다.)

6. 학습조직을 활성화하기 위한 방안을 토의하여 반영한다.
   (관리자의 참여/리더십, 교육/홍보, 활동여건의 조성, 활동의 모니터링/보상, 활동결과의 업무반영 등에 대해 회원들의 의견청취 하고 활성화 방안을 수립한다.)

7. 학습조직의 활동결과를 어떻게 활용할 것인지 토의한다.
(학습 자체에만 머물지 않고 대고객 서비스의 향상, 관련 부서와의 업무협력 및 전략수립 등 활용방안에 대하여 토의하고 공감대를 형성한다.)

8. 학습조직 활동을 통해 어떤 효과나 성과 또는 가치를 창출하는 데 기여할 것인지를 토의하여 결정한다.
(성과중심의 학습조직이 운영되기 위해서는 학습조직 활동이 업무와 지식, 그리고 혁신과 연계되어 진행되도록 한다.)

참고자료 18. 학습조 수행계획서

구 분	내 용
학습 과제	
학습과제 선정배경	
세부 수행계획	
학습활동 기대효과	
구비 서류	

참고자료 19. 학습조 학습일지

학습조명			
일시		장 소	
참석 대상	명	참석자	명
참석자 명단			
학습 방법		발표자(강사)	
학습 과제			
학습 내용			
구비 자료			

참고자료 20. 학습리더 수행일지

연월일	수행업무 내용	특이사항

참고자료 21. 학습조 수행보고서(조별)

학습조명	
학습과제	
운영실적	
운영성과	
구비서류	

참고자료 22. 학습조 최종보고서(종합)

구 분	내 용
학습과제	
추진배경	
추진내용 및 실적	
성과분석	
향후계획	
구비서류	

참고문헌

1. 국내문헌

용인시(2009), 2010년 평생교육 추진계획, 교육문화과.

구교정(2009), 인천 학습동아리의 실태분석을 통한 활성화 방안연구, 인천시 평생교육분과.

김득영(2006), 일본 평생학습도시 프런티어, 학지사.

김미정(2001), 액션러닝 프로세스, 월간 산업교육 9월호.

김미정 · 유영만(2006), 액션러닝과 조직변화, 교육과학사.

김종훈(1994), 학습조직과 HRD 담당자의 역할, 산업교육연구 제6호.

문국현(2003), 교용창출, 인적자본 육성 및 신경쟁력 성공사례.

박주희(2008), 신인적자원개발, 대학서림.

변종임(2005), 지역사회 혁신을 위한 평생학습도시의 활성화, 한국교육개발원 평생학습센터.

봉현철 · 김중근 역(2003), 액션러닝, 21세기 북스.

봉현철 · 유평준(2002), 액션러닝의 기본구조와 핵심구성요소, 한국산업교육학회.

유영만(1995), 지식경제 시대의 학습조직, 고도컨설팅그룹.

이석열(2005). 학습동아리의 운영과 활성화 방안. 남서울대학교 논문집. 11-1.

이영현(2001), 기업의 학습조직화 촉진방안, 한국직업능력개발원, 기본연구 01-17.

이지혜(2001). 성인여성의 학습동아리 활동시범 지원방안에 관한 연구. 교육인적자원부.

이태복 역(2003), 비즈니스 성과중심의 액션러닝, 물푸레.

장승권 외(1996), 학습조직의 이론과 실제, 학습조직과 경영혁신, 삼성경제연구소.

최돈민(2004). 학습동아리 운영사례집. 한국교육개발원.

최재윤(1997), 한국통신의 학습조직 진화를 위한 제언, 경영과 기술(통권 90호).

평생교육백서(2008). 한국교육개발원 · 교육과학기술부.

한국교육개발원(2004), 학습동아리 지도자 가이드북, 평생교육센터.
홍숙희(2001). 학습동아리의 활성화 방안에 관한 연구. 연세대학교 교육대학원 산업교육전공 석사논문.

2. 국외문헌

Bierema, L. L.(1998), Fitting Action Learning to Corporate Programs, Performance Improvement Quarterly, 11(1).

Boshyk, Y.(2000), Business Driven Action Learning: Global Best Practices, New York, N. Y: Martin's Press.

Edger H. Schein, Three Cultures of Management; The Key to Organizational Learning.

Gilley, J. W. & Maycunich, A.(2000), Organization Learning Performance and Change, An Introduction to Strategic HRD, Cambridge, Mass: Perseus Publishing.

Hill(1995), The Learning Organization Some Reflections on Organizational Renewal, Leadership & Organization Development, 16(8).

Hitt(1995), The Learning Organization some Reflections on Organizational Renewal, Leadership % Organization Development, 16(8).

Host, R.(2000), IBM: Using Business Driven Action Learning in Turnaround. in Boshyk T., Business Driven Action Learning: Global Best Practices, New York, NY: St. Martin's Press.

Marquardt, M. J.(2000), Action Learning in Action: Transforming Problems and People for World－Class Organizational Learning, Davis－Black Publishing.

Marsick, V. J., and Walkins, K. E.(1992), Building the Learn Organization: A New Role for Human Resource Developers, Studies in Continuing Education, 14(2).

박주희

한국외국어대학교 대학원 졸업(경영학 석사)
동아대학교 대학원 졸업(경영학 박사)
(주)삼부파이낸스 연구위원
인제대학교 보건관리학과 강사
부산가톨릭대학교 병원경영학과 강사
부산가톨릭대학교 보건과학대학원 강사
대전대학교 보건스포츠대학원 강사
고신대학교 보건대학원 외래교수
한국직업능력개발원 Best HRD 인증심사위원
한국산업인력공단 Best HRD 인증심사위원
한국산업인력공단 HRD 진단평가위원
현) 항도창업컨설팅 전문위원

『Best－HRD의 이해』(대학서림, 2008)
『신인적자원개발』(대학서림, 2009)

노명래

중앙대학교 법학과 졸업(법학사)
중앙대학교 사회개발대학원 졸업(행정학 석사)
주식회사 BYC 인사교육 부장
한국직업능력개발원 Best HRD 인증심사위원
한국산업인력공단 Best HRD 인증심사위원
한국산업인력공단 HRD 진단평가위원
사단법인 한국EAP(직장인지원전문가)협회 센터장
총신대학교 평생교육원 초빙교수
국립강릉원주대학교 교양학부 외래교수
현) soGood경영연구소 소장

『사회복지법제론』(창지사, 2010)

Community of Practice

학습조직 & 학습동아리 가이드

초판인쇄 | 2010년 10월 12일
초판발행 | 2010년 10월 12일

지 은 이 | 박주희·노명래
펴 낸 이 | 채종준
펴 낸 곳 | 한국학술정보(주)
주 소 | 경기도 파주시 교하읍 문발리 파주출판문화정보산업단지 513-5
전 화 | 031) 908-3181(대표)
팩 스 | 031) 908-3189
홈페이지 | http://ebook.kstudy.com
E-mail | 출판사업부 publish@kstudy.com
등 록 | 제일산-115호(2000. 6. 19)

ISBN 978-89-268-1510-6 93370 (Paper Book)
978-89-268-1511-3 98370 (e-Book)

이담Books 는 한국학술정보(주)의 지식실용서 브랜드입니다.